Das Buch

Im Mailand der beginnenden Zweitausenderjahre, als das World Trade Center eben noch stand, der Euro gerade eingeführt wurde und die digitale Revolution in den Kinderschuhen steckte, geschieht ein seltsamer Mord: Ein stadtbekannter Anwalt wird auf offener Straße niedergestochen, neben der Leiche ist ein mit Blut gezeichnetes, rätselhaftes Symbol zu erkennen. Der junge Enrico Radeschi scheint zunächst der Einzige zu sein, dem dieses Symbol am Tatort auffällt. Radeschi beschließt, in eigener Regie zu recherchieren, der mysteriöse Mordfall könnte seiner Karriere als investigativer Journalist ein wenig auf die Sprünge helfen. Immer öfter kreuzen sich seine Wege mit denen des Polizeipräsidenten Loris Sebastiani – bis sie gemeinsam einer geheimnisvollen Bruderschaft auf die Schliche kommen, die der moralisch aus den Fugen geratenen Welt den rechten Weg weisen will und dabei vor nichts zurückschreckt.

Der Autor

Paolo Roversi, geboren 1975, ist Journalist und lebt in Mailand. Für *Die linke Hand des Teufels* wurde er mit dem Premio Camaiore ausgezeichnet, einem renommierten Preis für Kriminalliteratur. Roversi gehört zu einer neuen Generation italienischer Kriminalautoren, die von der Presse hoch gelobt werden.

PAOLO ROVERSI

DAS BLUT IN DEN STRASSEN VON MAILAND

Kriminalroman

Aus dem Italienischen
von Esther Hansen

Ullstein

Besuchen Sie uns im Internet:
www.ullstein-buchverlage.de

Deutsche Erstausgabe im Ullstein Taschenbuch
1. Auflage Oktober 2018
© für die deutsche Ausgabe Ullstein Buchverlage GmbH, Berlin 2018
Copyright © 2016, Paolo Roversi
Titel der italienischen Originalausgabe: *La confraternità delle ossa*
Umschlaggestaltung: zero-media.net, München
Gesetzt aus der Quadraat Pro powered by pepyrus.com
Druck und Bindearbeiten: CPI books GmbH, Leck
ISBN: 978-3-548-28997-7

1

30. Dezember 2001

Die Hand hinterlässt einen roten Abdruck auf dem glatten Stein. Blut.

Avvocato Giovanni Sommese, Teilhaber einer der angesehensten Rechtsanwaltskanzleien Mailands, lehnt sich Halt suchend an eine Säule. Alles um ihn herum dreht sich, und die Schmerzen von dem Messer in seinem Bauch sind unbeschreiblich.

Von der Piazza del Duomo hört er Stimmen, doch ihm fehlt die Kraft, um nach Hilfe zu rufen.

Der große Weihnachtsbaum schimmert prachtvoll durch die Nacht, Touristen fotografieren ihn und laufen begeistert durch die hohen Hallen der Galleria Vittorio Emanuele II., heben bewundernd ihre Blicke zu der geschmückten Kuppel.

Es ist eisig, doch Sommese fühlt die Kälte nicht. Er spürt, wie sein Leben verrinnt.

Unter großer Anstrengung zieht er sich das Messer aus dem Leib. Ein Blutschwall ergießt sich über seinen Maßanzug auf die Pflastersteine. Aus gerichtsmedizinischen Gutachten weiß er, dass er sich beeilen muss; mit einer Bauchverletzung wird er nicht mehr lange leben, sondern innerhalb kürzester Zeit verbluten. Er lässt sich zu Boden sinken und versucht den stechenden Schmerz zu ignorieren. Er ahnt, wer seinem Mörder die Waffe in die Hand gedrückt hat.

Nur eines bleibt ihm jetzt noch übrig, vorausgesetzt, er kann sich lange genug an sein schwindendes Leben krallen, um diese Aufgabe zu Ende zu bringen ...

...

»Mein lieber Enrico Radeschi, nach allem, was ich hier lese, bist du der perfekte Kandidat!«

Der alte Knabe vor mir sieht höchst zufrieden aus.

Ich deute ein Lächeln an, mehr nicht. Mag ja sein, dass ich es geschafft habe, aber sich deshalb vor Freude an den Lampenschirm zu hängen und wie ein Affe hin und her zu schaukeln, wäre keine passende Reaktion. Nein, es wäre voreilig.

Das Vorstellungsgespräch läuft ganz gut bisher, obwohl ich mich in dieser Schickimicki-Bar nicht besonders wohlfühle: das Sant'Ambroeus, ein Traditionscafé auf dem Corso Matteotti zwischen San Babila und Scala, wohin mich der Typ, der beim Einwohnermeldeamt unter dem Namen Riccardo Guarneri firmiert, bestellt hat, um Eindruck zu schinden.

Wenn du in die Großstadt kommst, trägst du die Provinz mit dir herum wie den Geruch nach Mottenkugeln, und es gibt so manches, das dich einschüchtert; und das weiß dieser Wurm hier vor mir nur zu gut. Allein schon das spärliche Kleingeld, das ich in der Tasche habe: damit könnte ich an einem Ort wie diesem niemals die Rechnung begleichen, was ich aller Wahrscheinlichkeit nach auch nicht tun muss. Aber man weiß ja nie.

Das Lokal stammt noch aus Zeiten der Belle Époque und hat sich einigen Prunk bewahrt: große Spiegel und mächtige Kronleuchter, livriertes Personal und hinter dem langen Tresen eine perfekt sortierte Flaschenreihe. Es mag auch an der rauchgeschwängerten Luft liegen, jedenfalls rechne ich damit, dass jeden Moment eine Frau in schwarzem Kleid auftaucht und beispielhaft Manets Bild Eine Bar in den Folies-Bergère nachstellt.

Doch das fällt wahrscheinlich nur mir auf, ansonsten sieht man als Erstes die vielen Schokotörtchen, die sich hinter den Scheiben der Vitrinen türmen. Allem Anschein nach – so stand es zumindest in dem Reiseführer, den ich im Zug nach Mailand gelesen habe – ist das Lokal für seine Konditoren berühmt, und tatsächlich gibt es hier auch nach Weihnachten noch den traditionellen Panettone zu kaufen, der nicht nur eine Spezialität, sondern auch eine wahre Köstlichkeit ist. Ich glaube allerdings nicht, dass sie ihn billiger verkaufen, nur weil der Bartträger im roten Mantel schon längst durch den Kamin gerutscht ist ...

Für mein erstes Bewerbungsgespräch schien es mir nicht angebracht, mich vollzustopfen, also habe ich nur den klassischen Espresso bestellt. Auch damit ich, sollte der alte Knabe auf die Idee kommen, mich die Zeche zahlen zu lassen, nicht komplett pleitegehe. Ein, zwei Kaffee kann ich mir gerade noch leisten, auch wenn um acht Uhr abends ein Aperitif vielleicht passender wäre.

»Sicher, mit diesem Namen wirst du es nicht leicht haben ...«

Da wären wir, die alte Nummer. Wie in der Grundschule, wie auf dem Gymnasium, wie an der Universität. Wie an jedem verfluchten Ort, wo er Erwähnung findet.

Guarneri lächelt, reckt die Schultern und fährt fort: »Ich meine, bei deinem Nachnamen, auch wenn die Schreibweise eine andere ist, wird man dich hier nicht gerade mit offenen Armen empfangen. Den Heerführer Radetzky hat man in Mailand nicht gerade in bester Erinnerung ...«

»Aber das ist doch ewig her!«

»Arschlöcher vergessen nie etwas, mein Junge.«

Was du nichts sagst, und genau so eins habe ich anscheinend direkt vor meiner Nase sitzen.

»Ich werd es mir merken.«

»Gut so. Weißt du, in unserem Beruf muss man auf Kleinigkeiten achten. Namen, Orte, Zufälle. Alles, worauf normale Menschen nicht achten. Sie gehen vorbei und merken nichts, wir aber ...«

»Wir aber?«

In Zeugenvernehmungen genügt es manchmal, das letzte Wort deines Gegenübers zu wiederholen, damit die Unterhaltung nicht abbricht.

»Wir aber müssen immer auf Empfang bleiben. Uns darf nichts entgehen. Vor allem nicht die Nebensächlichkeiten, denen niemand Beachtung schenkt. Journalisten müssen immer auf Draht sein, vor allem bei den kleinen Dingen. Bist du an etwas dran?«

»An etwas dran?«

»Hör auf, alles zu wiederholen, was ich sage!«

»Entschuldigung. Was meinen Sie?«

»Ich fragte, ob du an einer Story dran bist, von der noch niemand weiß.«

Klar, super, und das soll ich ausgerechnet dir erzählen?

»Äh, nein.«

»Siehst du? An dieser Stelle hätte ich mir einen Vorschlag erwartet, eine Idee. Wir aber ...«

»Wir aber?«

»Hör auf damit.«

Ruhig, Enrico. Om. Barfuß über eine grüne Wiese laufen wie der Hauptdarsteller in diesem Film, Willy Signori. Nur ohne die Hundescheiße, in die er tritt. Atmen.

»Eine Story, sagten Sie.«

»Genau. Ich selbst hätte da etwas, ein Thema, das noch nicht hochgegangen ist, aber das ich im Auge behalte.«

Natürlich. Gegen deinen Scoop wird Watergate wie ein Waisenkind dastehen, wie eine dröge Geschichte für den Nachmittagstee ältlicher Damen aus Clackmannanshire.

Ich tue so, als sei ich wahnsinnig interessiert. Ich brauche Arbeit. Und meine Kehle ist so trocken wie die Wüste Gobi.

Wie viel sie hier wohl für einen Whiskey nehmen? Zu viel. Obwohl ich wirklich einen gebrauchen könnte, um Guarneris geheimnisvolle Hirngespinste auszuhalten. Der jetzt verstummt ist. Ich würde ihm ja die gewohnte Anheizerfrage stellen, will aber keine weitere Ermahnung kassieren. Also warte ich. Ich habe alle Zeit der Welt. Und noch mehr.

Schließlich fährt der Alte mit verschwörerischer Miene fort.

»Seit einiger Zeit«, sagt er und senkt die Stimme, »verschwinden immer wieder junge Männer.«

»Und warum hört man nichts davon?«

»Weil ihre Leichen nicht gefunden werden und sie sich vielleicht einfach nur abgeschaltet haben, verstehst du? Raus aus den Verpflichtungen, dem Alltag, weg von der Verlobten, von der erdrückenden Last der Familie, so was. Einmal haben wir in einer Sendung darüber berichtet, doch da kam wenig Interesse von den Zuschauern: ohne Leiche ist es nicht morbid genug. Und daher fürs Publikum uninteressant.«

Beim Reden nickt er ernst, als hätte er mir gerade das dritte Geheimnis von Fátima offenbart.

Ich schweige also und gucke betroffen.

»Du musst wissen, dass ein Fernsehjournalist ganz anders arbeitet als einer des gedruckten Wortes.«

Hält der mich für total Banane? Oder ist das die klassische Einleitung, um das Gehalt zu drücken? *Du hast keine Erfahrung? Dann kriegst du weniger Geld.* Eine einfache, klare Sache. Ich beiße die Zähne zusammen und nicke.

»Verstehst du? Das Fernsehen hat jetzt im neuen Jahrtausend eine andere Art und Weise, um Nachrichten zu erzählen. Schnell, direkt.«

»Daran werde ich mich schon gewöhnen.«

»Wie kannst du dir da so sicher sein?«

»Ich lerne schnell.«

Er zieht eine Grimasse und fischt ein Päckchen Zigaretten aus seiner Jackentasche. Er scheint nachzudenken, aber ich weiß, dass dies nur eine Taktik ist. Ich würde es nicht anders machen, wenn ich einen Anfänger wie mich vor mir hätte, von den äußersten Grenzen des Reiches und zu allem bereit.

Guarneri ist Chefredakteur von *Telecity Milano*, einem lokalen Fernsehsender mit Reichweite ins nördliche Umland von Mailand bis hoch an den Comer See und südlich bis ungefähr nach Pavia. Also nicht gerade *CNN*, sodass man einen Journalisten mit meiner Erfahrung durchaus als überqualifiziert bezeichnen könnte; trotzdem hält er sich für David Letterman und lässt mich das deutlich spüren.

»Jetzt hör mir mal zu«, sagt er und zündet sich eine Zigarette an. »Was ich suche, ist ein Assistent, der sich für nichts zu schade ist. Der mit mir zu Lokalterminen fährt, der für mich Recherchen erledigt, der meine Texte überarbeitet ...«

Einen Sklaven also. Das sage ich natürlich nicht, sondern nicke brav mit dem Kopf, als wäre dies die Jobbeschreibung meines absoluten Traumberufs. Mühsam muss ich einen Hustenreiz unterdrücken, weil er mir seinen Rauch quasi direkt ins Gesicht bläst.

Wann wird auch bei uns endlich wie in jedem anderen zivilisierten Land das Rauchen in öffentlichen Gebäuden verboten?

Guarneri bemerkt meine Not nicht, so eifrig listet er die unzähligen Umpa-Lumpa-Aufgaben auf, die mich erwarten. Damit er nicht die Verachtung in meinen Augen liest, lasse ich den Blick durch die Scheiben der Bar nach draußen zur anderen Straßenseite schweifen, wo sich eine Fernsehcrew postiert hat. Auf der Kamera und dem Mikrofon des Reporters sticht das Logo der englischen BBC hervor.

Als Guarneri meine Ablenkung bemerkt, greift er als alter Fuchs sofort die Situation auf.

»Da, siehst du? Die machen einen Außendreh. Wenn alles gut geht, bist du in ein paar Jahren auch so weit, dass du auf die Straße kannst.«

»In ein paar Jahren?« Warum nicht in ein oder zwei Jahrhunderten? Vielleicht nach der nächsten Eiszeit?

»Tja, mein Junge, ich lese hier in deinem Lebenslauf, dass du erst sechsundzwanzig bist, was erwartest du? Weißt du, wie lange ich gebraucht habe, um das erste Mal auf Sendung zu gehen?«

»Wie lange?«, frage ich, mehr um ihn zu reizen als aus Interesse.

»Tja, lange! Wirklich lange! Zuerst war ich zehn Jahre bei *La Notte*, um mir die Sporen zu verdienen, dann drei Jahre bei *Tele-*

montecarlo ... Aber wir sind ja nicht hier, um über mich zu reden. Erzähl mir lieber noch etwas über dich. Wie kam es zu dem Entschluss, deine Heimat zu verlassen und in die Stadt zu ziehen?«

»Was genau wollen Sie wissen?«

»Oh, nichts Bestimmtes. Nur das, was hier nicht steht. Das wahre Leben halt. Dass du an der staatlichen Universität Literatur studiert hast, kann ich ja selbst lesen. Auch wenn du dazu volle sechs Jahre gebraucht hast ... Was war los, hat dir das Studium keinen Spaß gemacht?«

»Nein, ich musste arbeiten. Ich war als Externer eingeschrieben und bin nur für die Prüfungen nach Mailand gefahren. Dadurch habe ich Zeit verloren.«

»Du hast nie hier gewohnt?«

»Nur im ersten Semester, im Jahr 1994/95. Das war die Zeit, wissen Sie noch, als Berlusconi ...«

Im Blick des Alten leuchtet etwas auf. Besser noch mal neu ansetzen.

»Na ja, jedenfalls die schwelenden Jahre nach Tangentopoli. Dummerweise verbrachte ich mehr Zeit auf Partys als in Seminaren, deshalb bin ich lieber in die Poebene zurückgekehrt, um dort in meinem eigenen Rhythmus zu lernen.«

»Verstehe. Und wie sieht es jetzt aus? Ich brauche jemanden, der jederzeit verfügbar ist.«

»Ach, da müssen Sie sich keine Sorgen machen. Seit gestern teile ich mir mit einem Studenten eine Wohnung an der Piazza Pola.«

»Bist du nicht zu alt für eine Studenten-WG?«

Natürlich bin ich das, du Idiot, nur dass meine Eltern nicht Rockefeller mit Nachnamen heißen und ich halt improvisieren muss!

»Vielleicht. Aber mehr geben meine Finanzen zurzeit nicht her. Wenn ich natürlich diese Anstellung bekäme ...«

Mein Gesprächspartner hebt warnend die Hand. Eine Geste, die Bände spricht.

»Halt! Ich sagte, ich brauche einen Assistenten, und solange du noch Laufbursche bist, hast du keine Aussicht auf ein festes Gehalt. Sagen wir, du bekommst deine Unkosten erstattet.«

»Meine Unkosten erstattet? Mehr nicht?«

Er schüttelt genervt den Kopf. Er ist genervt!

»Siehst du die blonde BBC-Journalistin da draußen? Glaubst du, die hätte keine Opfer gebracht, um dorthin zu kommen, wo sie ist? Oder Schlimmeres?«

»Schlimmeres?«

»Nun tu doch nicht so, Junge, oder bist du blöd im Kopf?«

Jetzt schicke ich ihn aber wirklich gleich zum Teufel. Doch dann denke ich wieder an die grüne Wiese, an Willy Signori, der barfuß über das kühle Gras läuft ... Es funktioniert nicht so richtig. Am liebsten würde ich ihm an die Kehle gehen. Zum Glück klingelt in diesem Moment sein Handy.

Er lauscht mit besorgter Miene und springt dann auf.

Auch ich erhebe mich, ohne zu wissen, ob unser Gespräch zu Ende ist oder nicht.

»Bist du bereit, Junge?«

»Bereit wofür?«

»Tja, für deinen ersten Fall: ich habe gerade aus der Redaktion erfahren, dass es auf der Piazza dei Mercanti einen Mord gegeben hat.«

»Einen Mord?«

»Die Großstadt ist gefährlich, hat man dir das nicht gesagt?«

»Doch, schon, aber ...«

»Schluss mit dem Gerede. Wie bist du hier?«

»Mit der U-Bahn.«

»Was?«

»Ich habe keinen Führerschein, deshalb nutze ich die öffentlichen Verkehrsmittel.«

»So geht das nicht, Junge. Ein Reporter muss sich unabhängig von Fahrplänen bewegen können. Du brauchst ein Fortbewegungsmittel. Ein Motorrad, ein Fahrrad …«

Wie bist du denn hier, etwa mit der Kutsche? Mit dem Taxi? Nein, ich wette auch mit der U-Bahn, wahrscheinlich fährst du im Bus schwarz und spielst bei mir den großen Max.

»Schwamm drüber!«, verkündet er wie ein stolzer Feldherr. »Dann gehen wir eben zu Fuß. Es ist eh nicht weit.«

Erleichtert beobachte ich, wie er einen Zehntausend-Lire-Schein auf den Tisch legt. Immerhin überlässt er mir nicht die Rechnung.

...

Die Lichterflut spiegelt sich träge auf dem eisigen Wasser des Naviglio Grande, während sich unter den hölzernen Arkaden des Vicolo dei Lavandai ein Liebespärchen leidenschaftlich küsst, ohne sich an der Polarkälte zu stören. Der Ecktisch, an den der Chef des El Brellin sie geleitet hat, erlaubt einen wunderschönen Blick auf den malerischsten Teil des Viertels, der sich so gar nicht nach Mailand anfühlt. Doch Loris Sebastiani hat kein Auge dafür. Romantik ist nicht seine Sache. Scheinbar hochkonzentriert starrt er auf das Etikett der Flasche Lagrein aus der Cantina Bolzano, während er insgeheim verzweifelt versucht, sich an den Namen der jungen Frau zu erinnern, die ihm gegenübersitzt.

Leider ohne Erfolg.

»Köstlich, der Wein«, flötet sie, um das Schweigen zu brechen. »Auch wenn mir eisgekühlter Weißwein lieber ist.«

Loris schaut kaum auf.

»Das hätte ich mir denken können.«

Sie lächelt ihn an.

»Wieso?«

»Nur so, vielleicht Intuition.«

Sebastiani kann sich nicht einmal daran erinnern, wo er sie kennengelernt hat. In einer Bar? In einem Geschäft? Auf dem Polizeipräsidium nach einer Razzia?

Auf einer Vernissage bestimmt nicht, so viel ist sicher ...

Er seufzt. Irgendwie muss er ihr den Namen entlocken, er ist ja nicht umsonst Bulle.

»Also, du ... ähm, entschuldige, ich habe gerade einen Blackout ... war ein fürchterlicher Tag heute.«

»Minnie.«

»Ja, natürlich! Also, Minnie, in deiner Branche geht es um ...«

»Mode, Loris. Ich arbeite in der Modebranche.«

Sebastiani steckt sich eine Zigarre zwischen die Lippen und denkt darüber nach, dass er tatsächlich mit einer Frau ausgeht, die sich Minnie nennt.

Er beginnt, am Ende der Zigarre herumzukauen, wie immer, wenn er nervös ist. Er raucht nicht, ist aber ein reflexhafter Nikotinjunkie, ein Oralkonsument, wie er gerne sagt.

»Was soll das, du rauchst vor den Antipasti?«

»Nein, das ist nur so eine dumme Angewohnheit. Ich stecke mir die Zigarre lediglich in den Mund. Dann kann ich besser nachdenken.«

»Ja? Und worüber musst du im Moment nachdenken?«

»Tja ...«

Der Polizist macht innerlich vor seinem Handy einen Kniefall, weil es in diesem Moment zu klingeln anfängt.

»Entschuldige mich kurz.«

Sie nickt verständnisvoll.

Wofür mag die Abkürzung Minnie nur stehen: Mirna? Milena? Vielleicht Minerva? Messalina?

Was ihn letztlich nicht weiter interessiert: jetzt, wo er sein Handy als Ausrede hat, kann er ungestört und ohne jede Konversation auf ihr Dekolleté starren.

»Hallo, Dottore, bitte entschuldigen Sie die späte Störung.«

Die Stimme gehört Chefinspektor Vincenzo Lonigro. Wenn dieser respektvolle, zurückhaltende Mensch ihn anruft, muss etwas Gravierendes passiert sein. Was nicht heißt, dass man ihm den roten Teppich ausrollen muss.

»Ich höre. Die Kurzversion.«

»Im Zentrum. Genauer gesagt unter den Säulengängen der Piazza dei Mercanti. Es hat eine Messerstecherei gegeben. Ein Mann ist tot, doch es ist komplizierter, als es klingt, Dottore. Es scheint sich um einen sehr prominenten Anwalt zu handeln und ... Also, am besten kommen Sie selbst vorbei und schauen es sich an.«

»Alles klar. Ich komme.«

Minnie beobachtet ihn kopfschüttelnd.

»Tut mir leid«, verkündet Sebastiani in einem Tonfall, der das genaue Gegenteil besagt. »Ein Notfall.«

»Um diese Uhrzeit?«

»Leider ja.«

»Musst du einen Bösewicht schnappen?«, fragt die junge Frau

und beißt sich auf die Lippen. Eine einstudierte, provokante Geste.

Er lächelt und schenkt beiden noch einmal Wein nach.

»Vielleicht.«

»Du darfst doch im Dienst nichts trinken.«

»Ich weiß.«

Sie stößt leicht klingend mit dem Glas des Polizisten an.

»Sag einmal, Loris«, fragt sie dann und hinterlässt eine Spur Lippenstift am Glas. »Ist dein Job immer so aufregend?«

»Oh, Minnie, du weißt gar nicht, wie aufregend!«

...

Oben auf dem Mailänder Dom strahlt glänzend das Symbol der Stadt, die Marienstatue Madonnina. Nur wenige hundert Meter Luftlinie über ihm, als könne er sie mit der Hand berühren. Doch Bruder Ottaviano schenkt ihr nur einen kurzen Blick und schiebt sich die schwarze Kapuze über den Kopf, bevor er den schweren Schlüssel in das antike Schloss der Pforte steckt. Er ist kein Geistlicher, doch untereinander nennen sie sich Brüder, tragen eine Kapuze über dem Gesicht mit zwei Augenschlitzen und eine Tunika aus grobem Wollstoff, die um die Hüfte mit einer Kordel zusammengehalten wird mit einem herabhängenden Schädel daran.

Vor ihm liegt eine lange dunkle Treppe. Mit einer kleinen Taschenlampe leuchtet der Mann sich den Weg, um nicht auszurutschen. Nur die Bruderschaft kennt und nutzt diesen Eingang. Niemand sonst in Mailand darf ihn beschreiben.

Er löscht die Lampe. Er braucht sie nun nicht mehr. Hunderte von Kerzen erhellen die Finsternis des kleinen Gewölbes, das er erreicht.

Es handelt sich um eine quadratisch angelegte Kapelle mit einem Altar in der Mitte, der mit Dutzenden Votivgaben und Reliquien geschmückt ist; an den Decken Fresken mit Engeln und Wolken.

Wenn er diesen Raum betritt, vor allem nachts, läuft ihm immer ein kalter Schauer über den Rücken. Etwas Beängstigendes geht von dem Ort aus: An seinen Wänden stapeln sich Hunderte menschliche Knochen. Ein makabrer Anblick. Bruder Ottaviano weiß, dass es sich um Überreste von Verstorbenen aus dem ehemaligen Krankenhaus San Barnaba in Brolo handelt, die mit großer Wahrscheinlichkeit Opfer der Schwarzen Pest Manzoni'schen Ausmaßes waren. Jahrhundertealte Gerippe. Doch nicht immer vermag der Verstand die Angst des Menschen zu beherrschen. Vor allem das Kerzenlicht erzeugt eine beunruhigende Wirkung. Genau wie die Kisten an den Außenwänden der Kapelle. Sie beherbergen die Schädel von Dutzenden zum Tode Verurteilten, außerdem Kiefer, Schienbeine und Oberschenkelknochen von namenlosen Verbrechern. Ein wirklich makabrer Anblick.

Als er die Kapelle verlässt, fühlt er sich erleichtert.

Nun steht er in der barocken Kirche, menschenleer und still.

Er macht die Taschenlampe wieder an und findet schnell das Gesuchte. Das in die Mitte des Marmorbodens eingelassene Gitter ist hochgeklappt, sein Gastgeber muss also schon da sein.

Schnell steigt er die wenigen Stufen in die Krypta hinab, wo ihn ein Mann mit Kapuze empfängt.

Er sitzt auf einem der vier Marmorhocker, die extra für die Auserwählten aus dem Stein geschlagen wurden.

»Guten Abend, Bruder Ottaviano.«

»Guten Abend, Meister.«

»Ich habe dich erwartet. Gibt es ein Problem?«

»Nein.«

»Gut. Dann bitte, ich höre.«

Die Stimme des Meisters ist fest und klar. In all den Jahren hat Bruder Ottaviano noch nie erlebt, dass ihn etwas irritiert oder aus der Ruhe gebracht hätte. Auch nicht in so schwierigen oder extremen Situationen wie die der letzten Stunden.

Das Gebet ist es natürlich, das ihn so klar und unangreifbar macht, denkt er, bevor er sich räuspert und verkündet: »Es ist alles vollbracht, Meister. Obwohl die uns zur Verfügung stehende Zeit dieses Mal wirklich knapp war ... Ein paar Spuren sind zurückgeblieben, doch selbst wenn die Polizei sie verfolgt, wird sie niemals auf uns kommen. Dafür haben wir vorausschauend Sorge getragen. Alles, wie von Euch gewünscht.«

»Wie vom Höchsten gewünscht.«

»Gewiss, Meister. Ich bitte um Vergebung: wie vom Höchsten gewünscht.«

Auch wenn Bruder Ottaviano ihm nie ins Gesicht gesehen hat und seinen Namen nicht kennt – lediglich die nächsthöheren Ränge kennen die Identität ihrer untergebenen Adepten –, flößt seine Stimme ihm immer Zuversicht ein. Er weiß, unter der Kapuze verbirgt sich ein Mensch der Macht, gewiss nicht mehr jung, aber versiert darin, Anweisungen zu geben, bewandert in Gelddingen und zugleich voller Barmherzigkeit. Gaben, die er mit seinen Mitbrüdern teilt, erleuchtete Männer mit einem großen, gemeinsamen Projekt. Inspiriert von einem heiligen Mann, der ihrem Orden und den Mailändern lieb und teuer ist: der heilige Karl Borromäus.

In das Schweigen hinein hallt ein durchdringender Schrei, der aus den düsteren Tiefen der Krypta an ihre Ohren dringt. Stöhnen und Klagen, gefolgt von Schmerzensrufen.

Bruder Ottaviano schließt die Augen und atmet tief durch, um ruhig zu bleiben.

»Angst?«

»Nein, Meister.«

»Bist du bereit, Bruder, um Vergebung zu bitten und dich zu läutern?«

»Ich bin bereit, Meister.«

»Du weißt, dass der Schmerz bald unerträglich sein wird?«

»Ich weiß. Doch mein Glauben ist stark und mein Körper bereit für die Pein.«

...

Ein erstochener Mann im Zentrum von Mailand, einen Tag vor Silvester: ganz schön *aufregender Beruf*, den ich da habe, denkt Sebastiani, während er aus seinem schwarzen Alfa Romeo 156 steigt, auf dessen Dach noch das Blaulicht rotiert.

Um den Leichnam drängt sich eine riesige Menschentraube. Der Vice Questore seufzt. Gegen das, was ihn hier erwartet, wäre eine Unterhaltung über Einsteins Relativitätstheorie mit Minnie reinster Spaß.

Die Kälte ist stechend, und der stellvertretende Polizeidirektor zieht seinen schwarzen Mantel enger um sich, unter dem er wie immer elegant gekleidet ist. Dunkler Wollanzug, glänzende Lederschuhe, die Haare nach hinten gegelt. Und das nicht nur, weil er von einem Date kommt, nein, dies ist seine klassische Dienstkleidung. Zusammen mit der nicht entzündeten Zigarre im Mundwinkel.

Seine Hände zittern, doch nicht vor Kälte, sondern vor Zorn: nicht, weil er seine Verabredung verlassen musste, sondern wegen des Anrufs, den er gerade im Wagen erhalten hat.

Questore Lamberto Duca, der mailändische Polizeidirektor persönlich, der die Tage zwischen den Jahren im schönen Buenos Aires verbringt, hat sich die Mühe gemacht, zum Hörer zu greifen und ihn zu bitten – besser gesagt zu befehlen –, sich persönlich des Falls anzunehmen.

»Ich weiß ja, Sebastiani, dass Sie eigentlich ab morgen Urlaub haben, aber verstehen Sie mich: Alle sind weg, Sie sind der Letzte in Mailand, dem ich vertraue. Außerdem müssen Sie wissen, dass der Tote ein Freund von mir war und mich noch vor zwei Tagen angerufen hat. Er wollte mich dringend treffen, um mit mir etwas Wichtiges zu besprechen, das in mein Fach fiel, gleich nach Dreikönig, wenn ich zurück bin. Ich glaube nicht, dass es da einen Zusammenhang gibt, aber ich wäre doch sehr beruhigt, wenn Sie die Ermittlungen leiten könnten. Schaffen Sie diese lästige Sache aus der Welt, und dann können Sie fahren, einverstanden?«

Er hatte sein Einverständnis ins Telefon gegrunzt. Jeder im Präsidium wusste, dass er seit seiner Trennung keine Familie mehr hatte, die nach ihm verlangte, und daher jede Menge Freizeit.

Doch der Gedanke an das Flugzeug, das er in wenigen Stunden hatte besteigen wollen, um direkt bei den Korallenriffen von Marsa Alam zu landen, bringt ihn auf die Palme.

»Guten Abend, Dottore«, empfängt ihn Ispettore Luigi Mascaranti.

»Kein guter Abend, sonst wären wir nicht hier«, erwidert der Vice Questore und schiebt seine Zigarre langsam in den anderen Mundwinkel.

Mascaranti lässt sich nicht irritieren: Er kennt den rauen Tonfall seines Vorgesetzten. Außerdem ist er nicht nachtragend. Sebastiani wiederum hält ihn für so etwas wie einen Neandertaler, der es auf wundersame Weise geschafft hat, Polizeibeamter zu werden, und der nun glücklich fernab von Frau und Familie diesen Fall übernimmt. In Urlaub fährt er ohnehin nie, abgesehen von den drei Wochen im Sommer, die er bei irgendwelchen Verwandten in Süditalien verbringt.

»Kommen Sie, hier können Sie durch.«

Der Vice Questore folgt ihm mit gesenktem Kopf, während zwei Beamte die Menge in Zaum zu halten versuchen. Mindestens fünfzig Leute.

»Zum Glück sind an Weihnachten alle etwas sanftmütiger«, kommentiert Mascaranti.

»Weihnachten ist vorbei, Ispettore. Das sind jetzt wieder die gleichen Arschlöcher wie immer.«

»Kann sein. Da wären wir.«

»Kein schöner Anblick«, begrüßt Chefinspektor Lonigro seinen Vorgesetzten.

Loris gibt nur ein Brummeln zurück.

»Wir wissen also, wer es ist.«

Das ist nicht als Frage gemeint, da die Neuigkeit ja schon Argentinien erreicht hat.

»Das Opfer heißt Giovanni Sommese und war seines Zeichens Staranwalt. Zumindest früher. Er war schon über fünfundsechzig und tauchte seit einigen Jahren nicht mehr bei Gericht auf, arbeitete aber weiter. Seine Kanzlei ist hier ganz in der Nähe, auf der Piazza Cordusio. Der Mörder muss ihm nach der Arbeit aufgelauert haben.«

»Der Ort ist zufällig gewählt?«

»Ich vermute nein.«

Sebastiani kniete sich hin, um die Leiche genauer zu betrachten, während sein Untergebener fortfährt.

»Drei Messerstiche in den Bauch, schätzungsweise mit einem Küchenmesser mit schmaler Klinge. Er ist verblutet, bevor der Notarzt hier war. Immerhin konnte er im Todeskampf noch das hier hinterlassen.«

Lonigro zeigt auf eine Stelle neben dem Toten. Sebastiani beugt sich vor.

»Sind wir sicher, dass das von ihm stammt?«

»Ja. Und es ist sein Blut.«

Der Polizeichef seufzt und beißt nervös auf seiner Zigarre herum. Jetzt versteht er, warum der Direktor ihn extra angerufen hat. Den Toten kennt er nur dem Namen nach: Sommese war einer der illustersten Anwälte der Stadt, vertrat Prominente vor Gericht, saß in den Aufsichtsräten vieler Banken, ging zu allen Premieren an der Scala und war, wenn ihn sein Gedächtnis nicht trügt, sogar Ehrenbürger der Stadt Mailand mit dem goldenen Ambrogino. Das Komplettpaket sozusagen, das einen zu den mächtigsten Männern der Stadt macht. Und jetzt haben sie ihn umgebracht, im Herzen von Mailand.

Was den Vice Questore allerdings am meisten beunruhigt, ist diese merkwürdige Botschaft, die der Sterbende hinterlassen hat. Und die er nun entschlüsseln muss, um den Mörder zu finden.

...

»Ein mit Blut gezeichnetes Symbol.«

»Bist du dir sicher? Oder hast du das vielleicht nur geträumt?

Vielleicht war es nur eine Blutlache, in die du mit deiner blühenden Phantasie etwas hineininterpretierst ...«

Langsam fängt der Alte echt an, mich zu nerven. Zuerst schickt er mich vor, weil er selbst nicht mehr kann, und dann stellt er auch noch meine Beobachtungen in Zweifel.

»Ja, ich bin mir sicher.«

»Und was für ein Symbol ist es?«

»Keine Ahnung, ein ...«

»Warte, ich muss kurz durchatmen ...«

Guarneri hechelt wie ein Hund nach dem Sprint, den wir vom Café bis hierher zurückgelegt haben. Ich war vor ihm da und konnte noch einen kurzen Blick auf die Leiche erhaschen, bevor ich vertrieben wurde. Der Tatort war noch nicht mit dem rot-weißen Band vor den Schaulustigen abgesperrt, und als die Aufpasser kurz abgelenkt waren, bin ich näher und habe die makabre Zeichnung gesehen.

Am Fuß einer Säule, und zwar genau an der Säule mit dem Flachrelief der halbwollenen Sau, einem antiken Emblem der Stadt. Das weiß ich nicht etwa, weil ich so gebildet bin, sondern weil es in jedem Stadtführer steht und deshalb auch in meinem grünen Touring-Club-Führer, der sich allmählich zu meiner ganz persönlichen Bibel entwickelt.

Der Tote lehnte mit dem Rücken am Fuß der Säule, sein Kopf war nach vorne gefallen, wahrscheinlich ist er so zusammengebrochen, als seine Lebenskräfte schwanden. Mit einer Hand hielt er sich die Wunde und mit der anderen ... na ja, hat er dieses Symbol gezeichnet.

»Beschreibe es mir genau.«

Mein Mentor hat wieder Farbe im Gesicht und scheint nicht mehr kurz vor dem Herzkasper zu stehen.

»Es sieht aus wie ein umgedrehter Kandelaber.«

»Ein was?«

»Eine Menora, kennen Sie die siebenarmigen Kerzenleuchter der Juden?«

»Nein.«

Ha, perfekt! Wer ist hier derjenige, der nichts weiß? Der von den alten Haudegen lernen soll, die seit Jahren mit beiden Beinen im Beruf stehen? Der jahrelang schwitzen muss, um …

»Weiter, Junge! Bist du eingeschlafen?«

»Wie gesagt, es ähnelt einem jüdischen Kandelaber, nur dass er kopfsteht und gerade mal drei Arme hat.«

»Also ist es etwas anderes.«

»Vielleicht. Oder das Opfer kam einfach nicht weiter.«

»Das scheint mir nicht sehr hilfreich.«

»Jedenfalls schwamm unter ihm jede Menge Blut …«

»Und das hat dein zartes Gemüt schockiert?«

»Ich hatte es da oben in der Poebene mit einer Menge Morde zu tun, ich habe genug Tote gesehen.«

»Und?«

»Deshalb weiß ich aus Erfahrung, dass man mit solchen Schnitten im Bauch verblutet, und zwar unter höllischen Schmerzen. In diesem Fall aber hat das Opfer sich alle Mühe gegeben, die Zeichnung noch aufs Pflaster zu bringen, als wolle es den Ermittlern einen Hinweis geben. Oder jemand anderem, der es verstehen würde.«

»Interessante Theorie.«

Nur interessant, du alter Stinkstiefel? Das scheint das Höchstmaß an Anerkennung, zu dem Guarneri fähig ist, der mich sofort mit seiner nächsten Frage nervt.

»Hast du ein Foto gemacht?«

»Womit denn bitte? Mein Handy hat keine Kamera. Und den Fotoapparat habe ich zu Hause gelassen.«

»Daran merkt man, dass du Anfänger bist. Alle Zeitungen, wirklich ausnahmslos, hätten Unsummen für einen Schnappschuss bezahlt. Doch was sollen wir uns lange grämen. Lauf mal schnell auf die andere Seite des Säulengangs.«

»Um was zu tun?«

»Um die Sache aus einem anderen Blickwinkel zu betrachten und zu hören, ob die Ermittler irgendetwas sagen.«

Aus meiner Miene scheinen Zweifel zu sprechen, denn er schüttelt den Kopf.

»Allmählich glaube ich, du bist doch dümmer, als ich dachte«, meint er und bekommt einen Hustenanfall. Er ist nass geschwitzt und atmet schwer.

»Schau mal, Junge, in diesem Säulengang fand früher immer der Markt statt, und die Akustik ist so angelegt, dass man sich auch mit der gegenüberliegenden Seite verständigen kann. Das glaubst du nicht? Stell dich hinter die Säule da auf der anderen Seite. Dort siehst du ein schräg angebrachtes Loch: Wenn du da in der Nähe etwas sagst, verstehe ich hier alles. Und umgekehrt. Ein alter Trick, den die Händler für ihre Absprachen nutzten. Und wir benutzen ihn auch, verstehst du?«

Ein Punkt für dich, alter Knabe. Das gefällt mir. Was ich ihm natürlich nicht sage, sondern stattdessen schnell auf die andere Seite gehe, während Guarneri erneut hustet wie ein verrußtes Ofenrohr.

Mit größter Verwunderung stelle ich fest, dass der Alte recht hat: Von hier aus kann ich den Fetzen einer Unterhaltung lauschen, die ein Uniformierter mit einem Typ im schwarzen Mantel und mit Zigarre im Mund führt, der sein Chef zu sein scheint.

»Was hat dieses Gekritzel zu bedeuten?«

»Keine Ahnung, Lonigro. Die Spurensicherung soll von allem Fotos machen.«

»Vielleicht haben wir ja Glück, und es ist ein Buchstabe aus irgendeinem komischen Alphabet. Der Anfangsbuchstabe vom Namen des Mörders?«

»Natürlich: Dann hätte er ja auch gleich den ganzen Namen schreiben können, anstatt uns Rätsel aufzugeben, oder? Nein, da steckt mehr dahinter. Er wollte uns etwas sagen. Uns oder jemandem, der die Bedeutung des Symbols kennt. Jedenfalls halten wir das erst einmal geheim, kein Wort darüber an die Presse, haben wir uns verstanden?«

Mehr kann ich nicht mehr hören. Die beiden sind ein paar Schritte weitergegangen, und es herrscht totale Funkstille. Das ist doch interessanter Stoff für Guarneri. Schade nur, dass der alte Reporter nicht mehr da steht, wo ich ihn verlassen habe.

Im Laufschritt kehre ich auf die andere Seite des Säulengangs zurück.

Wo ist er nur?

Mich überkommt ein mulmiges Gefühl, das durch den Schrei einer Frau bestätigt wird.

Nein, bitte nicht. Ich laufe los, bis ich ihn sehe ...

Da habe ich meinen Job noch gar nicht richtig aufgenommen und bin ihn wahrscheinlich schon wieder los: Mein Mentor liegt reglos auf dem Boden.

...

Der Krankenwagen bewegt sich nur langsam durch die Menge,

sodass die Polizei schließlich eingreift, damit er die Piazza dei Mercanti zügig verlassen kann.

Es stimmt schon, auf dem Land lebt man entschieden ruhiger. Trubel gibt es nur in den Einkaufszentren, ansonsten Stille. Niemand auf der Straße, niemand, der seine Nase in deine Angelegenheiten steckt. Ganz anders in Mailand. Hier herrscht mehr Gedränge als beim Karnevalsumzug von Viareggio. Außerdem sind wir Italiener ein Volk der Gaffer, oder etwa nicht? Wir bremsen, um einen Blick auf den Autounfall auf der Gegenspur zu erhaschen, versammeln uns um einen Ohnmächtigen, obwohl niemand Arzt ist.

Das Verbrechen ist nichts anderes als eine perverse Form von Voyeurismus. Und heute, an diesem 30. Dezember unter der Madonnina, versammeln sich mehr Schaulustige bei den Blau- und Warnblinklichtern als bei dem eindrucksvollen Weihnachtsbaum vor dem Dom nebenan.

Ich bin auf meinen Posten auf der anderen Seite des Säulengangs zurückgekehrt und lausche erneut dem Gespräch der Bullen.

»Was ist das für ein Gedränge?«, fragt der mit der Zigarre im Mund.

»Ein Journalist hat einen Herzinfarkt erlitten. Er wollte sich über die Vorgänge informieren, da ist er plötzlich kollabiert und zusammengebrochen. Zum Glück hat ihn ein junger Mann wiederbeleben können.«

»Wer?«

»Der Typ da mit dem Bärtchen und der gelben Windjacke, der uns beobachtet.«

Der Polizeibeamte lässt seinen Blick in die Richtung schweifen, in die sein Kollege zeigt. Und bleibt an mir hängen. Ja, bitte sehr, ich habe halt mal einen Erste-Hilfe-Kurs gemacht. So dumm bin ich also doch nicht, oder, lieber Guarneri? Sonst wärst du jetzt beim Schöpfer im Himmel. Oder eher in der Hölle, so wie ich dich kennengelernt habe.

Doch das ist nicht der geeignete Moment, darüber nachzudenken. Die zwei Bullen beobachten mich, und da mir nichts Besseres einfällt, hebe ich instinktiv die Hand und winke ihnen.

Nicht meine beste Idee. Meine rechte Hand ist blutverschmiert, da ich mich im Eifer des Gefechts – ein Leben zu retten ist pures Adrenalin – mit der Handfläche an dem Metallvorsprung einer Säule abgestützt habe. Die Wirkung auf die zwei Polizeibeamten ist nicht optimal. Immerhin habe ich ein paar Zeugen, die bestätigen können, dass ich mich an dem spitzen Ding an der Säule verletzt habe, ich schwöre, Euer Ehren.

»Dann wollen wir mal ein paar Worte mit ihm wechseln«, knurrt der Chef.

Tolle Idee, Enrico. Merke: Winke niemals mit blutigen Händen einem Polizisten, er könnte denken, du bist einer der Bösen.

Schon stehen sie mit finsteren Mienen vor mir.

»Wird Ihr Freund durchkommen?«

»Das hoffe ich doch. Auch wenn er nicht wirklich mein Freund ist.«

»Nein?«

»Eher ein Kollege.«

»Verstehe. Was ist mir Ihrer Hand passiert?«

Ich fahre mir mit den Fingern über das Hosenbein und hinterlasse eine rotbraune Spur.

»Ich habe mich beim Erste-Hilfe-Leisten verletzt.«

»Hm.«

Der Bulle im schwarzen Mantel mustert mich. Die Zigarre

hängt ihm halb zerkaut zwischen den Lippen. Ein Clint-Eastwood-Verschnitt mit klassischer Cowboy-Miene: zusammengekniffene Augen und zorniges Gesicht.

Aus irgendeinem Grund ändert er plötzlich die Strategie. Mit einer ausholenden Armbewegung deutet er auf die Menschenmenge, die um die nun abgedeckte Leiche herumsteht.

»Die spinnen alle in dieser Stadt.«

»Scheint so«, erwidere ich unsicher.

»Ich bin Vice Questore Loris Sebastiani. Ich leite die Ermittlungen.«

»Mord, oder?«

»Was wissen Sie darüber?«

»Nichts, ich habe nur gefragt. Ich habe das Messer gesehen und dachte ...«

»Was dachten Sie?«

»Nichts.«

»Wie, sagten Sie noch, dass Sie heißen?«

»Ich sagte gar nichts.«

»Noch ein Spruch dieser Art und du bereust es, kleiner Großkotz«, knurrt er.

Er ist zum Du und zum Drohen übergegangen. Schlechtes Zeichen.

»Radeschi, Enrico.«

»Sehr gut. Und was machst du so im Leben, Radeschi Enrico?«

Ich würde gerne wieder auf die professionellere Ebene zurückkehren, aber mit dem genialen Einfall, nicht mit meinem Namen rauszurücken, stehen die Chancen schlecht. Sei's drum.

»Ich bin Reporter, Ressort Verbrechen.«

Sebastianis Zigarre vollführt eine Art Hüpfer.

»Ach ja? Und für welches Blatt schreibst du?«

»Für keins.«

»Willst du mich verarschen?«

»Ich arbeite frei und verkaufe meine Artikel an den Höchstbietenden.«

»Wie eine Nutte also?«

Dass dies kein besonders glücklicher Vergleich ist, merkt der Ober-Vize sofort. Entschuldigt sich aber trotzdem nicht. Das ist mal entschieden schiefgelaufen.

»Hör mal, du Bübchen in deinen Charlie-Brown-Klamotten, tu mir einen Gefallen und zisch ab, wir haben zu tun. Vielleicht gehst du ins Krankenhaus und schaust, wie es deinem Freund, entschuldige, Kollegen, geht.«

»Und angenommen, ich möchte lieber hierbleiben?«

Ich sage das nur so, um ihn zu ärgern, denn sobald er sich umdreht, bin ich hier weg. Aber ich polemisiere nun mal gern. Das habe ich im Blut.

Der Bulle sieht mich an. Er erwidert nichts, geht nicht in die Luft. Der hat Erfahrung. Und seine eigenen Methoden, mit Nervensägen umzugehen.

»Oh, bitte, ganz wie du möchtest«, lächelt er, »ich kann dir sogar noch einen guten Rat geben.«

Ein guter Rat ist das Letzte, was ich von diesem Typen möchte. Doch ich habe keine Wahl, denn er redet schon weiter.

»Siehst du den Mann da hinten mit dem Schlapphut? Er heißt Beppe Calzolari und ist Chefredakteur für dein Ressort beim *Corriere della Sera*. Normalerweise kriegt der nicht mal seinen Arsch aus dem Sessel, wenn die Madonnina vom Dom fällt. Der sitzt immer in seinem Büro in der Via Solferino und schickt seine Laufburschen aus, wenn irgendwo was passiert. Grünschnäbel wie dich, normalerweise. Dieses Mal hat er wohl eine Ausnahme gemacht, oder er hat niemanden gefunden, der ihm die heiße Kartoffel abnimmt. Warum gehst du nicht zu ihm und bietest ihm an, die Sache für ihn aufzuschreiben?«

Und er bricht in schallendes Gelächter aus. Dann dreht er sich um und kehrt zu seinem Inspektor zurück, der wie ein treues Hündchen auf ihn wartet.

»Warum nicht, das werde ich wohl tun«, gebe ich halblaut zurück, sodass mich außer ihm niemand hört. »Der erfährt sicher gerne, dass das Opfer vor seinem Tod noch eine Nachricht hinterlassen hat, geschrieben mit dem eigenen Blut ...«

2

»Der letzte Tag des Jahres im LABANOF. Klingt nach drittklassigem Horrorfilm, finden Sie nicht?«

Sebastiani geht mit einem Brummen und einer unmerklichen Drehung seiner Zigarre über Ispettore Mascarantis unpassenden Einwurf hinweg.

Um diese Uhrzeit sollte er eigentlich im Flieger Richtung Rotes Meer sitzen und nicht im Leichenschauhaus. Das gesamte Polizeipräsidium ist in Aufruhr. Die Telefonzentrale steht nicht still seit dem Tod eines so bedeutenden Anwalts wie Sommese. Politiker, Richter, Anwälte, alle wollen wissen, wie es passieren konnte, dass mitten im historischen Zentrum Mailands und zwischen den Feiertagen ein Mann umgebracht wird und der Mörder unerkannt entkommt! Auch Sebastiani selbst fragt sich das und was dieses Symbol zu bedeuten hat, das Sommese mit seinem Blut gezeichnet hat, und ob es ihnen galt oder jemand anderem, der die Botschaft versteht. Für den Moment gehen sie der ersten Hypothese nach, da das Detail noch geheim ist und er diesem Grünschnabel – Radeschi, so hieß er – nach seiner Andeutung sofort den Mund verboten hat.

»Keine Botschaft«, hatte Sebastiani ihn schroff angefahren. »Das Opfer hat zu viel Blut verloren und war nicht mehr klar genug im Kopf, um zu schreiben. Allerhöchstens haben wir es mit einem verwischten Blutfleck zu tun. Die Hand des Toten ist in die Lache gefallen, und das hat zu dem Zeichen geführt. Das ist alles.«

Der junge Reporter hatte sich davongeschlichen mit einer Miene, die verriet, dass er ihm nicht glaubte, doch immerhin hatten die größeren Blätter nichts davon erwähnt.

Die schlechten Nachrichten ließen aber nicht auf sich warten: Die Tatwaffe – ein Küchenmesser mit Inox-Stahlklinge – gab es in fast jedem Supermarkt der Stadt zu kaufen, und die Fingerabdrücke auf dem Griff stammten allesamt vom Opfer selbst, sodass der Mörder wohl Handschuhe getragen haben muss.

Lonigro hatte sich in der Zwischenzeit in sein Büro eingeschlossen und kämpfte mit der Bürokratie und den Fotos der Spurensicherung, um dem geheimnisvollen Zeichen auf die Spur zu kommen. Also hatte Sebastiani sich seinen Kampfhund Mascaranti schnappen und mit ihm zum Leichenschauhaus fahren müssen, wo Neuigkeiten auf sie warteten.

»Los, wir gehen rein.«

LABANOF ist die italienische Abkürzung für »Forensisches Labor für Anthropologie und Odontologie«. Untergebracht ist es in einem Gebäude der Mailänder Universität in der Via Mangiagalli, das mit seinem Blick auf die prächtige, baumgesäumte Straße von dem abzulenken scheint, was in seinem Inneren stattfindet. Nämlich hauptsächlich Autopsien von Leichen.

Deshalb wundert es Sebastiani nicht, dass der Spezialist für pathologische Anatomie, Dottor Ambrosio, um die fünfzig, korpulent und völlig kahl, weder vor Freude sprüht noch ein besonders spritziger Gesprächspartner ist. »Noch nie haben Sie mich so schnell angerufen.«

Sebastianis Feststellung klingt fast wie ein Vorwurf.

»Noch nie hat mich ein Polizeipräsident für eine Autopsie aus Courmayeur zurückbeordert, wo ich gerade meinen wohlverdienten Urlaub verlebe. Je schneller ich fertig bin, umso schneller bin ich wieder in den Bergen, ich hoffe noch heute Abend zur Silvesterfeier. Haben Sie mich verstanden?«

»Klar und deutlich.«

»Bestens. Wollen wir also anfangen?«

Im Gänsemarsch betreten sie einen aseptischen Raum mit unzähligen Kühlkammern aus Edelstahl.

Ambrosio streift sich Schutzhandschuhe über und zieht Sommeses Leichnam aus einer der Kammern.

Sebastianis kalte Zigarre wandert von einem Mundwinkel in den anderen. Mordfälle sind nie ein schöner Anblick.

Der Mann ist nackt und wirkt im unbarmherzigen Neonlicht älter, als er ist. Er hat eine V-förmige Narbe auf der Brust – die klassische Obduktionsnarbe –, und in seinem Bauch klafft ein tiefer, nicht vernähter Schnitt. Darüber hinaus kleinere Schnittwunden von den restlichen Stichen.

»Bevor Sie mich fragen: Todesursache ist ein Stich mit der Tatwaffe in den Magen. Unser Mann ist in wenigen Minuten verblutet. Er wurde mit drei Messerstichen verletzt, erst der letzte war tödlich.«

Sebastiani wirkt enttäuscht: Warum sollte er so eilig herkommen, wenn er jetzt nur erfährt, was er vorher schon wusste? Hätte dann nicht ein Telefonat oder ein Bericht per Fax genügt wie sonst auch?

Es musste also noch mehr geben. Deshalb verkneift er sich vorerst jeden Kommentar und kaut weiter auf seiner Zigarre herum.

Mascaranti hingegen, der sein Gehirn für gewöhnlich im Ruhezustand hält, kann sich nicht beherrschen.

»Dass er erstochen wurde, wussten wir bereits, Dottore.«

Ambrosio wirft dem Beamten einen Blick zu, der mehr sagt als tausend Beleidigungen.

»Der Mann ist mit hundertprozentiger Sicherheit an den Messerstichen gestorben, da gibt es keinen Zweifel. Aber ich habe Sie kommen lassen, damit Sie sich das hier ansehen.«

Mit ein paar geübten Handgriffen dreht der Mediziner den Leichnam auf den Bauch.

Sebastiani reißt die Augen auf und beginnt automatisch auf seiner Zigarre herumzubeißen, als wäre sie Kautabak.

»Damit haben wir tatsächlich nicht gerechnet«, brummte Mascaranti und zieht sich verlegen ein paar Schritte zurück.

Auf Sommeses Rücken zeichnet sich eine ganze Reihe tiefer Wunden ab.

»Die sind noch nicht alt und *ante mortem*«, erklärt Ambrosio. »Wunden, die noch nicht völlig vernarbt sind.«

»Wie von ...«

»Wie von Peitschenhieben«, beendet der Arzt den Satz. »Genau so ist es, Loris.«

...

»Dann ist deine strahlende Karriere als Fernsehjournalist also schon erloschen?«

Diplomatie gehört sicher nicht zu den angeborenen Eigenschaften meines neuen Busenfreundes Fabio Spadafora. Genauso wenig wie das richtige Timing, sonst käme er mit dieser Idiotenfrage nicht gerade dann heraus, wenn wir von allen Seiten Ellbogen und Knüffe abbekommen.

Ich will nicht antworten, doch er lässt nicht locker.

»Also? Oder ist das ein Berufsgeheimnis, über das du nicht reden darfst?«

»Kein Geheimnis«, seufze ich und dränge mich durch die Menschenmenge, die mir entgegenströmt. »Außerdem ist meine Karriere nicht erloschen. Höchstens auf Stand-by.«

»Mit anderen Worten?«

»Na schön, ja!«, stoße ich aus. »Es bedeutet, dass Guarneri es sich anders überlegt hat und mich nicht mehr als Assistenten will.«

»Was für ein Aas, hm?«

»Dabei habe ich ihm das Leben gerettet! Habe sogar meinen Mund auf seinen gelegt, wie der stank ... bäh, ich will gar nicht daran denken! Aber ich kann ihn auch ein bisschen verstehen, den armen Kerl. Er wäre gestern fast krepiert, sagen die Ärzte, und wird sicher noch ein paar Wochen brauchen, um wieder arbeiten zu können.«

»Und was hast du jetzt vor?«

»Keine Ahnung, Fabio. Ich versuche bei allen Mailänder Zeitungen meinen Artikel über den toten Anwalt anzubringen, aber bisher hat sich nicht einmal jemand herabgelassen, mir zu antworten. Die haben alle ihre eigenen Reporter geschickt. Es wurde tausendfach durchgekaut, nur das Symbol hat niemand erwähnt.«

»Vielleicht hatte der Bulle ja recht: Der Tote wollte den Namen seines Mörders schreiben, schaffte aber nur noch sinnloses Gekritzel.«

»Müssen wir ausgerechnet jetzt darüber sprechen?«

»Ich wollte mich nur ein bisschen unterhalten.«

»Ich bin mir sicher, dass sich im neuen Jahr irgendetwas ergeben wird. Mailand ist doch die Stadt der tausend Möglichkeiten.«

»Ist das dein Ernst?«

»Klar! Außerdem habe ich keine Lust, heute Abend schlechte Laune zu schieben.«

»Wie du meinst. Viel schlimmer kann es eh nicht mehr kommen ...«

Er hat recht. Unseren größten Rausch der Silvesternacht bescheren uns weder das Feuerwerk noch das Knallen der Sektkorken, sondern die Leute, die an den EC-Automaten Schlange stehen.

Piazza Duomo ist voll mit Menschen, der Boden mit Knallkörpern und Glasflaschen übersät.

»Das ist doch Beirut im Bombenhagel ... Bei uns zu Hause läuft Silvester anders ab!«

»Lass uns abhauen«, schlägt Fabio vor. »Endlich ist es so weit.«

Mit unseren zwei Bieren in der Hand, mit denen wir angestoßen haben, schieben wir uns über den Platz. Auf der weit entfernten Bühne tritt ein bekannter neapolitanischer Sänger auf, dem aber niemand zuzuhören scheint, da alle sich die halb geleerten Flaschen Billigsekt über die Köpfe ziehen, dem Nachbarn Knallfrösche unter die Füße schmeißen und auf und ab hüpfen, um sich die nächtliche Kälte vom Leib zu halten.

Auch unsere Gesichter sind rot vor Kälte und ich habe Lust, mich in mein Bett zu kuscheln. Aber vorher haben wir noch eine Mission.

»Heute ist der erste Tag einer neuen Zeitrechnung«, verkündet Fabio feierlich, als wir uns in die Schlange vor einem Geldautomaten einer Bank einreihen. Diese Lust am Geldabheben ist mir völlig neu, aber verständlich: Seit Mitternacht wollen alle die neuen Geldscheine haben. Sie anfassen, anschauen und am liebsten sofort ausgeben.

»Das ist das Jahr null des Euros, der neuen Währung!«

Meine Begeisterung hält sich in Grenzen, doch da ich nichts Aufregenderes zu tun habe, lasse ich mich von der Laune meines Nerd-Freundes anstecken. Und so schiebe ich zehn Minuten später neben die zwei Zehntausend-Lire-Scheine fünf brandneue Zwanzig-Euro-Noten in mein Portemonnaie aus Kunstleder. Bunte Scheine wie beim Monopoly.

»Gutes Neues Jahr 2002!«, kreischen ein paar Mädchen aus einem vorbeifahrenden Auto. Angeschwipst beugen sie sich gefährlich weit aus dem Wagenfenster.

Idiotisch winke ich zurück. Hoffentlich wird das wirklich ein gutes Jahr, das da gerade beginnt. 2001 war ein Desaster. Und sein Ende war noch schlimmer.

Auch wenn es manchmal Lichtblicke gab, wie ich gestehen muss. Nach Weihnachten hatte ich die Koffer zugeklappt und war in den Zug gestiegen, der die Poebene mit der Metropole verbindet. Mein Entschluss stand fest. Keine einfache Entscheidung, aber unumstößlich. Ich würde nicht zurückkehren. Ich würde nach Mailand gehen, um dort, wie die Einwanderer der Sechzigerjahre, mein Glück zu versuchen.

Der Erste, den ich traf, war Fabio aus Kalabrien, im zweiten Jahr Student für Ingenieurwesen an der Technischen Hochschule, der über diverse Aushänge einen Mitbewohner für seine Einzimmerwohnung suchte.

Ich hatte mich mit ihm verabredet, und er hatte mir das halb leere Zimmer gezeigt: zwei Einzelbetten an den Wänden, eine Kochnische, ein Tisch, ein viertüriger Schrank und eine winzige Vorratskammer.

»Schnarchst du?«, hatte ich gefragt.

»Nein.«

»Dann nehme ich es.«

Ich hatte nicht geplant, im *Hotel Principe di Savoia* zu nächtigen, deswegen kam mir das Apartment an der Piazza Piola sehr entgegen. Vor allem weil es wenig kostete. Sehr wenig.

Dass ich hier nicht ewig bleiben würde, hatte Fabio selbst sofort klargestellt: »Probezeit bis Ende Februar. Zwei Monate, dann sehen wir weiter, o.k.?«

Ich hatte die Achseln gezuckt. Sechs Wochen würden reichen, um herauszufinden, ob ich es in dieser hektischen Stadt aushalten würde, in der ich schon einmal gescheitert war.

Das schien Ewigkeiten her zu sein, dabei waren erst ein paar Jahre vergangen.

Es war 1994 gewesen, als ich mich an der Philosophischen Fakultät der Staatlichen Universität eingeschrieben hatte und wirklich selten zu Vorlesungen gegangen war.

Das hatten sie auch bei mir zu Hause gemerkt, bis mein Vater mich – aufgrund meiner kärglichen beziehungsweise nicht existenten Erfolge – zur Basis zurückrief, sodass ich als Externer weiterstudieren musste und ganze sechs Jahre bis zum Abschluss brauchte. Ein halbes Leben!

Mein Verhältnis zu Mailand war seitdem sporadischer Natur gewesen, hop on, hop off: Ich war nur noch tageweise da. Morgens früh los, Zug, Uni, Prüfung und dann sofort wieder nach Hause. Manchmal hatte ich auch bei einem Freund oder in einem tristen Ein-Sterne-Hotel in der Via Vitruvio übernachtet, das billig war, aber mehr auch nicht. Das Stadtleben hatte ich kaum kennengelernt, außer ein paar Monate lang mit nächtlichen Besäufnissen, täglichen Joints und wenig Sonnenlicht. Ich hatte eine Art

Vampirleben geführt: kaum Vorlesungen und lange Nächte. Die Madonnina hatte ich noch nie bei Tag gesehen außer auf Postkarten, sozusagen aus der Ferne.

Aber zwei gute Erinnerungen hatte ich an Mailand. Die eine weit zurückliegend, die andere nah.

Die erste geht in die Zeit zurück, als ich zwölf war: Wir machten einen Schulausflug in den Mailänder Dom, die Sforza-Burg und des Wissenschafts- und Technikmuseum (der Faradaykäfig mit dem Menschen im Zentrum der Elektrizität, der nicht gegrillt wird, sondern ohne einen Kratzer davonkommt, ist bis heute meine eindrücklichste Erinnerung überhaupt); die zweite ist etwa drei Monate alt, als ich beim Journalistenverband vorsprach, um den ersehnten Presseausweis zu bekommen: Endlich war ich freischaffender Journalist!

Es war der 10. September, ein Montag, und der Tag vor dem Anschlag auf die Zwillingstürme.

Wie ein Fremder hatte ich die Stadt genossen und meinen Gedanken nachgegangen. Ich war zu Fuß herumgelaufen. Vom Hauptbahnhof aus die ganze Via Vittor Pisani entlang, dann der Via Turati folgend und schließlich die Via Manzoni hinauf bis zur Scala, eine Runde durch die Galleria, um dann am Dom herauszukommen.

»Es gibt ihn also wirklich!«

Weiß und rosa, groß und mächtig mit der goldenen Madonnenfigur obenauf, die in der milden Spätsommersonne glänzte. Als Student war ich höchstens in tiefster Nacht hier gewesen. Und völlig besoffen. Was also nicht zählte.

An diesem Tag hatte ich mich in die Stadt verliebt. Chaotisch, hektisch, voller Leben.

Als ich abends im Zug nach Hause fuhr, beschloss ich, das Abenteuer zu wagen.

»Wann, wenn nicht jetzt?«, hatte ich mir in Anlehnung an Primo Levis berühmten Roman gesagt. »Es ist Zeit, meinem Leben eine neue Richtung zu geben.«

Im Übrigen war es wirklich so. Mit dem Uniabschluss und dem unter Höllenqualen erworbenen Journalistenausweis in der Tasche, für den ich zu sämtlichen Todesfällen der Provinz Mantua getrabt war, hielt ich den Moment für eine Luftveränderung für gekommen. Ich wäre verrückt gewesen, meine Situation nicht verbessern zu wollen. Bei meiner Ehre. Ich hatte vierundzwanzig Monate lang jede Art von Artikel geschrieben – über Verbrechen hauptsächlich, aber auch über Sport, Lokalveranstaltungen und Ratssitzungen, die manchmal sieben Stunden dauerten ... – alle für je achttausend Lire pro zweispaltigem Artikel und dreizehntausend bei vier Spalten. Brutto, versteht sich. Ein Hungerlohn.

Als der Chefredakteur mir dann endlich die Unterlagen unterschrieb, mit denen ich den Ausweis beantragen konnte, jubelte ich innerlich vor Freude: das zweite große Ziel in meinem Leben, nach dem Studium. Ich glaubte, Licht am Ende des Tunnels zu sehen. Doch bald schon verzog sich die freudige Erwartung und wurde von Enttäuschung abgelöst.

Ich hatte immer geglaubt, dass mir als freischaffender Schreiberling alle Türen offen stünden. Endlich würde mich die *Gazzetta* von Mantua einstellen, vielleicht auch die von Parma.

So war es aber nicht, und nach ein paar ungewissen und magendrückenden Monaten beschloss ich, nach Capo di Ponte in Emilia zu gehen, dem letzten lombardischen Bollwerk vor der Region Emilia, was immer zu allerlei Missverständnissen führt, vergleichbar mit dem Örtchen Novi Ligure, das nicht in Ligurien, sondern im Piemont liegt.

Dies ist das Jahr der Veränderungen!, denke ich, während Fabio und ich die Stufen der Metrostation hinaufsteigen und nach Hause gehen.

Die Zeiger der Uhr weisen auf vierzehn Minuten nach Mitternacht des 1. Januar 2002, ich bin sechsundzwanzig Jahre alt, und obwohl mein Weg gestern noch den eines Mordopfers gekreuzt hat, schaue ich hoffnungsvoll in die Zukunft.

Vielleicht errät mein Freund meine Gedanken und beschließt merkwürdigerweise, meine Euphorie zu teilen.

»Soll ich dir was sagen, Enrico? Wenn dich niemand will, machst du es einfach selbst!«

»Wie beim Sex, meinst du?«

»Ich sprach von dem Artikel über den toten Anwalt!«

»Verstehe ich nicht.«

»Du machst dich selbstständig. Zumindest, bis du einen Abnehmer findest.«

»Was zum Teufel soll das heißen, ich mache mich selbstständig?«

»Du bist nicht so einfallsreich, wie du aussiehst. Das ist das Zeitalter der Netzökonomie, das Internet boomt ... Du schreibst einen Blog, alles klar?«

»Einen Blog? Soll das die zündende Idee sein?«

»Du weißt doch, was ein Blog ist, oder?«

Irgend so was im Netz, was sonst?

»Klar weiß ich das! Für wen hältst du mich?«

»Verstehe, du hast keinen blassen Schimmer!«

Kluges Kerlchen, aber das werde ich natürlich niemals zugeben!

»Ein Blog«, fährt er geduldig fort, »ist eine Art Online-Tagebuch, das alle lesen können. Egal zu welchem Thema, es gibt alles. Die einen reden über sich, andere erzählen über ihre Reisen, über Frauen, über Sex. Du redest von Kriminalfällen. *Mailands Verbrechen*, was hältst du davon?«

Das halte ich für eine Top-Idee. Warum ist mir das nicht selbst eingefallen? Aber zu viel Begeisterung darf ich auch nicht zeigen, sonst lässt er mich das teuer bezahlen.

»Klingt ganz gut«, sage ich beiläufig, »aber der Titel ist Mist. Vielleicht könnte ich es *Milanonera* nennen, Schwarzes Mailand?«

Ja, *Milanonera* klingt wirklich gut.

...

Loris Sebastianis einsame Silvesternacht ist durchsetzt von Zweifeln. Während im Hintergrund stumm der Fernseher auf einem Sender der italienischen Schweiz läuft, blättert er in einem Reiseführer über die versteckten Schönheiten Mailands. Er sucht nach Informationen über den Ort, wo die Leiche gefunden wurde.

»Piazza dei Mercanti ist einer der ältesten Plätze Mailands, wenige hundert Meter vom Dom entfernt, den er an Jahren übertrifft. Unter seinen Kolonnaden versammelten sich einst die Händler, doch auch das Volk hielt hier seine Gerichtsversammlungen ab, da in einem der umliegenden Gebäude das Gefängnis untergebracht war. Die Säulengänge und Rundbögen des Platzes hüten einen besonderen Schatz der Stadt, denn in ein Kapitell ist das Basrelief der ›halbwollenen Sau‹ gemeißelt – ein weibliches Schwein mit einer Art Rückenfell –, das mythologische Tier, das eng mit der Gründung der Stadt Mailand verbunden ist.«

Es wird also kein Zufall sein, dass der Leichnam direkt unter dem Flachrelief lag, überlegt Sebastiani und klappt das Buch zu.

Wenn man die vielen Fragen mal außer Acht lässt, verbringt er nicht seinen schlechtesten Abend. Völlig erledigt war er aus dem Polizeipräsidium nach Hause gekommen. Die Reaktionen auf den Mord hatten ihn auf Trab gehalten – Telefonanrufe der Presse, Mahnrufe aus der Politik, der Questore, der ständig auf dem Laufenden gehalten werden will, die schwierige Suche nach verlässlichen Augenzeugen. Es gibt nichts Schlimmeres als einen Zeugen, der sich nur dunkel erinnert und einen auf die falsche Fährte führt ...

Zu Hause hatte er sich erst einmal unter die Dusche gestellt, um sich das unangenehme Gefühl der ergebnislosen Ermittlungen vom Leib zu waschen. Und das Gefühl von Tod und Verderben, das ihn jedes Mal überkam, wenn er sich im LABANOF aufhielt.

Aus dem Bad ging er in die Küche und fand dort eine Überraschung: Maria hatte ihm eine Aufmerksamkeit zurückgelassen.

»Wenn jemand an mich denkt, ist er da«, hatte er sich gesagt und in den Topf geguckt.

Maria ist seine Reinigungskraft, was ihre Bedeutung nur unzureichend beschreibt. In Wirklichkeit kümmert sie sich um Loris quasi wie eine zweite Mutter. Sie ist schon lange bei ihm, seine (mittlerweile Ex-)Frau hatte sie gleich nach der Hochzeit eingestellt.

»Ich brauche jemanden, der mir im Haushalt hilft. Du rührst ja keinen Finger, und ich bin nicht dein Dienstmädchen, klar?«

Er hatte genickt, und eine Woche später stand eine kleine Frau um die fünfzig in der Wohnung, eine Witwe, die immer freundlich lächelte.

Fünfzehn Jahre später war seine Frau Giulia gegangen und Maria geblieben. Sie war nicht mehr jung, aber immer noch eine energische Frau mit bewundernswerter Konstitution. Sie kochte, bügelte, spülte, brachte die schmutzigen Kleider des Polizeibeamten in die Wäscherei, füllte seinen Kühlschrank auf. Und verwöhnte ihn.

Sie hatte ihm mit ihrer kindlichen Handschrift eine Notiz geschrieben und auf dem Tisch zurückgelassen.

»Meine Spezialität für dein Silvesteressen. Frohes neues Jahr.«

In der Pfanne wartete eine große Portion Fettuccine mit Wildschweinragout. Mit einem Gefühl der Erleichterung hatte Sebastiani beschlossen, dass dieses Festessen nach einem ordentlichen Wein verlangte. Er hatte einen Blick in seinen kleinen Weinkeller geworfen, eine Kombination aus Kühlschrank und Glasvitrine, in dem er bei idealer Temperatur rund sechzig Flaschen lagerte: Weine aus aller Welt, die Sebastiani auf seinen Reisen von Weinproben mitgebracht hatte.

Heute Abend hatte er eine ganz besondere Flasche hervorgeholt: einen Sassicaia Jahrgang 1992.

»Ein sehr regenarmes Jahr«, hatte er vor sich hin gemurmelt, während er die Flasche entkorkte und in den gläsernen Dekantierer füllte, »das dem Wein Struktur und reichlich Tannine mitgibt. Ohne dass er seine Gefälligkeit verliert. Hoffe ich.«

Der Preis spielte keine Rolle. Er wollte sich etwas Gutes tun. Sich selbst genügen. Sich aufmuntern, wofür es nichts Besseres gab als eine Krücke, die einen halben Monatslohn kostete.

Die Einsamkeit ist nicht das Schlechteste, wenn du sie mit Stil trägst, hatte er gedacht, als er am ersten Glas dieses Nektars kostete. Auch das nachfolgende Essen war köstlich, Maria hatte sich mit ihrem Wildschweinragout selbst übertroffen.

Als die Pasta aufgegessen und der Wein geleert war, überkam den Polizisten ein leises Gefühl von Traurigkeit, denn dies war nach vielen Jahren das erste Silvester, das er komplett allein verbrachte. Nach der Trennung – im Januar 2000 – war er zunächst in Aktionismus verfallen: viele Reisen, Verabredungen und Liebschaften. Letztes Jahr hatte er den 31. Dezember in der Wärme Südafrikas verbracht, auf einer Rundreise durch die Weinkeller mit seiner damaligen Flamme Mary, einer Verkäuferin aus der exklusiven Via della Spiga, die zwanzig Jahre jünger war als er und den Intelligenzquotienten einer Libelle hatte.

»Sie ist perfekt, um körperlich fit zu bleiben und zu vergessen«, hatte er sich gerechtfertigt, wenn er zu dieser Wahl befragt worden war.

Seit damals hatten sich einige Marys, Lucys, Samys, Maddys, Minnies und wie sie alle hießen seine Bettdecke in die Hand gegeben. Sebastiani war immer noch attraktiv, ein schöner Mann, fanden die Frauen. Elegant, gut gekleidet und bereit, für seine Begleitung auch mal mehr Geld auszugeben, als er verdiente. Die Sache dauerte freilich nie länger als einen Monat, doch für die Auserwählte waren diese dreißig Tage ein Traum.

Die aktuelle Partie – denn Minnie war sozusagen nur ein Testlauf, ob sie als Ablösung in Frage kam – heißt Ludovica und arbeitet als Schaufensterdekorateurin, wenn sein schwaches Gedächtnis ihn nicht ganz trügt. Das Mädchen hat ihm mehrmals erklärt, worin ihre Arbeit besteht, doch Loris hatte ihr nie länger als eine Minute zuhören können, ohne dass sein Interesse erlahmte.

In diesem Moment, um 23:17 Uhr am 31. Dezember 2001, befindet sich Ludo – so möchte sie von ihm genannt werden – mit Freunden ihres Alters irgendwo in den Dolomiten, um im Haus ihres Ex-Freundes Silvester zu feiern.

»Aus dem Alter für solche Sachen bin ich raus«, hatte er gesagt, als sie ihn eingeladen hatte. Um eine Sekunde später den Flug zum Roten Meer zu buchen, um dort seiner zweiten großen Leidenschaft nachzugehen (nach dem Wein): dem Tauchen.

Doch dann ist ihm Sommeses Ermordung dazwischengekommen, besser gesagt hat ihm einen dicken Strich durch die Rechnung gemacht.

Mit diesen Gedanken begibt er sich ins Wohnzimmer und lässt sich in das riesige Ledersofa fallen. Dort öffnet er sich eine Flasche Pampero Reserva.

»Auf ins Vergessen«, verkündet er und wechselt das Programm, ohne den Fernseher laut zu stellen.

Die bewegten Bilder helfen ihm beim Nachdenken, wie auch die Toscanello, die er sich zwischen die Lippen schiebt und darauf herumkaut. Er blättert den Stadtführer durch und denkt nach, längst wieder beim Verbrechen von der Piazza dei Mercanti.

Er nimmt ein Blatt Papier und versucht, aus dem Gedächtnis das blutige Symbol nachzuzeichnen, mit dem das Opfer der Polizei Rätsel aufgegeben hat.

Heraus kommt eine Art Medusenkopf, das Ungeheuer der griechischen Mythologie, dessen Blick andere zu Stein erstarren lässt. Allerdings auf dem Kopf stehend.

Dann klopft der Jahreswechsel an die Tür, tritt ein und verschwindet wieder. Gemeinsam mit einer halben Flasche Pampero.

Das merkt er, als er aufsteht, um sein Handy aus der Küche zu holen, das er auf dem Tisch vergessen hat. Eine neue Nachricht.

Einundzwanzig Minuten nach Mitternacht. Sie ist von Giulia, seiner Ex-Frau. Wenigstens eine, die an ihn denkt.

Gutes neues Jahr. Zumindest ein besseres als das letzte.

3

»Brennt es?«

Er schüttelt den Kopf.

Vor dem Fenster leichter Niederschlag. Irgendetwas zwischen Regen und Schnee. Es weht ein nerviger, eiskalter Wind. In der Villa aber herrscht ein anderes Klima.

Das heiße Wachs der Kerze tropft auf die muskulöse Brust des Mannes und jagt ihm einen Schauer über die Haut. Seine Hände und Füße sind mit karmesinroten Samtkordeln an das Eisengestell des Himmelbettes gebunden, über dem Gesicht trägt er eine Augenbinde. Er ist nackt und erregt wie nie zuvor. Die Bettstatt ist riesig, ein Kingsize-Bett mit Seidenbezügen und großen, weichen Kissen. Gedämpftes Licht, ein leichter Patschuli-Duft im Raum, zwei leere Champagnergläser auf dem Boden.

»Bist du bereit? Nun wirst du sterben.«

»Ich kann es kaum erwarten.«

»Aber ich will, dass du mich dabei ansiehst ...«

»Los.«

Die Frau stellt vorsichtig die Kerze auf den Nachttisch und nimmt etwas aus der Schublade.

»Damit werde ich dich in den Wahnsinn treiben«, flüstert sie und beißt ihm leicht ins Ohrläppchen.

Er stöhnt.

Knapp zwei Stunden zuvor haben sie sich bei einer Silvesterfeier in einem Lokal im Zentrum getroffen. Drinks, Pailletten, Kokain in rauen Mengen.

Er mit einer Gruppe völlig bedröhnter Freunde, sie offensichtlich alleine.

Sie haben sich mit den Blicken verfolgt, ihre Körper und Lippen fanden sich, als sie sich auf der Tanzfläche begegneten. Pure Leidenschaft, bis sie merkten, dass dieser Ort für sie der falsche war. Erregt verließen sie das Fest und fuhren zu ihr nach Hause.

Die langen Finger der Frau lösen geschickt die Augenbinde. Rot lackierte, perfekte Nägel. Und ein berauschendes Parfüm.

Der Mann öffnet die Augen, um den Anblick zu genießen, doch sogleich verzieht sich sein Gesicht zu einer angstvollen Grimasse.

»Was hast du vor?«

Sie lächelt. In der Villa angekommen, hatte sie sich umgezogen, um »das Ganze noch aufregender zu machen«. Und hatte sich von einer scheuen Katze in ein wildes Raubtier verwandelt. Nun sitzt sie rittlings auf ihm. Sie trägt einen Spitzenslip und schwarz glänzende Lackstiefel bis zu den Knien. Große Brüste in einem sexy Bügel-BH, rabenschwarze Haare und die Augen stark geschminkt. Knallrote Lippen.

Doch es ist etwas anderes, das den Mann zu Tode erschreckt: das lange Anglermesser, das seine Liebhaberin in ihrer rechten Hand hält. Er versucht sich von den Fesseln zu befreien, doch die fachmännischen Schlaufen ziehen sich bei jeder Bewegung fester zusammen.

»Jetzt werde ich mir ein wenig Spaß bereiten«, raunt sie mit verführerischer Stimme.

»Du bist verrückt! Lass mich sofort frei!«

Sie bricht in unbändiges Gelächter aus.

»Jetzt vergeht dir dein Machotum, was?«

Der Mann schreit aus voller Kehle. Vor Schmerz presst er die Augen zusammen und versucht sich mit aller Kraft zu befreien.

»Du windest dich wie ein junges Fohlen! Das gefällt mir. Und hier unten bist du noch erregter!«

Fast zärtlich streicht sie ihm mit der linken Hand über das Gesicht, während sie mit der anderen entschieden das Messer herauszieht. Ein roter Schwall spritzt ihr auf Bauch und Brüste.

Erregung tritt in den Blick der Frau. Ihre Pupillen leuchten, als sie langsam das Blut von der Klinge leckt, um sie dann erneut in seinem Leib zu versenken.

»Siehst du? Ich hatte gesagt, du wirst sterben!«

...

Wer bis zum Grund sinkt, kann sich wieder vom Boden abstoßen. Und auftauchen.

Das bete ich mir vor, während ich mir den dritten Joint des Tages anzünde. Draußen hängt bleiern der Himmel, und drinnen scheint die nackte Glühbirne an der Decke schwach auf unser Neujahr. Trotzdem spüre ich in meinem Innern eine merkwürdige Euphorie.

Fabio scheint das zu spüren und taucht brummelnd aus seiner Lethargie auf.

»Darf man mal wissen, was du da tust? Seit über einer Stunde hackst du auf diesen Schrotthaufen ein.«

Damit meint er meinen Computer. Ein Laptop, das ich bekommen habe, als ich meine Examensarbeit schrieb. Fabio verabscheut es – als cooler Techno-Nerd braucht er natürlich immer das neuste und schnellste Modell – und nennt es verächtlich »die Lunge«, weil es seiner Meinung nach so schwer und sperrig ist wie eine Eisenlunge. Aber ich bin sehr stolz darauf.

»Du hast ja keine Ahnung, Fabio: Ich fühle mich wie ein Pionier! Weißt du, wie Jesse James. Oder noch besser Christoph Kolumbus.«

Keine Ahnung, ob das besonders überzeugend rüberkommt, wie ich da in Unterhose und mit einem Joint im Mund auf den Computerbildschirm starre.

Fabio seufzt. Er schiebt sich gerade eine Tiefkühlpizza rein, die er in der Mikrowelle aufgetaut hat: sein Lieblingsgericht.

»Jesse James war kein Pionier, sondern ein Bandit, vergleich dich doch lieber mit Davy Crockett, der kein Pionier, aber ein Abenteurer im Wilden Westen war! Und was Kolumbus betrifft, glaube ich nicht, dass die Ureinwohner Amerikas so ganz deiner Meinung sind ...«

»Du bist so langweilig, Fabio, deshalb hast du auch nie eine Frau!«

»Aber du, was?«

»Ich habe gerade anderes zu tun.«

»Oho! Berechnest du die Flugbahn, um eine Sonde auf den Mars zu schießen? Oder entschlüsselst du das menschliche Genom, um eine wundersame Heilmethode zu entwickeln?«

»Nein, ich schreibe meine ersten Blogeinträge. Das ist echte Pionierarbeit. Und wenn du schon mal da bist, komm mal her, ich blick bei der blöden Blog-Plattform nicht durch ...«

»Wie, du blickst nicht durch? Das ist die Moderne«, verkündet Fabio und kommt mit fettigen Pizza-Fingern näher. Er kann es kaum erwarten, seinem kleinen dummen Mitbewohner wieder eine tolle Informatikstunde zu erteilen. Ein Rollenspiel, das uns beiden ganz gut gefällt. Das ist unsere Verbindung. Da wir aus völlig unterschiedlichen Galaxien kommen, haben wir – beziehungsweise ich, da es für ihn bereits vertraut ist – in der Informatik ein gemeinsames Interessengebiet gefunden.

Deshalb versuche ich, mit einem geistigen Mangelwesen wie Fabio auszukommen. Auf gewisse Art schätze ich ihn sogar, denn dieser große Junge mit seinem Aknegesicht führt mich Tag für Tag mit großer Geduld und einem Humor, den ich nicht ganz teilen kann, wie ein Hexenmeister in die Kunst seiner Alchemie ein.

Da wir keine anderen Themen zur Auseinandersetzung finden, habe ich schließlich meine Leidenschaft für das Gebiet ausgegraben, über das mein Mitbewohner von morgens bis abends brabbelt: jede Art technologischer Teufeleien.

Und die Sache hat sich für mich als äußerst vorteilhaft erwiesen. Zum Beispiel können wir alle Fußballspiele gratis sehen. Nicht, dass ich ein großer Fan wäre, aber ob etwas geht oder nicht, ist ja ein Unterschied. Und das hier geht, weil mein kalabresischer Mitbewohner im Wettbewerb mit anderen Schwachköpfen im Informatiklabor seines Polytechnikums ein paar Sender eines Satelliten-Pay-Kanals entschlüsselt hat, mit dem wir alle Spiele der Ersten Liga und der Champions League, die neusten Kinofilme und vor allem Pornos sehen können, deren eifriger Nutznießer Fabio ist. Und ich auch, hin und wieder.

Ganz zu schweigen davon – was ich aber niemals klar formulieren werde –, dass Fabio mich auf die beste Idee meines Lebens gebracht hat: einen Blog zu eröffnen, mein ganz persönliches virtuelles Schaufenster, in dem ich der ganzen Welt zeigen kann, was ich draufhabe und was für ein toller Schreiber ich bin.

Außerdem habe ich noch keinen Job gefunden, aber auch

nicht mehr ernsthaft danach gesucht, abgesehen von dem fast tragisch geendeten Vorstellungsgespräch bei Guarneri. Das aber immerhin erhellend war: Die Begegnung mit dem alten Journalisten hat mir klargemacht, dass ich auf Mailand noch nicht ausreichend vorbereitet bin. Zuerst muss ich mich hier zurechtfinden, muss in die Haut der Großstadt schlüpfen, sie ganz und gar verinnerlichen. Wie sonst könnte ich von ihr erzählen, wenn mich irgendeine Tageszeitung einstellt? Ich stände da wie ein Tourist in einem fremden Land, der seinen Stadtplan verloren hat.

Nur keine Eile also, immerhin lebe ich erst seit ein paar Tagen »unter der Madonnina«, wie man hier sagt. Ich habe noch ein Leben lang Zeit zu arbeiten, mir die Leber zu ruinieren und nicht mehr zu bemerken, was um mich herum passiert, versunken in der Hektik, die hier jeden überall zu erfassen scheint. Im Bus, in der U-Bahn oder Tram, selbst in den Einkaufmalls der Galleria oder des Rinascente. Die Mailänder machen die Sachen gerne schnell, in möglichst kurzer Zeit. Einem Einkauf widmen sie keine Minute länger als nötig, und bittet sie jemand um eine Information, sagen sie kein Wort zu viel.

Das Mailand, das ich in den letzten Tagen entdeckt habe, ist anders. Ich wette, die meisten Mailänder wissen überhaupt nicht, was für schöne Gärten es in ihrer Stadt gibt, einfach weil sie niemals durch die Tore in die Hinterhöfe gelugt haben, wenn der Portier den Bürgersteig fegt: wenn doch, hätten sie Bäume gesehen, Brunnen, englischen Rasen, Blumen. Eine versteckte Welt, von der die meisten Mailänder nichts ahnen. Klar, ich bin nicht der Einzige, der den Tunesier kennt, der auf der Piazza Vetra Haschisch vertickt, aber ich bilde mir ein, dass mein Dealer die beste Ware hat. Ich bin eben ein alter Romantiker. Deshalb gehe ich, wann immer ich kann, raus und streife auf Entdeckungstour durch Mailand. Was für meinen Mitbewohner absolut unvorstellbar ist. Aber Fabio Spadafora hat auch nicht mal einen Hauch von Phantasie. Er ist ein klassischer Nerd: ein Freak, der sich für jede Art von elektronischer Erfindung interessiert, ein Computer- und Internetfanatiker. Von Frauen in seinem Leben keine Spur. Und nicht etwa, weil er sich für das männliche Geschlecht interessieren würde, weit gefehlt, aber die Frauen meiden ihn wie die Pest. Und der arme Spadafora aus Lamezia Terme sprüht auch nicht gerade vor Charme: dicke Brille, Teenagerpickel, trotz seiner gerade mal zwanzig Jahre schon halb kahl und vor allem in der Unterhaltung so todlangweilig, es sei denn, du bist ein eingefleischter Technik- oder *Star-Trek*-Freak.

Ich selbst habe nie viel von Informatik und dem ganzen Kram begriffen: Mir fällt es ja schon schwer, mit diesem urzeitlichen Motorola SMS zu verschicken, dessen Akku ständig leer ist und das jedes zweite Mal mitten im Telefongespräch schlapp macht ...

Doch ich bin von Natur aus neugierig und versuche von Fabio so viel wie möglich zu lernen. Dabei verbringen wir nicht fröhlich quatschend den ganzen Tag zusammen, Gott bewahre. Nach dem Aufstehen setze ich mir meinen Walkman auf und drehe ein paar Runden durch die Stadt. Ich wähle mir eine von den zu Hause aufgenommenen Kassetten aus, und los geht's: über die Via Gran Sasso auf den Corso Buenos Aires bis Porta Venezia, dann in den Parco di Palestro, um nach den Enten am See zu schauen, wie ein junger Holden getragen von den Klängen Paolo Contes. Die Kassette mit den Liedern des Sängers aus Asti ist meine Lieblingskassette, die ich am häufigsten höre. Dabei kann ich nachdenken, abschalten, sogar entspannen. Paolo Conte ist wie Medizin, die zu jeder Stimmung passt. Ohne Nebenwirkungen.

Fabio deutet skeptisch auf den Bildschirm.

»Wo liegt das Problem?«, fragt er.

»Erleuchte mich zu dieser wundersamen Blog-Plattform: Seit einer Dreiviertelstunde versuche ich, den Artikel online zu stellen, und es klappt nicht!«

»Ich zeig dir das mal, mein lieber Jesse! Die Plattform ist komplett gratis und das Beste, was es zur Zeit gibt. Die Idee von dem Typ, der *Splinder* erfunden hat, ist ebenso einfach wie revolutionär.« Fabio lächelt, tippt ein bisschen auf der Tastatur herum, und fertig ist die Sache.

»Da: dein erster Artikel steht online mit dem Titel *Jagd auf den Mörder*, der, wenn du meine bescheidene Meinung hören willst, nicht gerade originell ist.«

»Will ich nicht, danke.«

»Gut. Jedenfalls kann jetzt die ganze Welt – die leise Ironie bleibt dir sicher nicht verborgen – ihn lesen. Zufrieden?«

»Noch nicht ganz. Zeig mir noch mal Schritt für Schritt, wie zum Teufel du das geschafft hast. Es kann ja nicht sein, dass ich für jeden Artikel, den ich schreibe, ein Kindermädchen brauche, stimmt's?«

4

Ein Mittwoch so leer wie die Stadt. Es nieselt, und das Polizeipräsidium hat Ferien. Bis auf Sebastiani mit seiner Zigarre im Mund, Chefinspektor Lonigro, frisch aus dem Urlaub zurück, sowie Mascaranti, der nur im Sommer in sein Dorf fährt, wo er aufgewachsen ist.

Der Vice Questore schiebt seine Zigarre hin und her. Innerlich lässt er seinen Jahresbeginn Revue passieren. Alle Klippen umschifft. Keine Szenen, nicht der kleinste Telefonanruf. Jetzt kann es nur guttun, wieder zu arbeiten, denn am Vorabend hat ihn seine Ludo abgeschossen. Per SMS.

> Es ist aus zwischen uns. Leb wohl.

Eine Nachricht wie aus einer romantischen Filmkomödie. Oder Tragikomödie. Der Polizeibeamte vermutet, dass sie wieder mit ihrem Ex zusammen ist.

Er hat nichts zurückgeschickt. Es gab nichts zu sagen. Das Einzige, was er nun tun konnte, war, die Situation mit Minnie zu retten. Das war seine Lage: vierzig plus, eine gescheiterte Ehe, eine junge Frau mit unfassbarem Namen für die Bettgymnastik, eine zerkaute Zigarre im Mund und ein regloser Lonigro vor seiner Nase. Von Zweifeln geplagt.

Schließlich bricht Mascaranti das peinliche Schweigen.

»Jedenfalls ein Frohes neues Jahr, Dottore!«

»Dir auch. Es hat zwar nicht auf die bestmögliche Art begonnen, aber was soll's: Draußen herrscht ein Sauwetter.«

»Es gibt kein schlechtes Wetter, nur unpassende Kleidung.«

»Ich bin nicht in der Stimmung für blöde Sprüche, Mascaranti.«

»Aber das ist ein lappländisches Sprichwort.«

»Sehe ich vielleicht aus wie ein Eskimo?«

»Finde ich nicht«, mischt sich Lonigro ein. »Abgesehen davon, dass Eskimos und Lappländer völlig unterschiedliche Ethnien sind ... Haben Sie die neuen Euros schon gesehen?«

»Ja, habe ich. Und nachdem wir jetzt so hübsch geplaudert haben, könnt ihr mir vielleicht sagen, welche umwerfenden Neuigkeiten es in unserem Mordfall gibt.«

Lonigro lässt sich auf einen der unbequemen Sessel in Sebastianis Büro fallen, während Mascaranti aus Sorge, wieder gerügt zu werden, etwas abseits stehen bleibt.

»Heute Morgen kam der Obduktionsbericht. Nichts Neues: Ambrosio hat genau das aufgeschrieben, was er Ihnen schon gesagt hat. Erstochen mit einem Messer und offene Wunden am Rücken, die ihm vor dem Tod zugefügt wurden. Für heute Nachmittag habe ich seine Frau und seinen Sohn Andrea zur Befragung ins Präsidium einbestellt.«

»Einverstanden. Der Polizeipräsident hat mich schon zweimal angerufen, um mitzuteilen, dass diese Ermittlung oberste Priorität hat. Wär's das?«

Der Ispettore seufzt.

»Es scheint schon wieder jemand verschwunden zu sein«, verkündet er dann.

Der Vice Questore lehnt sich in seinem Sessel zurück, seine Zigarre ähnelt allmählich Kautabak.

»So wie bei den anderen?«

»Ja. Ein junger Mann, Davide Mari, zwanzig Jahre alt. Aus Mailand. Seine Mutter hat heute Morgen eine Vermisstenanzeige erstattet. Sie hat seit dem Nachmittag des 31. Dezember nichts mehr von ihm gehört …«

»Das kommt mir ein bisschen voreilig vor, vielleicht hat die Silvesterparty etwas länger gedauert, und jetzt schläft er seinen Rausch aus.«

»Vielleicht. Er passt aber ins Profil der zwei anderen.«

Lonigro steht auf und legt eine Aktenmappe auf den Schreibtisch seines Vorgesetzten.

»Hier steht alles drin. Namen, Daten … Zwei junge Männer sind in letzter Zeit verschwunden, Giorgio Conti und Ivan Gasparini, im Abstand von einigen Monaten, mit dem hier wären es dann drei.«

Sebastiani nickt. Diese geheimnisvollen Vermisstenfälle sind eines seiner Probleme. Junge Männer, die spurlos verschwinden wie in einem schwarzen Loch.

»Der Jahresanfang steht wirklich unter keinem guten Stern.«

»Scheint so. Und ohne Ihnen den Tag komplett verderben zu wollen …«

»Was denn noch, Lonigro?«

»Erinnern Sie sich an diesen Reporter, der Zeuge war bei der Schießerei?«

»Der Arbeitslose?«

»Ja, der Freelancer.«

»Was ist mit ihm?«

»Er schreibt jetzt einen Blog.«

»Einen was?«

Um nicht sinnlos Worte zu verlieren, erklärt er es ihm lieber live: Lonigro tritt an den Computer und tippt etwas in die Tastatur. Eine Homepage öffnet sich.

»Der Blog heißt Milanonera und will eine Art investigative Online-Zeitung sein. Seit es ihn gibt, also seit gestern, hat er schon zwei Artikel veröffentlicht, die unseren Mord betreffen. Nichts, was nicht schon bekannt wäre, bis auf die letzten Zeilen des Artikels von heute, wo ein mysteriöses Symbol erwähnt wird, über das er bald mehr verraten wird, wie er schreibt …«

Sebastiani beugt sich näher über den Bildschirm.

»Milanonera also? Gab es nicht in den Sechzigern mal einen Film, der so hieß?«

...

Mailand ist eine Insel.

Die Stadtautobahnen sind die Ufer und drum herum ist das Meer mit seinen Strömungen und Stürmen. Umgeben von schützenden Felsen, an denen die Wellen zerschellen. Im Hafen Boote, Menschen und Flachwasserhaie. Ich selbst bin als Schiffbrüchiger der Emotionen hier gelandet, und im Großen und Ganzen gefällt es mir. Wirklich. Ich kann nicht genau sagen, warum. Bei genauerer Betrachtung kommt mir das komisch vor, denn seit ich hier bin, laufen die Dinge nicht gerade gut für mich.

Der alte Yoan hatte mich gewarnt, dass Mailand die Hölle sein würde.

In Capo di Ponte Emilia, wo ich herkomme, lebt so ein Typ.

Um die sechzig, schlackernde Kleider am dünnen Leib, langer Bart, undefinierbares Alter. Er steht den ganzen Tag in der Bar am Bahnhof. Und dort habe ich ihn getroffen an dem Morgen, bevor ich nach Mailand zog.

»In der Stadt wirst du nur auf Diebe, Schwule und Psychopathen treffen.«

»In dieser Reihenfolge?«

»Zuerst klauen sie dir dein Geld, dann ficken sie dich in den Arsch, und dann bringen sie dich so weit, dass du glaubst, du hättest dir alles nur eingebildet.«

»Dein Optimismus wird mir wirklich fehlen.«

Auch um den Namen des Weisen von der Bar ranken sich verschiedene Legenden. Manche nennen ihn den Dichter. Andere verächtlich den Besserwisser. Wieder andere nennen ihn Kino, denn was er erzählt, kann nur in seiner Phantasiewelt Bestand haben. Seine Zeitung sind die Bahnhofsmauern des Viertels, auf die er Sätze schreibt wie »Früher war ich schizophren, aber jetzt sind wir geheilt«, was in gewisser Weise viel über ihn aussagt.

Auf seinen *Murales* unterschreibt er mit Y, weil er behauptet, er hieße Yoan und sei ein kubanischer Exilant, der den Fängen Fidel Castros entronnen sei. In Wirklichkeit kommt der alte Weise gar nicht aus der Karibik, sondern aus Mantua wie ich. In seiner Geburtsurkunde steht Giovanni, Juan im Dialekt, und vielleicht hat die Klangähnlichkeit ihn zu seiner Signatur inspiriert. Ich für meine Person halte ihn für ein Genie, auch wenn er eindeutig nicht alle Tassen im Schrank hat.

Im Grunde lag er nicht ganz falsch, der gute Yoan: Bisher hat die Stadt in jeglicher Hinsicht versucht, mich zu ficken.

Alle Hoffnungen sind in der monotonen Routine der Einzimmerwohnung von Piazza Piola eingegangen. Das Leben in diesem stickigen Raum plätschert ruhig und ereignislos vor sich hin. Um die Leere zu füllen, habe ich drei Artikel für meinen Blog verfasst. Sachen, die ich aus den Zeitungen weiß und ein wenig umgeschrieben habe. Außer in dem, den ich gerade auf die Seite gesetzt habe unter der Schlagzeile *Das geheimnisvolle Symbol* (ich weiß, auch schon tausendmal gelesen, aber das wollen die Leute halt: Bekanntes schafft Sicherheit). In dem *Post* wird zum ersten Mal detailliert die Zeichnung beschrieben, die Avvocato Sommese vor dem Tod mit seinem Blut auf den Boden gemalt hat. Um es noch ansprechender zu gestalten (Fabio meint, wenn ich mehr Besucher auf meine Seite locken will, brauche ich Bilder, weil die Leute sich sonst langweilen ...), habe ich es aus dem Gedächtnis gezeichnet, mit Filzstift auf ein weißes Blatt Papier, und es dann gescannt und hochgeladen.

Das war vielleicht gewagt, aber eben auch eine Methode, ein bisschen Unruhe hineinzubringen, in einen Fall, der bis auf das Gespräch mit Guarneri, das von einem Herzkasper beendet wurde, stinklangweilig ist. Ich habe in Anbetracht meiner angespannten finanziellen Situation inzwischen höchstpersönlich meinen Lebenslauf zum *Corriere della Sera* und den Mailänder Lokalredaktionen von *Repubblica*, *Giorno*, *Giornale*, *Libero* und *Panorama* gebracht.

In mittlerweile fast zwei Wochen hat sich nicht einer von ihnen gemeldet.

Vielleicht liegt's an den Feiertagen, okay. Weihnachten, Silvester, demnächst die *Befana* ... Aber mein altes Motorola schweigt, und meinen Anteil an Stromrechnung und Miete muss ich trotzdem zahlen.

Nachdem ich also mein Bedauern geäußert habe – was ein schwerer taktischer Fehler war! –, hat mir Fabio einen Lösungsvorschlag unterbreitet: »Hör auf, Däumchen zu drehen und einen Blog zu schreiben in Erwartung des Messias. Wenn der Prophet nicht ...«

»Ich weiß. Jetzt erzähl schon vom Berg.«

Der Berg ist eine Pizzeria mit dem flatterhaften Namen Flamingo, die sich in der Nähe der Technischen Hochschule befindet. Kalabresische Spezialitäten und Pizza mit 'Nduja, der klassischen scharfen Wurst aus Kalabrien.

Der Besitzer ist mit Fabio verwandt, und dank seiner Fürsprache arbeite ich dort seit einigen Abenden schwarz als Kellner.

Die beliebtesten Gerichte lassen sich an einer Hand aufzählen: die *Padellaccia*, ein buntes Gemisch aus in einer Kupferpfanne gebratener Wurst, 'Nduja und Bohnen mit unverschämt viel Zwiebeln. Ein mit 'Nduja gefüllter Weichkäse *Caciocavallo*, der wie ein Menhir im Magen liegt und kaum zu verdauen ist, und dann noch die berüchtigten *Polpette*, kleine Hackbällchen aus Fleisch, 'Nduja und Gott weiß was (mein Verdacht ist, dass sie alle Reste des Vortages darin verarbeiten), in weiser Mischung: der Tod aller Vernunft und ein Fest der Triglyceride.

Die Bezahlung ist nicht schlecht. Dreißig Euro pro Abend, Freitag und Samstag fünfzig. Das Lokal befindet sich in Lambrate wie unsere Wohnung, aber am anderen Ende des Viertels. Gestern bin ich die drei Kilometer zu Fuß gegangen, getragen von der Welle der Begeisterung, doch heute im strömenden Regen verging mir schon die Lust dazu. Ich steige die Treppe zu unserem Wohnloch im ersten Stock hinauf. Fabio taut sich gerade seine übliche Pizza auf.

»Du wirst zu spät zur Arbeit kommen. Und ich habe für dich gebürgt ...«

Er redet schon wie eine Ehefrau. Eine Mutter. Oder eine asexuelle Konkubine.

»Ich weiß. Aber ich hatte eine Eingebung.«

»Nicht schon wieder. Wer wird es wohl diesmal sein, der dich anruft und dir einen Posten als Chefredakteur anbieten will? *Canale 5? Rai Uno? Al Jazeera?*«

»Nein, heute heißt das Thema Mobilität.«

Fabio nickt, stellt die Eieruhr und setzt sich wieder vor den Computer.

»Hör zu«, fahre ich mit großen Gesten aus der Mitte des Zimmers fort. »Was wäre Don Quichotte ohne seinen treuen Gaul Rosinante gewesen? Los, sag es mir.«

Er schaut kurz vom Bildschirm auf, starrt mich eine Sekunde lang an, hebt eine Augenbraue und fragt: »Du wärst folglich Don Quichotte?«

»Das ist doch nur ein Beispiel«, erwidere ich und lasse mich auf mein Bett fallen.

»Aha. Und ich wäre also, lass mal sehen, Sancho Pansa, der deinen Knappen spielt?«

»Wie immer kapierst du gar nichts. Ich rede von Rosinante.«

»Von dem Pferd?«

»Ja, also nein. Das ist eine Metapher.«

»Wofür?«

»Dafür, dass ich kein Fahrzeug habe.«

»Versteh ich nicht.«

»Ich brauche ein Fortbewegungsmittel, Fabio! Kapiert? Ich kann nicht jeden Tag zu Fuß zur Arbeit gehen. Und wenn es wie heute sintflutartig regnet, kann ich keinen endlos langen Fußmarsch zurücklegen. Das funktioniert so nicht.«

Wenn ich in diesem abgestumpften Nerd irgendwelche empathischen Reaktionen hervorrufen will, muss ich die Sache einfach übertreiben.

»Und was hat Don Quichotte damit zu tun?«, fragt er.

»Vergiss es. Hast du irgendeine Idee?«

»Auto? Jeep? Raumschiff?«

»Hör auf, Mr. Spock. Ich dachte eher an ein Motorrad.«

»Hast du einen Führerschein?«

»Nein.«

»Dann lass es, du darfst keins fahren. Höchstens einen Motorroller. Einen Scooter für Kinder.«

»Wieso Kinder?«

Fabio überhört die Frage, er blinzelt nur mit den Augen wie immer, wenn er etwas loswerden will, das nicht von Belang ist.

»Wie hoch ist dein Budget?«

»Nicht hoch.«

»Definiere nicht hoch.«

»So viel wie die Miete für zehn Tage in diesem Mauseloch.«

»Verstanden, mehr als eine Rostlaube kannst du dir nicht leisten.«

»So würde ich es nicht nennen. Sagen wir, für den Anfang brauche ich ein Basismodell, mit wenigen Extras.«

»Ich bin mir nicht sicher, ob du für den Preis überhaupt etwas mit Reifen bekommst. Es sei denn ...«

»Es sei denn?«

...

»Gefällt dir das?«

Minnie taucht aus der Tiefe auf und schaut ihm in die Augen. Mit leichter Häme.

Sebastiani nickt. Ihm fällt nichts Passendes ein, was er sagen könnte. Nur seine Zigarre fehlt ihm. In solchen Momenten hat er sie nie zwischen den Lippen.

Sein Wiedergutmachungsabend läuft gut, wenngleich er sich bei ihren letzten Tätigkeiten eher ins Tragische verkehrt.

Dabei hatte alles so perfekt begonnen. Der stellvertretende Polizeipräsident hatte da wieder ansetzen wollen, wo sie durch den unpassenden Mord an dem Anwalt unterbrochen worden waren. Jetzt, wo Ludo ihn entsorgt hatte, hoffte er auf umgehenden Ersatz. Er hatte Minnie ins Pobbia ausgeführt, das Traditionsrestaurant auf der Gallaratese, wo es die beste Mailänder Küche der Stadt gibt. Ein Abendessen, das dem guten Ruf des Ladens absolut gerecht wurde: als Vorspeise *Mondeghili* – köstliche kleine Frikadellen, von denen Sebastiani eine weitere Portion bestellt hatte – und den lombardischen Kalbsfußsalat *Nervetti*, gefolgt von Safranrisotto mit Ossobuco und zum Abschluss warme Zabaione mit hausgemachten Keksen. Ein echtes Mailänder Menü an einem passenden Tisch neben dem prasselnden Kamin. Kurz gesagt, perfekt.

Und das hier ist mein Lohn dafür.

Ein Gedanke, der seine Frau auf die Palme getrieben hätte.

»Ex-Frau. Du blöder chauvinistischer Ober-Macho!«, hätte sie ihn angeschrien.

»Mag ja sein, aber Minnie hat ja die Führung hier, ohne jeden Zwang. Aus Dankbarkeit eben.«

Seine Gedanken kreisten unaufhörlich, er konnte sich nicht entspannen, seinen Lohn genießen. Vielleicht war die zweite Kalbshaxe doch etwas zu viel gewesen.

Doch noch etwas anderes treibt ihn um. Diese Geräusche, die das Mädchen von sich gibt, lenken ihn ab. Sie erinnern ihn an den

Klempner, der zu Hause den Abfluss reinigt. Unangenehm. Wie das Gurgeln des Wassers, wenn du den Stöpsel aus der Wanne ziehst. Besser nicht drauf achten.

Das hätten sie dir aber beibringen können, mein Mädchen. Meine Frau, also meine Ex-Frau konnte das ... Nein, nein. Das ist nicht fair ... jetzt bloß keine Vergleiche zwischen meiner Frau und ... Und wie – verflucht – heißt du eigentlich richtig? Minerva? Mariangela? Mannaia? Mannomann, wenn er ihn doch nur besser unter Kontrolle hätte!

Er sollte lieber all die Gedanken abschütteln. Doch es gelingt ihm nicht. Hilflos sieht er zu, wie nun die Ermittlungen durch den stillen Raum schweben, still bis auf dieses eine Geräusch ...

Die Sache mit den drei verschwundenen Männern lässt ihm keine Ruhe. Wenn es sich bestätigt, also wenn Leichen auftauchen, dann wäre schnell die Hölle los. Sie hätten es mit einem Serienmörder zu tun. Einem Monster, das es auf junge Männer abgesehen hat ...

Wie Minnie es auf ihn abgesehen hat.

Ein Seufzen entfährt ihm.

Sie sieht genervt auf.

»Kannst du dich jetzt bitte mal konzentrieren, Loris, damit das hier irgendwann zu einem Ende kommt?«

...

Heute Abend wirst du den Mann kennenlernen, der eine Menge Probleme für dich lösen kann.«

»Mister Wolf aus *Pulp Fiction*?«

»Etwas in der Art.«

Fabio hat mich in die Via Adelchi geschleift, vor einen unauffälligen Holzschaukasten, in dem auf einem gelben Wappen geschrieben steht: »Privatbrauerei Lambrate«.

Drinnen wabernde Rauch- und Menschenschwaden. Vor allem Studenten und Angestellte, aber auch Familien mit Kleinkindern und Hunden im Schlepptau. Alle in das kleine Lokal mit Selbstbedienung gepresst. Das selbstgebraute Bier muss man sich am Tresen holen und möglichst viel Geduld mitbringen. Einmal, weil die Schlange kilometerlang ist, und außerdem, weil das Gebräu aus lokaler Produktion nicht pasteurisiert ist und so stark schäumt, dass es eine Weile dauert, um das Glas zu füllen.

»Warum suchen wir ihn ausgerechnet hier?«

»Das ist sein Büro.«

»Eine Bar?«

»Eine Bierkneipe, bitte.«

»Und die darf er als Büro benutzen?«

»Sagen wir mal, hier empfängt er seine Freunde.«

»Und woher kennst du ihn?«

»Über Freunde von Freunden, okay? Jetzt hör auf, mich zu löchern.«

Wir haben den Gesuchten schnell gefunden. Ein korpulenter Mann, mit kleinem Spitzbart und einer Jacke, die in den Siebzigern modern war. Er sitzt auf einem Barhocker am Tresen.

»Los«, fordert Fabio mich auf. »Aber keinerlei Fragen zu dem, was er macht.«

»Was macht er denn?«

Mein Mitbewohner seufzt.

»Er hat so seine Kreise. Ich weiß von Haschischhandel mit den Nordafrikanern und von Deals mit geklauten Computern mit den Serben, aber ich glaube, offiziell ist er bei einem Immobilienmakler angestellt. Dabei kommt er ständig mit neuen Leuten in

Kontakt, wodurch er gleichzeitig seine anderen Handelstätigkeiten ausweiten kann.«

»Dann hast du wohl bei ihm auch das Mega-Laptop gekauft, das du dir eigentlich nicht leisten kannst?«

»Genau. Und das ist für heute die letzte Antwort, Enrico, okay?«

Wir nähern uns dem Typen mit einer Unterwürfigkeit, als säße der Mafiaboss höchstpersönlich vor uns. Hätten wir eine Kappe auf, würden wir sie jetzt abnehmen und in den Händen halten.

Als wir nah genug sind, hebt er den Kopf und sieht uns zerstreut an.

»Wenn man die Fakten nicht kennt, ist der höchste Ausdruck von Intelligenz, sich um seinen eigenen Dreck zu kümmern«, philosophiert er.

»Du bist ein echter Guru, mein Freund!«, sage ich lachend.

»Gehört der zu dir?«, fragt er an Fabio gewandt.

»Ja, nimm es ihm nicht übel. Er redet einfach zu viel.«

»Sehr schlechte Angewohnheit.«

Wir verfallen in Schweigen, stehen mindestens drei Minuten wie Vollidioten vor ihm, bis der Dicke weiterredet.

»Wenn ihr Stoff braucht oder Geld habt und euch mit einer ordentlichen Nutte eine nette Zeit machen wollt, braucht ihr es nur zu sagen.«

»Gibt es ordentliche Nutten?«

Er sieht mich an, als hätte ich ein Sakrileg begangen.

»Gib mir ein Getränk aus, Kleiner, dann will ich so tun, als hätte ich nichts gehört.«

»Was nimmst du?«

»Ich trinke nur *Ligera*, wie die Ganovenbande.«

Ich gehe zum Tresen und bestelle ein *Domm* für mich, ein *Ligera* für den Boss und ein *Montestella* für Fabio. Hier haben alle Biere mailändische Namen. Find ich gut.

Als ich mit den Humpen zurückkehre, hat Fabio ihm schon alles erklärt.

»Du brauchst also ein Fortbewegungsmittel und bist blank?«

»Neuigkeiten und Verbrecher kann man nicht zu Fuß verfolgen.«

»Vorsicht, was du sagst, mein Junge: Wer für dich ein Verbrecher ist, ist für andere ein Held.«

»Entschuldige, ich habe mich falsch ausgedrückt. Ich meinte nur, wenn ich als Reporter durch die Gegend fahre, kann ich nicht den Bus nehmen.«

Er grunzt, fischt einen goldenen Kugelschreiber aus seiner Jackentasche und notiert etwas auf einem Bierdeckel.

Dann schiebt er ihn zu mir.

»Morgen früh gehst du zu dieser Adresse. Eine Werkstatt in der Via Padova, direkt hinter der Eisenbahnbrücke. Du fragst nach Salvo und sagst, dass ich dich geschickt habe, Antonio Sciamanna. Er wird dir helfen.«

Ich sehe ihn erstaunt an: das ganze Theater für eine Adresse? Aber ich hüte meine Zunge und trinke in andächtigem Schweigen mein Bier.

Am nächsten Tag wird mir alles klar.

Sciamanna hat seine Kreise, seine Kontakte, und diesen Ort, an den er mich geschickt hat, betritt man nicht ohne Empfehlung. Wie ein Ministerium irgendwie.

Salvo, den er mir genannt hat, trägt die Narbe von einer Stichwaffe auf der rechten Wange und ein Dickicht aus Tattoos auf beiden Armen. Obwohl es draußen höchstens sechs Grad sind, trägt er ein schmutzig weißes T-Shirt und sieht mich scharf an. Er will kapieren, wer ich bin, was ich will und ob er meine Leiche unkompliziert verschwinden lassen kann.

»Antonio Sciamanna schickt mich«, verkünde ich, bevor er auf dumme Gedanken kommt.

Scarface verzieht keine Miene, nur seine Narbe scheint ein wenig breiter zu werden.

»Was brauchst du und wie viel hast du?«

Nicht gerade wortgewaltig, unser Mechaniker, und Zeit zu verlieren hat er anscheinend auch keine.

Ich erkläre ihm kurz meinen Bedarf und zeige ihm zwei Fünfziger.

Er schüttelt den Kopf.

»Was ist denn mit Sciamanna los, dass er mir jetzt schon Hungerleider schickt?«

...

Sebastiani atmet tief ein und stößt die Luft aus wie den Rauch seiner Zigarre. Die wie immer nicht brennt.

Es ist Nachmittag, doch klappern ihm vor Kälte die Zähne. Ein eisiger Wind peitscht ihm ins Gesicht. Der nervige Nebel verschluckt alle klaren Konturen.

»Was tun wir bei dieser Kälte hier draußen?«, stößt Ispettore Mascaranti hervor und reibt sich die Hände.

»Wenn dir schon kalt ist bei deiner Körperfülle, was sollen dann die da erst sagen?«

Der Vice Questore zeigt auf spärlich bekleidete Damen: Minirock, kniehohe Stiefel, falscher Pelz und großzügiges Dekolleté.

Der Ispettore schüttelt den Kopf.

»Wir unterstützen die Kollegen«, erklärt Sebastiani.

»Welche Kollegen denn?«

»Den da zum Beispiel«, mischt sich Lonigro ein und zeigt auf einen korpulenten Mann mit Lederjacke, Fünftagebart und strahlender Miene.

»Commissario Giannuzzi? Von der Kripo? Was haben wir von der Mordkommission damit zu tun?«

Sebastianis Zigarre vollführt eine Drehung.

»Er hat um Verstärkung gebeten, und hier sind wir. Heute Abend kommt der Polizeipräsident aus Argentinien zurück und der Kollege will offensichtlich einen guten Eindruck machen.«

»Indem er Nutten im Park festnimmt?«

»Er hat es *Operation Runner* genannt.«

»Ran ... was?«

»Jogger, Läufer ..., Mascaranti!«

»Aha.«

Giannuzzi kommt zu ihnen und drückt beherzt Sebastianis Hand.

»Seht ihr das? Zwölf Rumäninnen haben wir geschnappt. Unglaublich ...«

»Warum heißt die Sache *Operation Runner*?«, fragt Lonigro interessiert.

»Um mit der Zeit zu gehen. Weißt du, wie hier umgangssprachlich das Kommen und Gehen der Freier genannt wird? *Jogging-love*. Wirklich. Die Kunden unserer Damen hier sind größtenteils jung und wollen immer ›in Form‹ sein, aber es kommen auch ältere, die ihr Bäuchlein loswerden wollen. Sie kommen hier auf die Montagnetta San Siro zum Joggen. Eine, zwei oder drei Runden und dann noch kurz entspannen. Und wer steht bereit, um ihnen ein Handtuch zu reichen und ihr bestes Stück …«

»Schon gut, alles klar!«

Aus dem Nebel tauchen ein paar Gestalten auf. Polizeibeamte führen Frauen und Männer ab, alle in Handschellen. Die Damen werden in den Polizeiwagen verfrachtet, die Männer verschiedenen Alters in einen zweiten Mannschaftswagen, alle in kurzen Hosen und T-Shirts und mit gesenkten Köpfen. Sie dürfen sich mit Decken wärmen.

»Das sind sie. Die Mädchen heißen Marinela, Adalia, Catalina, Georgia … Und die Männer sind Doktoren, Anwälte und Ingenieure. Sie waren alle nicht sonderlich überrascht, als wir sie festgenommen haben. Sie machen es wegen der Anstrengung … zur Entspannung.«

»Aber wo gehen sie hin zum …« Anstatt den Satz zu beenden, macht Mascaranti eine eindeutige Bewegung mit dem Arm.

»Oh, die ganz Spitzen gehen gleich ins Gebüsch. Für alle anderen gibt es die öffentlichen Toiletten im Innern des Parks, und wer es ganz bequem möchte, wird in ein kleines Hotel in der Via Washington geführt.«

»Ist das dein Ernst?«

Giannuzzi lacht.

»Na klar! Du weißt nicht, wie viele Beschwerden es von genervten Parkbesuchern gegeben hat. Deshalb sind wir hier.«

»Und dass ausgerechnet heute Duca zurückkommt, ist nur ein Zufall, stimmt's?«

Der Commissario zuckt mit den Schultern und geht zu seinem Dienstwagen.

»Wir sind fertig hier, danke für die Unterstützung, Kollegen. Und gutes Gelingen!«

Die drei Beamten bleiben gedankenverloren zurück, bis wie immer Mascaranti das Schweigen beendet.

»Immerhin halten die sich fit durch Laufen. Wisst ihr noch der Typ letztes Jahr, der beim Sex mit einer Prostituierten im Motel abgekratzt ist?«

»Natürlich«, erwidert Lonigro. »Ein Bankdirektor, wenn ich mich recht erinnere, und ein Freund vom Polizeipräsidenten. Genau wie …«

Sebastianis Zigarre wandert in den anderen Mundwinkel. Er ist ganz bei seinem Chefinspektor.

»Du meinst wie Sommese?«

»Ja. Damals hat Duca Sie doch auch angerufen und gebeten, die Sache unter Verschluss zu halten, nicht wahr?«

Er erinnert sich gut an das Telefonat. Das erste überhaupt mit dem Polizeipräsidenten. Dann das zweite, Monate später. Ein stadtbekannter Arzt war einem Herzinfarkt erlegen und Duca hatte ihn angewiesen, bloß keinen Wirbel zu machen. Und dann vor wenigen Tage Avvocato Sommese und der dritte Anruf …

Sebastiani teilt den beiden Untergebenen seine Gedanken mit.

»Ich erinnere mich an beide Fälle«, erwidert Lonigro. »Zwei hohe Tiere, wie Sommese. Einer davon war Denis Fabbris, Herzchirurg am San Raffaele, Herzinfarkt im Februar. Eigentlich komisch, wenn's nicht so tragisch wäre. Der andere Guglielmo Branca, Direktor einer Bankfiliale der Mailänder Volksbank, im September von einem Unwohlsein dahingerafft, während er mit einer üppigen Lady zugange war, die bestimmt nicht seine Frau war. In beiden Fällen hieß es, sie seien eines natürlichen Todes gestorben. Der Staatsanwalt schloss die Akte ohne Autopsie von Ambrosio.«

»Glaubt ihr, die zwei anderen Toten hängen auch mit dem Tod des Avvocato zusammen?«, fragt Mascaranti.

Sebastiani schüttelt den Kopf.

»Ich habe keine Ahnung. Und um sie zu exhumieren, bräuchten wir eine richterliche Anordnung und dafür handfeste Beweise, die darauf hindeuten. Ganz abgesehen davon, dass einer ohnehin eingeäschert wurde ...«

...

Der Nebel über Mailand gleicht einer Liebhaberin, die sich träge im Bett wälzt. Manchmal muss man gar nicht auf Reisen gehen, um sich zu Hause zu fühlen. Wenn du aber auf einem alten Scooter sitzt, mit einem Kalabresen hinter dir, der sich an dich klammert und in seinem Dialekt unverständliches Zeug jammert, ist das nicht gerade angenehm.

Die *Scighera*, wie der Nebel hier heißt, ist dicht, feucht und aufdringlich. Wie bei mir zu Hause in der Poebene, wo ein kurzer Spaziergang genügt, um durchnässt zu sein.

»Du hast sie nicht mehr alle«, stöhnt Fabio. »Niemand mag Nebel.«

»Ich liebe den Nebel, strömenden Regen, stundenlange Schneefälle ...«

»... Analfissuren ... Prima, Radeschi, sag mir Bescheid, wenn du erwachsen bist.«

»Die Welt ist nicht nur schwarz oder weiß, Fabio. Es gibt Sachen, die passieren nun mal, und man muss sie akzeptieren.«

»Bist du jetzt auch noch unter die Philosophen gegangen? Da war es noch besser, als du magische Symbole in deinen Blog gekritzelt hast.«

»Das eine schließt das andere nicht aus.«

»Fahr mal kurz ran.«

»Ist dir schlecht?«

Ich hatte mit ihm die Einweihungstour mit meinem neuen Gefährt machen wollen, einer Vespa 50 von 1974.

Scarface hatte mir eine Reihe offensichtlich geklauter Roller präsentiert, die allesamt mein Budget überschritten. Als ihm klar wurde, dass ich tatsächlich nur die zwei Scheine in der Tasche hatte, schleifte er mich in ein Hinterzimmer, schob verschiedenen Schrott beiseite und zeigte mir eine Klapperkiste, die früher wohl mal eine Vespa Piaggio gewesen sein musste. Altes Metall in unansehnlichem Amarantrot; die runden, geschwungenen Formen hatten mich sofort für sie eingenommen.

»Die kannst du dir leisten«, hatte er geurteilt.

»Fährt sie?«

Er hatte mit den Achseln gezuckt.

»Einverstanden, ich nehm sie. Kann ich sie hier in einer Ecke wieder ans Laufen bringen?«

Scarface hatte das Geld in der Tasche seiner Jeans verschwinden lassen und nicht geantwortet.

Was ich als ja interpretiert habe.

Zuerst habe ich Spinnweben und den gröbsten Dreck entfernt, um mich dann mit einem Lappen und Werkzeug bewaffnet an die Arbeit zu machen.

Nicht dass ich große Erfahrung im Umgang mit Motoren hätte, aber einen Vergaser kann ich ausbauen, seit ich Besitzer einer Ciao war, und auch eine Zündkerze wechseln, ohne den Abschleppwagen zu rufen.

Und das genügte auch schon, um dem alten Getriebe der Vespa wieder Leben einzuhauchen. Bevor ich losfuhr, pumpte ich mit dem Druckluftkompressor schnell noch die Reifen richtig auf, und ließ unter *Scarfaces* verächtlichem Blick den Motor an.

Nur eins fehlte noch ... die Farbe. Ich verschuldete mich also mit zwanzig Euro – die ich bei Fabio lieh – für Spraydosen. Kanariengelb, nicht weil mir das besonders gefiel (aber schlecht finde ich es auch nicht), sondern weil es im Angebot war.

Wir zünden uns eine Zigarette an, und mein Mitbewohner betrachtet das Werk.

»Nicht schlecht, die Farbe.«

»Mehr nicht?«

»Du bist nicht unbedingt Picasso, Enrico. Aber im Großen und Ganzen geht's. Und im Nebel ist sie perfekt, würde ich sagen, auch wenn es ein bisschen zu ...«

»Zu was?«

»Nichts. Jetzt braucht sie noch einen Namen.«

»Meinst du etwa so was wie die *Columbia*? *Der Fliegende Holländer*? *Der Millennium-Falke*?«

»Du hast es erfasst.«

»Vorschläge?«

»*Yellow Submarine*?«

»Vergiss die Beatles. Ich werde sie einfach *Giallo* taufen. Wie findest du das?«

»Naheliegend.«

»Dann ist alles klar. Jetzt besorgen wir uns eine Flasche Bier für den offiziellen Stapellauf!«

...

Es regnet in Strömen. Nach dem morgendlichen Nebel hat sich das Wetter weiter verschlechtert.

Blitz und Donner, und doch empfindet Bruder Ottaviano das in Düsternis getauchte Beinhaus heute als weniger makaber. Vielleicht liegt es an der Spannung, die ihn gefangen hält.

Irgendetwas war passiert, sonst wäre er nicht per Dringlichkeitsverfahren einberufen worden, was seines Wissens noch nie vorgekommen war. Eine Stimme hatte am Telefon nach ihm verlangt und ihm Uhrzeit und Ort der Einberufung genannt. Nach dem Auflegen hatte er versucht, die Nummer zurückzurufen, doch sie war schon deaktiviert.

»Um die Mitglieder der Bruderschaft zu schützen, kann der Vorsicht nie genug sein«, hatte er sich gesagt.

Am merkwürdigsten daran war, dass er nie jemandem seine Handynummer gegeben hatte. Und trotzdem schien sie ihnen bekannt zu sein. Zumindest dem Meister und dem Höchsten.

In banger Erwartung steigt er die Stufen hinab, und in der Krypta angekommen, stockt ihm erst einmal der Atem.

Zwei Männer warten auf ihn, der Meister und ein kapuzenvermummter Mitbruder. Da sie das Antlitz der anderen niemals zu Gesicht bekommen, müssen sie sich an den Stimmen erkennen. Doch diese Stimme glaubt er noch nie zuvor gehört zu haben.

»Ich bin Bruder Gaspare«, stellt sich der dunkle Schatten vor.

»Freut mich, dich kennenzulernen, Bruder.«

»Er ist hier, um uns zu helfen«, erläutert der Meister.

»Uns zu helfen?«

»Ja.«

»Ich hatte nicht mit einer so dringlichen Einberufung gerechnet …«

»Die Dinge haben sich geändert, leider.«

»Was ist geschehen?«

Der Meister schüttelt verärgert den Kopf. Nicht fragen, sondern gehorchen soll man. Dennoch kann er die Neugier des Mitbruders nachvollziehen.

»Sie wissen um das Symbol. Und wenn sie nicht dumm sind, werden sie bald herausgefunden haben, wer dahintersteckt.«

»Verstehe.«

»Jemand hat es in einem Blog erwähnt. Ein unwichtiger Interneteintrag. Keine große Sache bisher. Ohne Bedeutung. Sie haben auch versucht, es abzumalen, sehr grob. Wir haben schon dafür gesorgt, dass der Eintrag verschwindet. Wir können uns nicht erlauben, dass die Massenmedien davon erfahren. Sie würden schnell auf uns kommen.«

»Wie habt Ihr davon gehört?«

»Bruder Gaspare kümmert sich um die Überwachung des Internets und beschützt uns. Das ist seine Aufgabe«, erwidert der Meister knapp.

Er ist es nicht gewohnt, Erklärungen zu liefern. Und das waren eindeutig schon zu viele.

»Was soll ich tun?«, fragt Bruder Ottaviano gefügig, dem der Ernst der Lage bewusst ist.

»Wir müssen der Polizei einen Schuldigen liefern für den Mord auf der Piazza dei Mercanti. Besser noch, *den* Schuldigen. Wir haben ja nichts zu befürchten, nicht wahr?«

»Nichts«, bestätigt Ottaviano, auch wenn in seiner Stimme ein Zweifel mitschwingt.

»Gut, dann schreiten wir nun zum zweiten Teil des Plans, unsere Zeit ist äußerst knapp.«

Ein schwacher Klagelaut lenkt sie ab, und hinter ihnen gibt es eine Bewegung.

Bruder Ottaviano dreht sich um und erstarrt. Vor ihm steht ein nackter Mann, nur sein Gesicht ist unter einer Kapuze versteckt, sein Fleisch gemartert. Mühsam atmend kommt er schwankend näher. Aus seinen tiefen Wunden rinnt das Blut, er kann sich kaum auf den Beinen halten. Hinter ihm stehen wie aus dem Nichts zwei Mitbrüder mit blutverschmierten Tuniken und Händen.

»Wer einen Fehler macht, muss dafür bezahlen«, kommentiert der Meister mit gleichgültiger Miene. »Dieser unser Mitbruder verbüßt seine Strafe.«

Der Mann wankt noch zwei, drei Schritte weiter, dann stürzt er kraftlos zu Boden. Bruder Ottaviano kniet sich nieder, um ihm zu helfen, doch die mächtige Stimme des Oberen hält ihn auf.

»Nein, lass ihn liegen. Wir sind noch nicht fertig mit ihm. Je größer der Fehler, umso härter die Qualen. Außerdem hast du einen Auftrag zu erfüllen, oder?«

»Gewiss, Meister.«

»Dann geh und sorge dafür, dass die Sache geklärt wird und sich niemand mehr in unsere Pläne einmischt. Sonst könnte es sein, dass du der Nächste bist, der um Gnade fleht.«

Bruder Ottaviano senkt den Kopf, während die zwei Mitbrüder mit den fleckigen Kleidern den sterbenden Mann vom Boden aufheben und wegzerren, ohne sein Flehen zu beachten.

5

Weltuntergang.

Ohne eine Sekunde nachzudenken, wähle ich Fabios Nummer. Ich weiß, dass er gerade an der Uni ist, doch das interessiert mich nicht: Das hier ist ein Notfall.

»Alles. Es ist alles weg, komplett verschwunden! Verstehst du?«

»Ganz ruhig ... Schrei nicht so ins Telefon, dann kann ich dich nicht verstehen. Was genau ist denn verschwunden, Enrico?«

»Der Blog. *Milanonera*, weg!«

»Ich bin in einer Vorlesung, können wir nicht ...«

»Nein! Geh raus aus dem Hörsaal und hör mir zu. Ich wurde sabotiert!«

Ich höre diverses Rauschen, Fabio, der leise um Entschuldigung bittet, dann ist er endlich wieder bereit.

»Okay, erzähl.«

»Da gibt es nichts zu erzählen: die Artikel sind allesamt weg. Puff!«

»Warte mal, vielleicht wird die Seite nur gewartet. Ich überprüfe das kurz an einem der Rechner hier in der Fakultät. Ich rufe dich in zehn Minuten zurück.«

Er braucht zwölf. Die längsten zwölf Minuten meines Lebens.

»Und?«, frage ich aufgeregt.

»Wie viel verstehst du von ...«

»Nichts, das weißt du doch.«

»Dann brauchst du nur zu wissen, dass du gehackt wurdest.«

»Ich wurde was? Könnt ihr Computerfreaks euch nicht ausdrücken wie jeder normale Mensch? Raus mit der Sprache!«

»Das heißt, dass irgendwelche Bösewichter aus Spaß deinen Blog gelöscht haben.«

»Arschlöcher sind das.«

»So kann man es auch sagen.«

»Wer war das?«

»Tja, das wird nicht so leicht herauszufinden sein, aber versuchen können wir es.«

»Wir können nicht, wir müssen! Sind meine Daten jetzt weg?«

»Hast du ein Backup gemacht?«

»Ein was?«

»Eine Datensicherung?«

»Nein.«

»Dann tut es mir leid.«

»Was? Willst du mir etwa sagen, dass irgendein Mistkerl meine Artikel gelöscht hat und sie dadurch für immer verloren sind?«

»Du hättest dir eine Sicherungskopie anlegen müssen.«

»Aber warum? Sie waren doch da, im Blog. Im Internet!«

»Ich verrate dir jetzt ein Geheimnis, Enrico: Das Netz ist wesentlich gefährlicher, als es scheinen mag, und nichts, was du ins Netz stellst, ist sicher.«

»Das hättest du mir vorher sagen müssen!«

»Ich sage es dir jetzt. Für die Zukunft.«

»Deinem Tonfall nach zu urteilen, könnte man fast meinen, du freust dich darüber.«

»Aber nein. Wie kommst du denn darauf?«

»Na gut, Witzbold. Dann schreibe ich meinen Artikel eben noch einmal. Die Zeichnung habe ich ja noch. Aber vorher müssen wir herausfinden, was da passiert ist …«

»Wir?«

»Wir sind doch ein Team, oder?«

»Nein.«

»Wir sind Wohnungsgenossen … Freunde!«

»Freunde, wenn es dir gerade passt …«

»Wag es ja nicht. Denk immer dran, dass die Idee mit dem Blog von dir kam …«

»Schon gut, einverstanden. Wann ist es passiert?«

»Woher soll ich das wissen? Heute Nacht, heute Morgen, gestern? Das letzte Mal habe ich vor ein paar Tagen in *Milanonera* reingeschaut, um das Symbol reinzustellen … Ob das vielleicht der Grund war?«

»Klar doch. *Spectre* interessiert sich für deinen kleinen Blog.«

»Und wenn doch?«

»Und wenn ich *Batman* wäre und ein Doppelleben führte?«

»Da ist meins schon glaubhafter.«

»Es kann also im Laufe der letzten achtundvierzig Stunden passiert sein, mindestens, richtig?«

»Ja, weißt du, ich hatte nämlich eine Menge damit zu tun, eine Vespa zu reparieren. Die Benzinmischung zu erstellen, die Karosserie zu polieren …«

»Schon gut, ich habe verstanden.«

»Nein, du verstehst überhaupt nichts! Was da passiert ist, ist ein Drama für mich. So wie wenn du deine *Star-Trek*-Videosammlung verloren hättest ... oder dir jemand dein Mister-Spock-T-Shirt abgefackelt hätte oder die Festplatte mit deiner Pornosammlung in Flammen aufgegangen wäre ...«

»Schon gut, ich hab's gerafft.«

»Das glaube ich nicht. Du bist einfach nicht empathiefähig. Und weißt du, was dein Problem ist, Fabio?«

»Ich weiß, dass die Frauen mich nicht ranlassen. Das ist doch dein Lieblingsspruch, oder? Aber weißt du auch, was dein Problem ist? Dass du nichts alleine machen kannst. Schaffst du es denn wenigstens alleine zur Polizei, um Anzeige zu erstatten? Was die da gemacht haben, ist ein Straftatbestand ...«

...

Die Questura in der Via Fatebenefratelli gehört zu den Orten, die man schon erkennt, bevor man da ist, so oft wurde sie im Fernsehen gezeigt. Nach jeder Festnahme flimmert nicht nur der Unglücksrabe in Handschellen, sondern auch das Gebäude des Polizeipräsidiums über die Mattscheibe. Ich parke die Giallo ein Stück entfernt, um keinen Ärger zu kriegen. Ich habe weder einen Fahrzeugschein noch die Steuer bezahlt, und die Versicherung, na ja, sobald ich dazu komme. Dafür trage ich einen schwarzen Helm, im preußischen Stil, der kaum mein Haupt umfasst. Wie auch immer, die Bullen sollen mich lieber nicht auf meiner gelben Vespa sehen.

»Ich bin Opfer eines Computerfriedensbruchs geworden«, verkünde ich dem Wachposten.

Der schüttelt den Kopf, entweder hat er nicht zugehört oder mich nicht verstanden. Er sagt nichts, sondern sieht mich nur genervt an.

»Wo kann ich Anzeige erstatten?«

»Erster Stock.«

Das war's. Kein Guten Tag, nichts. Ich nehme die Treppe und komme in einen Flur, der voll ist von Menschen, die einen Diebstahl, einen Verlust des Ausweises oder weiß Gott was melden wollen. Es ist neun Uhr morgens, und es warten mindestens vierzig Leute vor mir. Mailand ist auch nicht mehr das, was es mal war.

Die Holzbänke sind durchweg besetzt, also bleibt mir nichts anderes übrig, als mich an die grob verputzte Mauer zu lehnen.

Nach einer Minute tippt mir jemand auf die Schulter. Es ist der elegant gekleidete Mann von neulich abends, der die Ermittlung im Mordfall von diesem Anwalt leitet.

»Bist du nicht der Freelance-Reporter?«

»Sie erinnern sich an mich, Commissario Sebastiani ...«

»Krätze vergisst man nicht so schnell.«

Ich betrachte die erloschene Zigarre in seinem Mundwinkel.

»Brauchen Sie kein Feuer?«

»Das geht dich nichts an. Was machst du hier? Willst du dich stellen?«

Trotz aller erheiternden Ironie kann mir der Bulle kein Lächeln entlocken.

»Nein, Anzeige erstatten.«

»Ach, wurde deine Schreibmaschine geklaut?«

»Jemand hat unerlaubt auf meinen Blog zugegriffen.«

Der Bulle erwidert nichts. Und mir kommen Zweifel, ob er weiß, was ein Blog ist. Zu seinem Glück bekommt er Schützenhilfe von seinem untergebenen Inspektor, den ich auch auf der Piazza dei Mercanti gesehen habe. Lonigro heißt er, glaube ich.

»Sie haben deinen Blog gehackt?«

»Genau.«

Er und Sebastiani tauschen Blicke aus.

»Und was stand da so Wichtiges, auf deinem *Milanonera*?«

Ich zucke zusammen: Woher kennen die meine Seite?

Lonigro lächelt süß: »Erstaunt? Wir sind halt nicht umsonst bei der Polizei ...«

Na klar, ganz toll. Am wahrscheinlichsten ist, dass sie im Netz recherchiert haben und dabei über meine Artikel gestolpert sind. Ich weiß nicht, welchen Kniff Fabio angewendet hat, aber aus irgendeinem Grund erscheint *Milanonera* unter den ersten Suchergebnissen. Zumindest bis alles gelöscht wurde.

»Ihr kennt sie wahrscheinlich, weil meine Artikel bei Altavista als Erste erscheinen.«

»Und auf Google?«

»Ach, die Suchmaschine ist noch zu neu. Die benutzt niemand. Ich glaube, sie wird sich nicht durchsetzen ...«

»Wenn du das sagst.«

Eigentlich behauptet das Fabio, aber ich mache mir seine Meinung zu eigen, um Eindruck zu schinden.

Sebastiani schüttelt den Kopf.

»Hier ist jedenfalls die falsche Stelle für derartige Anzeigen. Das gehört in die Kommunikationsabteilung.«

»Und wo muss ich dann hin?«

Typisch italienische Bürokratie: Dir wird ein Unrecht zugefügt, und zur Belohnung kannst du noch nicht mal Anzeige erstatten.

Da überrascht mich Ispettore Lonigro.

»Kommen Sie mit in mein Büro, da können Sie Ihre Anzeige unterschreiben, und ich werde sie an die Kollegen weiterreichen. Hier vergeuden Sie nur Ihre Zeit.«

»Danke.«

»Nun mach doch nicht so ein überraschtes Gesicht«, mischt sich Sebastiani ein, »wir gehören zu den Guten!«

»Ich weiß. Wie weit sind Sie denn mit den Ermittlungen im Fall Sommese gekommen?«

»Jetzt übertreib mal nicht, Junge.«

»Na ja, ich nutze nur die Gelegenheit, um meinen Job zu machen«, erwidere ich zurückhaltend, um dann die Bombe platzen zu lassen: »Ich gehe nämlich davon aus, dass es eine Verbindung zwischen dem Mord und dem Angriff auf meinen Blog gibt.«

Die zwei Beamten runzeln synchron die Stirn.

»Wie bitte?«

»Wie gesagt: ich habe ein paar Artikel darüber geschrieben. Und im letzten vor einigen Tagen erwähne ich auch das Symbol ...«

»Schon wieder diese Geschichte?«, stößt Sebastiani hervor. »Ich habe dir gesagt, dass es kein Symbol gibt! Es war nur ein zufälliges Gekrakel ...«

»Das sehen diejenigen, die Milanonera gehackt haben, offenbar ganz anders, sonst hätten sie es nicht verschwinden lassen.«

Ich ziehe ein gefaltetes Blatt Papier aus meiner Hosentasche und reiche es den beiden Polizisten. Meine Zeichnung.

Die zwei wechseln vielsagende Blicke. Deshalb füge ich hinzu: »Sie wissen ja, wie das geht – lenke die Aufmerksamkeit auf Harmloses, dann kümmert sich niemand um die wahre Gefahr.«

»Soll heißen?«, fragt Lonigro.

»Lieber eine Website löschen als Fragen zu einem Symbol beantworten. Jemand wollte es weghaben, bevor die großen Blätter darauf aufmerksam werden.«

»Da bist du auf dem Holzweg, Kleiner. Das hier sagt mir nichts«, wiegelt Sebastiani ab.

Die Zigarre in seinem Mund aber wandert rasant hin und her. Wenn der nicht nervös ist, bin ich der Papst.

»Einverstanden«, lenke ich versöhnlich ein. »War ja nur eine Hypothese.«

Ich drücke ihm die Hand und lächele in mich hinein, während ich Lonigro in sein Büro folge.

...

Es heißt, wer nicht arbeitet, schwitzt nicht. Von wegen.

Da bin ich ja fast entspannter, wenn ich im Flamingo die Riesenpizzen serviere, als in der übrigen Zeit. Ja, die Hektik der Großstadt hat mich voll im Griff. In zwei Wochen habe ich mehr Stress aufgebaut als damals beim Lernen für das Examen.

»Die Stadt streckt ihre Tentakel nach dir aus«, hatte Yoan mal orakelt, und allmählich fange ich an, ihm zu glauben.

Mein Tag hat im Morgengrauen begonnen. Und das meine ich ernst. Um halb sechs sind Fabio und ich zum Bahnhof Lambrate gefahren, um eine Ballonflasche mit »dem guten Wein« in Empfang zu nehmen, die seine Familie ihm alle zwei Monate aus Kalabrien schickt. Das ist genauso illegal wie hochprozentig. Alles über einem Glas davon haut dich um.

Wir schleppten die Korbflasche per Muskelkraft in unsere Wohnung, eine ganz schöne Schinderei, die ich ihm aber schuldig war. Gestern hat er innerhalb von zwei Stunden meinen Blog wiederhergestellt. Jetzt muss ich nur noch die verschwundenen Artikel neu posten. Wenn ich sie noch hätte.

Als Fabio zur Uni ging, fuhr ich zum Amt, um meine Versicherung und die Kfz-Steuer für die *Giallo* zu bezahlen. Mit dem Ergebnis, dass ich jetzt blank bin. Hätte ich nicht den Job in der Pizzeria, wüsste ich nicht, wie ich es bis zum Monatsende schaffen soll.

Mit diesen Gedanken verlasse ich die Wohnung und streune durch die Straßen. Die Laternen und Lichter brennen noch, und ich habe noch nie gesehen, dass eine Stadt auch außerhalb der Feiertage so festlich geschmückt ist. Das gefällt mir. Allmählich glaube ich, dass Mailand für mich eine Art pausenloser Rummel werden könnte. Seit ich hier bin, vergeht kein Tag, an dem ich nicht per pedes eine Gasse oder Piazza oder ein Geschäft neu entdecke, jede Bar, jedes Lokal weckt meine Neugierde. Keine Ahnung, wie viele Kilometer ich schon abgerissen habe! Heute war die Kassette mit den besten Hits von Lucio Dalla dran. *Il Gigante e la bambina*, die habe ich bestimmt viermal hintereinander weggehört.

»Eine Stadt zeigt dir ihr Gesicht, wenn du mit erhobenem Blick durch ihre Straßen läufst und alle drei Schritte anhältst, um deine Neugier zu befriedigen«, erkläre ich Fabio, als er mich fragt, warum ich so komische Sachen mache. Für Leute wie ihn ist es unvorstellbar, den ganzen Tag ziellos herumzulaufen und »die Stadt zu entdecken«. Auch Ausstellungen und Ähnliches sind nach seinem Dafürhalten reine Zeitverschwendung.

Ich sehe das anders, aber auch mein Interesse an den Mailänder Museen erstarb recht bald. Nach Leonardos Letztem Abendmahl und einer kompletten Runde durch das Castello Sforzesco habe ich beschlossen, dass ich von Kultur die Nase voll habe. Ich brauche etwas anderes, auch um mich zu beschäftigen, während ich auf eine Anstellung bei einer Zeitung wartete. Beim Mittagessen hatte ich die Erleuchtung, bekanntermaßen denkt es sich mit vollem Magen besser. Eine Idee, die mir unterwegs gekommen war, mit *Attenti al lupo* im Walkman. Aus dem nebulösen Wabern hatte sich langsam eine klare Kontur gelöst, bis ich ein Buch vor mir sah, das meine Mutter mir bei der Abreise gegeben hatte und das noch in meinem Koffer lag.

»Das wirst du brauchen, vertrau mir.«

Das Büchlein nennt sich »Fünfzig Rezepte zum Überleben, auch wenn du nicht kochen kannst«, von Rodolfo Bronzetti, einem Autor aus Rimini, der sich mit diesem Bändchen eine goldene Nase verdient hat. Wenn man mal von den Tiefkühlpizzen aus dem Supermarkt absieht, basiert unsere Ernährung – meine und Fabios – hauptsächlich auf Nudeln mit Knoblauch, Öl und Peperoni, begleitet von dem robusten Wein kalabresischer Winzer.

Diese Situation ließe sich mit wenig Aufwand verbessern, oder nicht? Außerdem, wenn der ewig angeschickerte Pakistani im Flamingo sich als Koch an den Herd stellt, kann ich das auch. Und zwar zehnmal besser!

Doch das ist lediglich der erste Teil des Plans. Der zweite kommt später zum Einsatz, beim Abendessen, zu dem ich Fabio mit einem perfekt gedeckten Tisch erwarte. Echtes Geschirr und Besteck, null Plastik.

»Guten Abend.«

»Keine Ahnung, was du vorhast, aber wir werden garantiert nicht unter der Dusche landen und uns gegenseitig einseifen ...«

»Auch wenn ich die Idee voll geil finde, hatte ich das bisher nicht im Sinn. Also hör auf damit und nimm Platz.«

Er setzt sich hin und lässt sich von mir einen Teller mit Pasta reichen.

»Was ist das denn?«

»Das nennt sich *Bombolotti alla gricia*.«

»Wie?«

»Carbonara neu interpretiert.«

Ich habe keine Lust zu erzählen, dass dieses Gericht gerade in Rom angesagt ist, wenn man bei seinen Freunden Eindruck schinden will. Obwohl Fabio intelligent genug ist – da beißt die Maus nun mal keinen Faden ab –, sind seine Denkprozesse eher schlicht: Wenn er dich A fragt, musst du A antworten und nicht B, sonst kommt er nicht mit. Und fängt an zu nerven.

»Erklär mir ›neu interpretiert‹.«

»Das sind kurze Rigatoni mit knusprig gebratenem Speck, Pecorino und ohne Eier. Eine weiße Carbonara sozusagen.«

»Schmeckt gut.«

Ich bedeute ihm, sich den Rest der Nudeln aus der Pfanne zu nehmen.

Das lässt er sich nicht zweimal sagen und wischt am Ende seinen Teller mit einem Stück Brot fein säuberlich aus.

»Okay, Enrico, dann lass mal hören, was du von mir willst.«

»Kann ich denn nichts ohne Hintergedanken für dich kochen, nur so aus Spaß?«

»Nein.«

Er kennt mich zu gut.

»Okay, du hast ja recht. Ich will dir einen Vorschlag machen.«

Er hebt die Augenbraue und schenkt sich einen großzügigen Schluck Wein ein.

Normalerweise würde ich ihn für das, was ich will, bezahlen, aber da ich nun mal blank bin, muss ich ihn auf andere Art rumkriegen.

»Wir machen einen Tauschhandel: Ich werde für dich kochen, also für uns beide. Wir werden nicht länger Tiefkühlpizza essen, sondern ich werde mir jeden Tag etwas anderes ausdenken. Ich kaufe ein, und du musst nicht mal Geld dazugeben. Dafür gibst du mir regelmäßig Informatikunterricht. Ich möchte so gut hacken können wie der Typ, der meine Seite gelöscht hat!«

»Willst du auf die dunkle Seite der Macht wechseln, junger Jedi?«

»Was?«

Er schüttelt den Kopf.

»Als Erstes musst du dir die *Star Wars*-Filme reinziehen. Du kannst kein Nerd werden, wenn du den Spirit nicht hast. Und weil ich dein Meister sein werde, nennst du mich ab heute *Yoda*.«

»Wie?«

»Vergiss es. Sag mir lieber, warum du das willst.«

»Aus Rache, Fabio. Ich will herausfinden, wer meinen Blog gehackt hat. Ich fühle mich wehrlos.«

»Das ist der richtige Spirit.«

»Also bist du dabei?«

»Kommt drauf an. Wie viele warme Mahlzeiten pro Woche bekomme ich?«

»Fünf?«

»Neun: jeden Abend und am Wochenende zusätzlich mittags.«

»Also praktisch immer, in der Woche isst du mittags ja eh in der Mensa.«

Er grinst wie ein Vampir.

»Friss oder stirb.«

»Einverstanden.«

Mistkerl.

»Gut, mein lieber Schüler. Es wird mir eine Freude sein, dich in die faszinierende Welt der Informatik einzuführen. Als Erstes wirst du morgen in die Bibliothek Sormani gehen und dir ein paar

Lehrbücher ausleihen, die ich dir aufschreibe. Die Grundlagen der Programmiersprache C und HTML.«

»Aber wir haben doch tausend Bücher darüber hier zu Hause stehen«, wende ich ein.

»Die sind für Fortgeschrittene. Zuerst lernst du die Grundlagen, und dann sehen wir, ob du talentiert genug bist für mehr.«

»Soll das ein Witz sein?«

»Keineswegs. Informatik ist eine Kunst. Es gibt tausend Arten, um zu einem Ergebnis zu kommen, aber sie sind nicht alle gleich effizient. Erst wenn du die maximale Wirkung mit dem geringsten Aufwand erzielst, heißt das, dass du Talent hast. Dass die Kraft in deinen Adern fließt.«

»Sogar die Kraft?«

»Ja. Und du kannst dir schon mal Linux installieren, selbstständig. Ein echter Hacker benutzt kein Windows: das ist, als würdest du mit einer Wasserpistole eine Bank ausrauben. Verstanden?«

...

Saltimbocca alla romana.

Cordon bleu.

Penne in Wodka, die schrecklich altmodisch sind.

Bucatini mit Tomaten und Speck.

Lammcarré in Kräuter eingelegt, die den Wild-Geschmack besser zur Geltung bringt.

Überbackene Nudeln.

Risotto alla milanese, ein Klassiker hier.

Spaghetti alle vongole.

Das sind meine ersten Rezepte als Koch. Und als Schüler.

Fabio schmeckt alles, was ich koche, und ich lerne wieder wie zu Uni-Zeiten (in der Schule gehörte ich nicht zu den Fleißigsten). Abgesehen vom Flamingo besteht meine Welt zur Zeit nur aus Informatik-Büchern und einem mit dem Internet verbundenen PC. Und einem dicht beschriebenen Notizbuch und einem Mailprogramm, über das mir Fabio jeden Morgen einen Haufen Übungen schickt. Und allmählich fange ich Feuer. Folgendes habe ich schon gelernt: anonym zu surfen, einen fremden Server lahmzulegen, den kompletten Mailverkehr von jedem Dummkopf zu lesen, der naiv genug ist, auf Phishing-Mails zu antworten (was wirklich eine Sache von Vollidioten ist), und dann noch eine komplette Homepage zu bauen.

Wegen der Lernerei war ich nur wenig draußen, bis auf ein, zwei Runden mit der Vespa, die immer mal wieder bewegt werden muss, um nicht einzurosten. Dumm nur, dass die paar Touren genügt haben, um mir eine ordentliche Erkältung einzufangen.

»Dagegen gibt's ein Heilmittel aus der Natur«, hatte Fabio weise behauptet, während er sich den Schmorbraten reinschob.

»Ach ja?«

»Das hat mir meine Großmutter mütterlicherseits beigebracht.«

Wie hätte ich da nein sagen können?

Also hatte ich aus einem der Pappkartons im untersten Discounterregal eine Flasche Schaumwein mit Zimtaroma gezogen. Ein Mischgetränk aus Wein (90 %), Glukose, natürlichen Aromastoffen und anderem Dreck, der nicht auf dem Etikett ausgewiesen ist. Davon erwärmte ich mir eine Jumbotasse in der Mikrowelle, wann immer ich konnte, auch drei-, viermal am Tag, um schließlich, wenn schon nicht genesen, so doch betrunken genug zu sein, um trotz verstopfter Nase einzuschlafen.

In der Nacht weckte Fabio mich alle drei Minuten, ich solle aufhören zu schnarchen. Als ob das irgendwem schon jemals gelungen sei.

»Wie stellst du dir das vor? Ich kann mein Schnarchen nicht kontrollieren!«

»Das machst du doch extra!«

»Ja klar! Schuld ist deine Oma mit ihrem komischen Gebräu.«

»He, lass bloß meine Familie aus dem Spiel!«

»Vergiss es, schlaf jetzt.«

»Das versuche ich ja. Hauptsache, du schnarchst nicht!«

»Okay, aber eins muss ich dir noch sagen, bevor du das Licht ausmachst: Ich brauche einen neuen Computer.«

»Das glaube ich gern. Es war eh schon ein Wunder, dass die alte Gurke so lange durchgehalten hat!«

6

Doppelter Espresso ohne Zucker.

Der stellvertretende Polizeipräsident hat zu viel geschlafen. Das passiert ihm manchmal. Auch weil er die vergangene Nacht alleine verbracht hat. Am Ende hat Mickey Mouse nämlich Minnie Mouse den Laufpass gegeben, weil alles seine Grenze hat, vor allem die Idiotie.

Er hat schon die halbe Zigarre zerkaut, als Lonigro ohne anzuklopfen in sein Büro stürmt.

»Er hat sich gestellt!«, ruft der Chefinspektor triumphierend.

Sebastiani sieht ihn neugierig an. Lonigro ist sein Schatten, sein Stellvertreter. Wenn er in Urlaub fährt oder bei einer Ermittlung selbst nicht dabei sein kann, ist Vincenzo der Verantwortliche und nimmt sein Amt wahnsinnig ernst. Wenig interessiert an Klatsch und dummen Sprüchen, kommt er lieber schnell auf den Punkt. Ein Bulle alter Schule, fast eine Karikatur des Stereotyps, das man aus den Fernsehserien kennt.

Um die vierzig, verheiratet, zwei kleine Kinder, zündet sich bei jeder Gelegenheit eine Zigarette an, sodass man beim Betreten seines Büros den Eindruck hat, in eine Räucherkammer zu kommen.

Zur Arbeit erscheint er immer perfekt rasiert, Hände und Uniform makellos, krause, tiefschwarze Haare, kurz geschnitten und nach hinten frisiert. Er spricht langsam und versucht dabei angestrengt, seinen süditalienischen Einschlag zu verstecken.

Bei seinem Anblick schiebt der Vice Questore schnell die Schreibtischschublade zu. Vor der Trennung hatte Minnie ihm ein Lederportemonnaie geschenkt, und er schämt sich dafür. Geldbörsen sind in den letzten Jahren weitgehend in Vergessenheit geraten, doch mit der neuen Währung kommen sie wieder in Mode, denn ein Euro ist fast so viel wert wie zweitausend Lire, da muss man auf sein Kleingeld achtgeben.

Der Inspektor sieht, wie sein Vorgesetzter die Stirn runzelt.

»Beim nächsten Mal bitte anklopfen«, knurrt der. »Und jetzt sag schon, wer hat sich gestellt?«

»Sommeses Mörder.«

»Was?«

»Sie haben richtig gehört, ein gewisser Guido Bellantuono. Er ist hier. Und er ist nicht allein.«

»Wieso?«

»Er hat seinen Anwalt mitgebracht. Der wird Ihnen nicht gefallen.«

»Warum, wer ist es denn?«

»Manfredi Visconti.«

Sebastiani seufzt. Visconti ist ein Staranwalt. Ein Rammbock. Eine Planierraupe. Der leibhaftige Albtraum. Zum Glück hat der fragliche Mann schon gestanden ...

»Wie kommt's, dass er sich das Honorar eines solchen Hais leisten kann? Ist er reich?«

»Was ich bisher herausfinden konnte, ist unser Mann arbeitslos und hat ein Vorstrafenregister, das eines Vallanzascas würdig wäre.«

»Und was macht unser Rechtsverdreher am 8. Januar noch in Mailand, wo doch jeder anständige Anwalt in Courmayeur die Pisten runterfährt?«

In diesem Moment taucht ein elegant gekleideter Mann in der Tür auf. Wolljackett, Hemd von Brooks Brothers und Schuhe der Rossetti-Brüder. Details, die einem in Kleiderdingen luxusaffinen Mann wie Sebastiani auffallen.

»Leider gibt es keinen Schnee. Deshalb bin ich hier.«

Der Vice Questore springt eilig auf und geht dem Eintretenden entgegen.

»Angenehm, Avvocato Manfredi Visconti. Ich hatte das deutliche Gefühl, sofort hereinkommen und mich vorstellen zu müssen.«

Sebastiani schüttelt ihm verlegen die Hand. Er ist rot geworden, und die Zigarre rast im Eiltempo seine Lippen entlang.

»Sehr erfreut«, stammelt der Polizeibeamte. Lonigro hält sich schweigend im Hintergrund.

Sein Gegenüber lächelt.

»Wenn ich richtig gehört habe, scheinen sie nicht gerade begeistert, dass ich die Verteidigung von Signor Bellantuono übernommen habe ...«

»Da haben Sie recht. Ich und mein Kollege, Chefinspektor Vincenzo Lonigro, fragten uns gerade, ob ein armer Schlucker wie Ihr Mandant sich überhaupt Ihre Honorare leisten kann.«

»Das kann er tatsächlich nicht. Und ich verbitte mir, ihn einen armen Schlucker zu nennen.«

»Sie sagten doch, er könne sich Ihre Gebühren nicht leisten, habe ich das richtig gehört?«

»Mein lieber Vice Questore, wenn ich es Ihnen kurz erklären darf: Prozesskostenhilfe. Zweimal im Jahr kümmere ich mich um die Fälle von Normalbürgern, die sich meine Verteidigung sonst nicht leisten könnten. Das tue ich aus rein christlichen Motiven. Und um den Kontakt zur Realität nicht zu verlieren.«

»Mir kommen gleich die Tränen.«

»Ihre spitzen Bemerkungen können Sie sich sparen.«

»Oh, tut mir leid, Avvocato.«

»Das sehe ich.«

»Nun gut«, fährt Sebastiani fort. »Das Jahr hat also noch kaum begonnen, und schon haben Sie Ihren ersten Philanthropen-Fall.«

»Der frühe Vogel fängt den Wurm, nicht wahr? Morgen hat meine Kanzlei wieder auf, und da ich heute frei habe, bin ich hier. Sie kennen ja den Spruch, was du heute kannst besorgen ...«

»Ja, ja, kenne ich. Und da wir nun wohl genug Höflichkeiten ausgetauscht haben, können wir ja endlich zur Befragung Ihres Mandanten übergehen.«

...

Das alte Motorola klingelt in dem Moment, als ich die Schweinshaxe in Biersoße in den Ofen schiebe. Fleisch vom Supermarkt und *Porpora* aus der Bierbrauerei Lambrate. Ich bin nun nahezu perfekt in der Rolle der treu sorgenden Hausfrau, die jeden Tag kocht. Fehlen nur noch die rosa Hauspantoffeln und das passende Kopftuch.

»Hallo?«

»Es ist vorbei. Er hat sich gestellt. Deinen Knüller kannst du dir abschminken.«

»Wer spricht denn da?«

»Guarneri.«

Der alte Reporter mit dem Herzinfarkt. Wenn der es sich nicht anders überlegt hat und mich doch wieder bei sich mitarbeiten lässt!

»Wie geht es Ihnen? Haben Sie sich erholt?«

»Spar dir das Getue. Ich kann dich nicht einstellen. Ich rufe nur an, um dir zu sagen, dass eine Meldung der Nachrichtenagentur in der Redaktion eingegangen ist, dass Sommeses Mörder sich gerade der Polizei gestellt hat.«

Ich schweige. Ich bin mir nicht sicher, ob das ein schlechter Aprilscherz ist.

»Du hast dich geirrt«, wiederholt der alte Reporter.

Warum manche Leute als Nervensägen geboren werden, ist mir schleierhaft.

»Bitte?«

»Das geheimnisvolle Symbol aus Blut, das du gesehen haben willst, hast du nur geträumt.«

»Das habe ich nicht geträumt!«

»Oh doch, das glaube ich schon, Kleiner. Der Einzige, der es erwähnt hat, warst du in deinem Blog, der jetzt verschwunden ist …«

»Woher wissen Sie das? Haben Sie meine Artikel gelesen?«

»Ich habe doch gesagt, dass ich dich im Auge behalte. Außerdem habe ich gerade viel Zeit, während der Genesung. Ich gehe für ein paar Stunden in die Redaktion, lese die News und …«

»Und *Milanonera*. Gut. Und was genau steht in dieser Meldung?«

»Nichts. Exakt drei Zeilen. Ein *Flash*, wie es bei uns heißt: Der Mörder hat sich gestellt und wird derzeit von der Polizei vernommen. Wenn ich du wäre …«

»Würden Sie alles stehen und liegen lassen und in die *Questura* fahren?«

»Du sagst es.«

Was soll das: Will er mir jetzt helfen?

Das werde ich nie erfahren, weil er schon wieder aufgelegt hat. Bevor ich losgehe, stelle ich die Uhr vom Ofen: Die Arbeit mag ja vorgehen, aber eine Haxe verkohlen zu lassen, die ich die ganze Nacht über in Kräuter, Knoblauch und Bier einlegt habe, würde mir doch extrem leidtun!

...

Sebastiani lässt Bellantuono und seinen Anwalt in dem Verhörraum Platz nehmen.

»Lonigro, wir nehmen alles auf, okay? Ich will nicht, dass der Anwalt uns irgendetwas vorwerfen kann.«

»Natürlich, Dottore.«

»Gut, dann wollen wir mal hören, was er zu sagen hat.«

Bellantuono ist ein Mann um die fünfzig, untersetzt, dichte Augenbrauen und tiefe Stirnfalten. Das klassische Abbild eines Mannes, den der Kriminalanthropologe Lombroso von vornherein verurteilt hätte.

»Sie behaupten also, Avvocato Giovanni Sommese ermordet zu haben, ist es so?«

»Ja.«

Eine raue, tiefe Stimme.

»Erzählen Sie, was passiert ist.«

Der Mann dreht sich einen Moment zu seinem Anwalt um, der ihm mit einem Kopfnicken bedeutet weiterzureden.

»Da gibt es nicht viel zu sagen. Ich habe vor seiner Kanzlei auf der Piazza Cordusio auf ihn gewartet, und als er herauskam, habe ich ihn im richtigen Moment unter den Portikus gedrängt und ...«

»Reden Sie weiter.«

»Ich wollte ihn nur ausrauben ... Ehrlich. Aber dann ist die Sache irgendwie aus dem Ruder gelaufen.«

»Und Sie haben ihn erstochen.«

»Genau.«

Sebastiani schüttelt den Kopf.

»Hatten Sie Handschuhe an?«

»Ja.«

»Wieso?«

»Tja, also, um keine Fingerabdrücke zu hinterlassen ... Also nein, ich meinte ...«

»Dann hatten Sie also doch die Absicht, ihn umzubringen!«

»Nein, nein, das meinte ich nicht! Ich hatte Handschuhe an, weil es so kalt war ...«

»Kalt?«

»Ja, eiskalt.«

Der Vice Questore wird immer ärgerlicher. Anwalt Viscontis Miene hingegen bleibt undurchdringlich, während sein Mandant seine kleine Geschichte erzählt.

»Eins verstehe ich nicht«, setzt Sebastiani an und kaut auf seiner Zigarre. »Wenn Sie keine Fingerabdrücke hinterlassen wollten, um nicht identifiziert zu werden, warum sind Sie dann heute hergekommen, um sich zu stellen?«

Nun fühlt Avvocato Visconti sich doch genötigt, mit missbilligender Stimme einzugreifen.

»Mein Mandant hat sich der Justiz übergeben, weil sein schlechtes Gewissen ihn geplagt hat. Er hatte nie zuvor jemanden umgebracht, und nach einigen Tagen der inneren Qual möchte er nun sein Gewissen erleichtern. Natürlich werden wir auf Strafminderung um ein Drittel der Haftzeit plädieren.«

»Natürlich.«

Sebastiani wirft die zerkaute Zigarre in den Mülleimer und steckt sich sofort eine neue in den Mund, bevor er das Verhör fortsetzt.

»Signor Bellantuono, kannten Sie das Opfer Dottor Sommese persönlich?«

»Nein, ich hatte ihn noch nie gesehen, bis ich ihn ... also, Sie wissen schon.«

Der Polizeiobere schüttelt den Kopf, und selbst der gleichmütige Lonigro zuckt leicht zusammen.

»Sie wussten also gar nicht, um wen es sich handelt?«

»Nein.«

»Dann sagen Sie mir doch bitte, warum Sie ihn getötet haben?«

Bellantuono rutscht unruhig auf seinem Stuhl hin und her.

»Tja ...«

Der Mann blickt zu Visconti, der nickt.

Diese Szene haben die beiden aber schön eingeübt, denkt Sebastiani.

»Ja?«

Sein Gegenüber schüttelt verwirrt den Kopf.

»Der roch halt irgendwie nach Kohle. Schöne Kleider, teurer Mantel. Ich wollte ihm nur die Geldbörse abnehmen, aber der hat sich gewehrt, und dann ist es halt anders gekommen ...«

»Er hat sich gewehrt? Ein Anwalt, der auf die siebzig zuging mit nicht mehr als hunderttausend Lire in der Tasche?«

»Ja, der hat angefangen zu schreien und hat meinen Arm festgehalten. Da hab ich eben die Kontrolle verloren ...«

»Was hat er denn gemacht: Wollte er Sie schlagen? Oder Sie entwaffnen?«

»Er hat geschrien, und ich hatte Angst, dass jemand kommt ... Da habe ich zugestochen und bin abgehauen. Nicht mal sein Portemonnaie habe ich mitgenommen ...«

»Sie haben mehrmals zugestochen. Hätte es nicht gereicht, ihn wegzustoßen, um zu fliehen?«

Bellantuono schließt die Augen.

»Weiß nicht, ich konnte nicht mehr klar denken in dem Moment. Ich wollte nur, dass er still ist, da habe ich zugestochen.«

»Wie oft?«

»Weiß nicht.«

»Ich werde es Ihnen sagen: dreimal! In den Magen. Das scheint mir nicht gerade die angemessene Reaktion für einen, der nur fliehen will ...«

»Ich ...«

»Geben Sie ihm eine Minute.«

Bellantuono verbirgt sein Gesicht. Drückt ein paar Tränen. Gibt sich reuig. Ein wahrer Schauspieler.

Sebastiani wartet geduldig. Das ist alles Teil des Auftritts. Der Anwalt, der ihm ein Tuch reicht, sein Mandant, der sich über die Augen wischt und mit rauer Stimme sagt, dass es ihm leidtue. Er und Lonigro haben solche Szenen schon hundertmal erlebt.

Als Bellantuono sich fünf Minuten später wieder gefangen hat, setzt der Vice Questore das Verhör fort, als ob nichts gewesen wäre.

»Was haben Sie dann gemacht? Nach der Tat, meine ich?«

»Ich bin weggelaufen und sofort nach Hause gegangen. Zu Fuß.«

»Warum haben Sie das Messer liegen lassen? Fürchteten Sie nicht, man würde dadurch auf Sie kommen?«

»Weiß nicht, ich habe es vergessen ... Außerdem hatte ich ja eh Handschuhe an ... Als ich ihm den letzten Stich versetzt habe, hat der Anwalt meinen Arm losgelassen, und ich bin weg ...«

»Und die Geldbörse? Wenn es doch ein Raubüberfall war, warum haben Sie sie nicht an sich genommen?«

»Habe ich doch gesagt, ich war zu aufgeregt. Der hat sich gewehrt, ich habe ihn erstochen und bin abgehauen. An das Geld habe ich nicht mehr gedacht!«

Sebastianis Zigarre wandert unaufhörlich von einem Mundwinkel in den anderen.

»Wo sind die Handschuhe?«

»Die habe ich auf der Flucht in einen Mülleimer geworfen. Ich weiß nicht mehr, wo.«

»Ach was!«, kommentiert Lonigro sarkastisch.

Bellantuono zuckt mit den Schultern.

»Wo sind Sie dann hin?«

»Nirgendwohin. Ich bin bis zur Via Torino gerannt und von dort aus nach Hause gegangen.«

»Ganz schöne Strecke, wenn Sie, wie ich der Akte entnehme, in der Via Lorenteggio wohnen ...«

»Ja, aber es kam mir nicht weit vor. Kein Wunder mit dem ganzen Adrenalin im Blut, das kennen Sie doch, oder?«

»Nein, das kenne ich nicht. War es denn nicht viel zu kalt an dem Tag, um draußen herumzulaufen? Sie sagten doch selbst, dass es eisig war, oder?«

Sebastiani mustert Bellantuono mit kühlem Blick.

»Gut, ich würde sagen, mein Mandant hat nun alles Nötige gesagt, oder?«, schaltet sich der Anwalt ein. »Er hat gestanden und alle Fragen beantwortet. Sonst noch was?«

Der Vize antwortet nicht.

»Sind wir fertig?«

»Was uns betrifft, Avvocato, ja. Um den Rest kümmert sich der Staatsanwalt.«

Lonigro bedeutet Bellantuono aufzustehen und übergibt ihn einem Beamten, der ihn in die Zelle bringt. Sebastiani drückt dem Hai die eiskalte Flosse und schließt die Tür hinter ihm.

Lonigro wartet nickend auf das Nachspiel. Das prompt folgt.

»Diesem Hanswurst glaube ich keine Silbe! Viel zu ungenau, viel zu viele Unklarheiten! Was soll das für ein Raubüberfall sein, bei dem das Opfer erstochen wird und das Geld dableibt! Das passt doch hinten und vorne nicht ...«

»Wie soll es weitergehen?«

»Wir ermitteln! Wir schauen uns an, wo er wohnt, ob ihn jemand gesehen hat, stellen Fragen.«

»Alte Schule.«

»Genau.«

»Gut. Aber was fangen wir mit seinem Geständnis an? Der Staatsanwalt wird die Ermittlung offiziell für abgeschlossen erklären.«

»Dann machen wir sie inoffiziell wieder auf, einverstanden?«

...

Auf dem Weg ins Polizeipräsidium habe ich mich verfahren.

Letztes Mal war es einfacher, vielleicht weil es tagsüber war, die Sonne schien und man genug sehen konnte. Bei Dunkelheit und Verkehr wird Mailand zum Moloch, bei dem keiner mehr durchblickt, vor allem wenn man wie ich vom Land kommt und sich in den Straßen noch nicht so gut auskennt.

Und als Höhepunkt wollen sie mich jetzt, wo ich endlich da bin, nicht reinlassen.

»Ich darf Sie nicht vorlassen«, wiederholt der Polizist am Eingang drohend.

»Warum nicht?«

»Sie haben keine Akkreditierung, das habe ich doch schon gesagt. Und jetzt gehen Sie!«

Ich will schon auf ihn los – ungeachtet der wahrscheinlichen Verhaftung und ebenso eingehender wie schmerzhafter Leibesvisitationen –, als ich am Ende des Flurs eine vertraute Gestalt erkenne: Sebastiani mit seiner nicht brennenden Zigarre.

Im Sturmschritt laufe ich auf ihn zu.

»Guten Abend«, begrüßt er mich. »Was zum Teufel machst du schon wieder hier: Gibt es wieder etwas anzuzeigen mit dem Blog?«

»Nein, ich bin hier wegen des Typen, der den Mord an Sommese gestanden haben soll.«

»Aha.«

»Können Sie mir was dazu sagen?«

»Nicht mal im Traum. Mein Kollege, Chefinspektor Lonigro, gibt in diesem Moment eine Pressekonferenz, auf der er alle Einzelheiten erklärt. Ich an deiner Stelle würde mich sputen.«

»Wollte ich ja, aber sie lassen mich nicht rein.«

Ich meine ein kleines hämisches Lächeln hinter der Zigarre des Vice Questore zu erkennen. Soll er doch an ihr ersticken!

»Weißt du denn nicht, dass man eine Akkreditierung braucht, Jungchen?«

»Jetzt schon. Hab es ja oft genug gehört. Aber mir sagt ja keiner, wie ich an eine rankomme …«

»Also, soweit ich weiß, muss dein Chef dir einen Wisch unterschreiben …«

»Aber ich habe keinen Chef!«

»Ach, stimmt ja. Du bist ja Freelancer mit Blog …«

Sympathisch wie Herpes. Vielleicht merkt er es selbst und fügt hinzu: »Ich werde sehen, was ich tun kann. Heute jedenfalls hat es keinen Sinn mehr.«

Sicher, er sieht mal, was er tun kann … Das wird in den nächsten Tagen seine größte Sorge sein: dem Radeschi eine Akkreditierung zu beschaffen. Klar.

»Danke.«

Er hebt die Hand zum Gruß und wendet sich zum Gehen.

»Dann war's das also?«, sage ich, als er schon zwei Schritte entfernt ist.

Langsam dreht er sich um. Die Zigarre in seinem Mund bebt. Er lächelt.

»Er hat gestanden.«

»Das habe ich nicht gefragt.«

»Meinst du, ob er der Schuldige ist oder nicht?«

Ich antworte nicht. Das ist doch wohl klar, oder?

»Tja«, fährt er gelassen fort, »der Ball liegt jetzt beim Staatsanwalt. Wir haben das Geständnis aufgenommen und alles weitergeleitet. Ende der Partie.«

»Hat er von dem Symbol gesprochen?«

»Das wird ein echter Tick bei dir!«

»Hat er davon gesprochen?«

»Nein.«

Das dachte ich mir. Sebastiani geht und lässt mich mit meinen nagenden Zweifeln zurück.

...

Polizeipräsident Lamberto Duca empfängt Sebastiani mit einem beherzten Händedruck in seinem riesigen Büro. Er ist blendender Laune.

»Bitte, setzen Sie sich. Machen Sie es sich bequem.«

Mit breitem Lächeln lässt er sich in seinen hellen Ledersessel sinken.

»Ich muss Ihnen gratulieren! In kürzester Zeit haben Sie einen Fall gelöst, der viele Leute in Verlegenheit hätte bringen können …«

Eine Verlegenheit, in der sich nun sein Vize befindet. Der nicht genau weiß, was er seinem Vorgesetzten antworten soll. Etwa, dass sie fast keine Arbeit hatten, weil Bellantuono sich selbst gestellt hat?

»Also eigentlich …«

»Oh, spielen Sie nicht den Bescheidenen«, fällt der Questore ihm ins Wort. »Ich weiß, was Sie sagen wollen: Der Schuldige hat von selbst gestanden. Ja, und? Er hat gestanden, weil er unseren heißen Atem im Nacken gespürt hat. So war es! Die Polizei hat ihn in die Enge getrieben, da kam er aus seinem Versteck gekrochen und hat sich gestellt. Auch das gehört zu unserem Metier. Das wissen Sie doch genauso gut wie ich.«

Die Zigarre zwischen Loris' Lippen hüpft hin und her.

»Dann vielen Dank, Signor Questore. Auch wenn ich das Geständnis wenig überzeugend fand …«

Duca beugt sich mit besorgter Miene über den Schreibtisch.

»Was wollen Sie damit sagen?«

»Na ja, die Geschichte kam mir doch sehr zusammengestückelt vor. Ein Überfall, der aus dem Ruder läuft und mit einer Messerstecherei endet …«

»Ja, der menschliche Wahn kennt keine Grenzen, das wissen wir ja.«

»Stimmt.«

»Schön, schön. Dann können wir den Fall also als abgeschlossen betrachten, habe ich recht?«

Sein Vize zögert.

»Sebastiani?«

Loris beißt auf dem Ende der Zigarre herum, während er nach den richtigen Worten sucht.

»Da wäre noch die Sache mit dem Symbol, das mit Sommeses Blut auf den Boden gemalt war.«

»Hat der Täter das erwähnt?«

»Nein.«

»Dann würde ich mir darüber keine Sorgen machen. Sonst noch was?«

»Nein, Signore.«

»Bestens! Jetzt ruhen Sie sich mal aus. Ich habe ja nicht vergessen, dass Sie ihren Urlaub geopfert haben, nicht wahr? Deshalb nehmen Sie sich jetzt sieben Tage frei und fahren in den wohlverdienten Urlaub. Der Fall ist abgeschlossen. Darüber sollten wir uns freuen!«

Mit einem schwachen Lächeln schüttelt Sebastiani Duca die Hand. Letztlich hat der Questore vielleicht recht: Der Mörder ist gefasst. Arbeit ist schließlich nicht alles. Er hat noch seinen Wein. Und eine Woche Tauchgang. Und tausend Zweifel. Na ja, und dann noch die Sache mit den verschwundenen jungen Männern, aber darum kann sich für ein paar Tage auch Lonigro kümmern.

...

Der Mörder gesteht!

So wurde der Anwalt abgestochen!

Er rastete aus und tötete ihn!

Fette Schlagzeilen mit wenig Inhalt, über die eigentliche Ermittlung wenig bis nichts. Die Zeitungen beschränken sich auf die spärlichen Informationen aus der Pressekonferenz. Wenige Brocken, um die die Reporter nach eigenem Gutdünken ihre Geschichte stricken. Die Quintessenz aus den verschiedenen Artikeln: Ein gewisser Bellantuono hat gestanden, bei einem misslungenen Raubüberfall Avvocato Sommese ermordet zu haben. Das war's. Keine Erwähnung des Symbols. Für die Presse und den Polizeipräsidenten ist der Fall damit abgeschlossen. Nicht für mich, der ich mich bemühe, neue Geldquellen für meinen Lebensunterhalt aufzutun, um nicht andauernd über den Fall nachzudenken.

Und um der Alltagsroutine zu entkommen. Schon nach wenigen Wochen des Zusammenlebens sind Fabio und ich wie ein altes Ehepaar geworden: Ich sorge für Leckereien, der Fernseher läuft ununterbrochen, und dazu gibt's Nerd-Kram. Zahlencodes, Lehrbücher zu Programmiersprachen, endlose theoretische Diskussionen, was das beste System ist, um die Homepage einer Bank zu hacken ...

Nur nicht heute Abend. Ich hatte eine Idee, die es mir vielleicht erlaubt, im Flamingo zu kündigen. Die 'Nduja kommt mir eh bald zu den Ohren raus. Und weil ich keine Lust zu kochen habe, habe ich Fabio auf einen Aperitif eingeladen.

»Die Langeweile von Ehepaaren macht uns fertig«, habe ich zu ihm gesagt. »Heute gehen wir aus.«

Also haben wir uns im Matricola verabredet, um etwas zu trinken und das Aperitif-Buffet zu stürmen. Als ich kurz nach sechs im Lokal ankomme, herrscht wie immer eine lockere Atmosphäre. Holztische und das Pint Bier stets in Reichweite.

»Wo warst du?«, fragt Fabio mit einem aufgeschlagenen Buch vor sich.

»Ich habe noch etwas für heute Abend geholt!«

»Marihuana bei deinem Freund auf der Piazza Vetra?«

»Weit weniger spannend.«

»Hochprozentiges?«

»Auch nicht.«

»Ich gebe auf.«

»Besser so, ich sterb ja gleich vor Spannung ...«

Mit einen Lächeln ziehe ich zwei Videokassetten aus dem Rucksack.

»Ich war bei Blockbuster auf der Viale Monza und habe zwei Filme ausgeliehen und ein paar Schweinereien zum Knabbern gekauft. Du glaubst gar nicht, was die da alles haben: Popcorn für die Mikrowelle, Eis, Chips ...«

»Was hast du genommen?«

»Von allem.«

»Ich meine welche Filme.«

»Ach so, zwei neue. Einer heißt X-Men.«

»Gute Wahl. Und der andere?«

»*Die Mädchen von Coyote Ugly.*«

»Was ist das?«

»Schöne Frauen, die betrunken auf Bartresen tanzen.«

»Klingt spannend.«

»Sehr spannend. Bevor wir die gucken, wollte ich aber mit dir über ein Projekt sprechen.«

Er runzelt die Stirn. Es ist offensichtlich, dass ihm ein eingewachsener Fingernagel lieber wäre als eine neue Idee von mir.

Seit einigen Tagen schwirrt mir eine nicht ganz legale Methode durch den Kopf, wie dem chronischen Geldmangel beizukommen wäre, der mich und damit auch meinen kalabresischen Freund in seinen Fängen hat. Fabio hält sich, wie ich weiß, mit einem Stipendium und den regelmäßigen Geldsendungen seiner Familie über Wasser, die aber keinesfalls der Aga Khan ist.

»Ich habe eine Geschäftsidee.«

»Etwa Überfälle à la *Lupin III*?«

»Nicht ganz. Die Idee ist vielmehr, die Schwäche von Typen deiner Sorte auszunutzen.«

»Was soll das heißen?«, empört er sich, während er ein paar Zeilen in seinem Buch mit blauem Marker anstreicht.

»Nimm's mir nicht übel, ich meine onanierende Computer-Nerds.«

Fabio schnaubt. Jetzt greift er zu einem gelbem Marker, mit dem er weitere Zeilen derselben Seite hervorhebt.

»Ich meine, schau dich doch nur an: Wir sind in einem Pub, und du lernst. Und auch beim Lernen hast du echte Nerd-Methoden. Du benutzt drei verschiedene Farben. Was soll das bringen?«

»Eine für Konzepte, die andere für Beispiele und die dritte für ...«

»Siehst du, was ich meine?«, falle ich ihm ins Wort. »Deshalb bleibt euch für den Rest keine Zeit, und die Mädchen meiden euch wie die Pest ...«

»Das sagt der Richtige, du Tunichtgut!«

»Das zum Beispiel! Wer benutzt denn heutzutage noch das Wort Tunichtgut? Nur ihr Hirnwichser. Denen aber eins fehlt.«

»Und das wäre?«

»Das weißt du genau. Ihr verspürt deutlich das Verlangen, und wenn ihr es nicht macht, vernebelt sich euer Gehirn, und ihr könnt nicht mehr richtig denken, oder?«

»Komm zum Punkt.«

»Ihr seid viel zu eifrig mit euch selbst beschäftigt ... Aber das ist nicht schlimm, echt nicht.«

Ich zeige auf seine Brille und muss grinsen.

»Du kannst beruhigt sein, man wird ja schließlich nicht blind davon ...«

»Arschloch.«

»Na gut, das war verdient.«

Ich nehme einen großen Schluck Bier und fahre fort.

»Meine Idee war jedenfalls, dir und deinen Freunden – dem ganzen Kreis vom Polytechnikum – wann immer ihr wollt etwas zur Erleichterung zu bieten.«

»Willst du unter die Zuhälter gehen? Da mach ich nicht mit! Auf gar keinen Fall!«

»Nein, nein! Wo denkst du hin! Das Angebot fällt, wie soll ich sagen, eher in die Kategorie ›hausgemacht‹.«

Fabio klappt sein Buch zu.

»Was?«

»Entspann dich: Ich rede von Pornos. Videokassetten mit viel nacktem Fleisch, für zehn Euro das Stück.«

»Wer will so was denn schon kaufen?«

»Machst du Witze? Wie glaubst du überleben die ganzen jungen Studenten von außerhalb, die kein *Tele+* haben? Mit einschlägigen Zeitschriften? Kann sein. Mit einem Film, den sie sich vor hundert Jahren gekauft haben und immer wieder reinziehen, obwohl sie ihn schon auswendig kennen? Vielleicht. Wir aber bieten ihnen einen Service von öffentlichem Nutzen. Ich habe auch schon den passenden Namen dafür: Operation Fede!«

»Meinst du *fede* wie Glaube, Liebe, Hoffnung, die drei theologischen Tugenden?«

»Die genau nicht.«

»Was ist dann Fede? Vielleicht eine Freundin von dir?«

»Federica? Sagen wir, sie ist irgendwie mit allen befreundet. Sie hilft dir, wann immer du sie brauchst.«

Endlich fällt beim Nerd der Groschen, und er schüttelt verärgert den Kopf. »Wie willst du das machen? Wo kriegen wir die Filme her?«

»Ach, die nehmen wir auf über Satellit, was meinst du? Da gibt es jede Woche zwei oder drei neue. Wir beide wissen das doch nur zu gut, oder?«

Ich zwinkere ihm zu, und er nickt etwas verlegen.

»Gut. Wir schauen uns natürlich vorher alle an, um die Ware zu evaluieren sozusagen. Und was uns zufriedenstellt, nehmen wir bei der zweiten Runde auf, und die Sache ist geritzt. Wer unseren Service nutzen will, bekommt einmal die Woche eine schöne Videokassette. Für zehn Euro das Stück. Ich habe mich informiert: eine Leerkassette kostet mehr oder weniger einen Euro. Ich verdiene also netto neun Euro pro Stück, fast zwanzigtausend Lire. Wie findest du das?«

Fabio sieht mir in die Augen. Ich bin mir sicher, er überlegt, ob ich ihn verarsche oder dieses irre Projekt wirklich ernst meine.

»Und?«, frage ich erneut. »Möchtest du dein Leben lang Tiefkühlpizzen vom Supermarkt essen oder auch mal abends in ein schönes Restaurant gehen? Oder dir ein elektronisches Gerät kaufen, für das du schon lange brennst, aber nicht genug Kohle hast?«

Endlich beginnt Fabio zu lächeln.

»Dann fang schon mal an und nimm den von gestern Abend auf: Ich kenne ein paar Kommilitonen, die sich so ein Angebot ganz sicher nicht entgehen lassen!«

Ich beuge mich über den Tisch und umarme meinen Mitbewohner überschwänglich.

»Aber ohne Zunge«, verhöhnt er mich.

»Dann sind wir im Geschäft, Partner?«, frage ich und lasse von ihm ab.

»Ja.«

»Toll! Kellner: noch zwei Pints, bitte. Diese Runde geht auf mich!«

Fabio lächelt, und zum ersten Mal, seit ich ihn kenne, wirkt er irgendwie locker. Und kommt dann noch mit einer Bemerkung raus, die mich erstarren lässt: »Ich will dir mal was sagen, Enrico: Lass uns saufen und Dummheiten anstellen!«

»Das tun wir doch auch nüchtern.«

»Ja, aber schwerer.«

»Du hast recht. Weg mit der Ratio.«

»Genau: Die Promille können unseren Durst nicht löschen!«

»Aber wir haben beide keinen Führerschein!«

»Ja, und? Lass uns anstoßen. Zur Fahrschule können wir uns immer noch anmelden!«

...

Ohne Uniform kommt sich Lonigro ganz nackt vor. Doch heute muss er so klarkommen. Er hat sich einen Plan zurechtgelegt, wie er ohne Durchsuchungsbefehl in Bellantuonos Wohnung kommt, Dienstkleidung ist da das Falsche. Leider kann er die Sache nicht alleine durchführen, sondern ist auf die Hilfe von Commissario Giannuzzi angewiesen. Nach dem Fang schuldet er der Mordkommission noch einen Gefallen, und dies ist der Moment dafür. Er zieht das Handy aus der Tasche und tippt die Nummer des Kollegen ein.

»Guten Morgen, Commissario. Hier spricht Lonigro: Hast du zufällig eine Streife im Bezirk Lorenteggio?«

»Warte, ich schau kurz ... Ja, auf der Piazza Frattini, warum?«

»Sebastiani hat mich beauftragt, dich zu fragen: Du müsstest uns einen kleinen Gefallen tun.«

»Solange es nicht illegal ist.«

»Natürlich nicht, wofür hältst du uns?«

»Sag mir, was du brauchst.«

Lonigro drückt die Zigarette an seiner Schuhsohle aus. Er ist zu Fuß bis vor Bellantuonos Haus gelaufen. Er hat einen kleinen schwarzen Aktenkoffer dabei und trägt einen Ledermantel, unter dem die Pistole in dem Halfter steckt.

Das Atrium ist groß und ruhig. Das einzige menschliche Wesen sitzt halb versteckt hinter einem großen Ficus, ein kleiner Mann mit Schnäuzer und kleinen Augen, vor ihm die Portiersscheibe. Die Szene wird sich nur für ihn abspielen.

Der Bulle geht geradewegs auf ihn zu, während auf der Straße langsam ein Streifenwagen vorbeifährt.

»Guten Tag, sind Sie der Portier?«

»Ja, und wer sind Sie?«

Ispettore Lonigro zückt mit bösem Blick und verärgerter Miene seinen Dienstausweis.

»Polizei?«

»Haben Sie meine Kollegen draußen auf der Straße gesehen?«

»Nein.«

»Werden Sie noch. Sie fahren den ganzen Tag hier auf und ab. Wir observieren das Haus.«

Endlich zeigt der Schnauzbart eine Reaktion: Erstaunen.

»Dieses Haus? Warum denn?«

»Wir vermuten, dass sich hier ein Mann versteckt hält, der untergetaucht ist.«

»Der … aber wo denn? Und wer?«

Lonigro geht im Geiste schnell die Namen auf den Klingelschildern durch, die er gerade gelesen hat. Bellantuono hatte eine Einzimmerwohnung im ersten Stock genau unter …

»Zweiter Stock, Wohnung 4.«

Der Portier macht große Augen.

»Der alte Brambilla? Der ist doch schon um die achtzig!«

»Nicht er, natürlich«, gibt der Ispettore genervt zurück. »Brambilla versteckt den Mann, den wir suchen. Und er scheint es gut zu machen, sonst wäre er doch zumindest Ihnen aufgefallen, Sie sind doch jeden Tag hier.«

Der Pförtner schluckt. Als er auf die Straße schaut, sieht er die Polizeistreife ganz langsam vorbeifahren. Die beiden Polizisten im Auto starren ihn finster an.

Lonigro sieht zufrieden, dass sein Plan funktioniert, lässt sich aber nichts anmerken. Der Mann hat angebissen.

»Wie kann ich Ihnen helfen?«, fragt er mit aufsteigender Sorge im Blick.

»Gibt es eine an Brambilla angrenzende Wohnung, in der ich Abhörwanzen anbringen könnte?«

Dabei tippt er mit dem Finger gewichtig auf sein Köfferchen, als enthielte es ausgeklügelte technische Instrumente und nicht bloß ein Paar Gummihandschuhe, um keine Spuren zu hinterlassen.

»Vielleicht beim Nachbarn oder in der Wohnung drüber oder drunter …«

Lonigro bemüht sich um größtmögliche Gleichgültigkeit. Der Schnäuzer soll schließlich glauben, dass es tatsächlich Wanzen gibt, die durch die Wand lauschen können. Der Pförtner enttäuscht ihn nicht.

»Tja, ich habe den Schlüssel zur Wohnung von Bellantuono ... Ein Mieter, der im Gefängnis sitzt. Er wohnte genau unter Brambilla ...«

»Geben Sie sie mir. Dann kann ich in die Wohnung und die Wanzen anbringen, um den Flüchtigen zu belauschen.«

»Aber um wen handelt es sich denn genau?«

Lonigro schüttelt ablehnend den Kopf.

»Je weniger Sie wissen, desto besser für Sie.«

Der Streifenwagen fährt zum dritten Mal vorbei. Der Portier ist nun fast überzeugt.

»Kann ich Ihnen denn vertrauen?«

»Sie haben doch den Dienstausweis gesehen.«

»Ja.«

»Und wenn das noch nicht reicht, schicke ich Ihnen meine beiden Kollegen vorbei und lasse Sie wegen Unterstützung eines Flüchtigen aufs Polizeipräsidium bringen. Möchten Sie das?«

Der Mann reicht Lonigro mit blasser Miene die Schlüssel und zieht sich in seine Loge zurück.

...

Sebastianis Tag hat schon schlecht begonnen. Der Wecker zu unchristlicher Zeit, ein schlecht gelaunter Taxifahrer, Schlange am Gate und last, but not least, siebzig Minuten Verspätung beim Abflug. Doch jetzt hat der Bus endlich die Reisenden am Flieger abgesetzt, und er steigt die Gangway zum Flugzeug hinauf, als sein Telefon klingelt.

Loris schaut auf die Nummer: Lonigro.

»Hallo, Ispettore, ich gehe gerade an Bord. Ist es dringend?«

»Er wurde bestochen, Dottore. Hundertpro!«

Lonigros Stimme klingt aufgeregt.

»Vincenzo, nenn mir Ross und Reiter, dann kann ich dich auch verstehen.«

»Bellantuono: Ich war in seiner Wohnung.«

»Wie denn das, ohne Durchsuchungsbefehl?«

»Mit einem Trick, alte Schule, wissen Sie noch?«

Sebastiani findet seinen Platz und setzt sich.

»Erzähl. Aber dalli, der Flieger startet gleich.«

»Ich habe den Pförtner mit einer kleinen Lügengeschichte eingeschüchtert, um seine Zunge zu lösen. Er hat mir erzählt, dass Bellantuono sich ein schönes Leben gemacht hat, bevor er ins Gefängnis gewandert ist. Er ist wohl in einem Nachtclub in der Via Carducci gesehen worden. Champagner und leichte Mädchen die ganze Nacht. Manchmal hat er sogar eine mit nach Hause gebracht.«

»Und wovon bezahlte er das, wenn er von Raubüberfällen lebte?«

»Mit dem Geld, das ihm jemand gegeben hat, damit er Sommese umbringt!«

»Hast du Beweise?«

»Ja. In dem Toilettenspülkasten habe ich ein Zellophanpäckchen gefunden mit zwei Briefumschlägen mit Geld.«

»Zwei?«

»Einer, nehme ich an, als Vorschuss bei Auftragsvergabe, der andere nach erledigtem Mord. Was meinen Sie? In einem, wahrscheinlich dem ersten, lag auch ein Bild von Avvocato Sommese.«

»Wie viel hat er bekommen?«

»Tja, bestimmt mehrere Millionen, sonst hätte er sich dieses Leben nicht leisten können.«

»Sicherlich ist ihm auch gesagt worden, das Geld möglichst schnell verschwinden zu lassen, aber wahrscheinlich war er viel zu beschäftigt damit, den Reichtum zu genießen ...«

»Genau. Ich habe das Vorstrafenregister unseres Freundes eingesehen: Bellantuono war auf Messerstechereien spezialisiert. Er hat wohl schon öfter in San Vittore gesessen und einmal da drinnen auf einen Mann eingestochen – der aber am Ende überlebt hat –, mit einer Ahle, die er aus einer Zahnbürste gebastelt hat.«

»Dann kannten die Auftraggeber seine Vorstrafen. Wie viel Geld war noch in den Umschlägen?«

»In dem einen fünfhunderttausend Lire in Hundertern, in dem anderen nur ein einziger Schein: hundert Schweizer Franken.«

»Schweizer Franken? Wollte er mit seinen Nutten über die Grenze?«

»Wer weiß? Jedenfalls habe ich alles sichergestellt, um Fingerabdrücke zu nehmen. Mal sehen, was dabei herauskommt.«

»Überprüfe auch seine Telefondaten; vielleicht haben die Auftraggeber ja angerufen ...«

Eine Hand legt sich sanft auf den Arm des Vice Questore.

»Sie müssen jetzt aufhören, Signore, wir heben gleich ab.«

»Ja, sofort, Entschuldigung.«

»Nein, wirklich, Signore, Sie müssen auflegen. Jetzt!«

Die Stewardess blickt ihn entschlossen an. Blond, braune Augen. Nicht älter als fünfundzwanzig. Üppiger Busen mit einem Namensschildchen: Lory.

Sebastiani seufzt.

»Entschuldigen Sie, Lory. Ich mache gleich Schluss.«

Dann, an Lonigro gewandt: »Ich muss aufhören.«

»Nur noch eins.«

»Raus damit.«

»Mit Giannuzzi sind wir quitt. Er hat uns seinen ausstehenden Gefallen getan. Letztlich haben wir ein gutes Geschäft gemacht, ihm bei dem Fang zu helfen!«

7

Die Sonne. Die trockene Hitze. Der blaue Himmel frei von Smog. Das Korallenriff, der feine Sandstrand, die Strandbar, wo die Alkoholika nicht gerade hochwertig sind.

Wunderbar.

Schade, dass er körperlich ein Wrack ist. Er fühlt sich hundeelend.

Montezumas Rache hat mich voll erwischt, denkt Sebastiani und lässt sich aufs Bett fallen.

Tauchgänge hat er nur wenige gemacht. Zwei, drei am ersten Tag. Danach hing er nur noch im Bad.

Doch das wissen sie im Polizeipräsidium nicht, in Mailand gehen sie davon aus, dass er das Leben eines Paschas führt. Und er möchte ihnen diese Illusion nicht nehmen. Doch sein Telefon klingelt, seit er es vor zwei Stunden eingeschaltet hat, in regelmäßigen Abständen. Irgendwann geht er ran.

»Was ist? Das Roaming hier kostet mich ein Vermögen!«

»Auch wenn ich es bin?«

»Das ist egal, Sturkopf! Jetzt raus mit der Sprache, Mascaranti: Was willst du?«

»Lonigro will Sie sprechen. Mit wichtigen Neuigkeiten. Er sagt, Sie sollen Ihre Mails checken.«

»Er weiß doch, dass ich die nicht lese.«

»Er meint, er hat eine Spur.«

»Und warum ruft er mich nicht selbst an?«

»Das hat er versucht. Fünf oder sechs Mal, aber Sie haben nicht geantwortet. Jetzt hatte er einen Termin und hat mich beauftragt, es weiter zu versuchen. Ich habe schon drei Mal ...«

»Schon gut. Ich war schnorcheln.«

»Was ist das, irgend so was Arabisches?«

»Nein! Baden, Mascaranti. Ich war im Meer mit Tauchmaske und Flossen!«

»Ist das nicht merkwürdig, ein Wasser von dieser Farbe?«

Sebastiani seufzt, dann fühlt er, wie sich sein Magen erneut zusammenkrampft.

»Ich muss los. Sag ihm, ich rufe ihn bald zurück. Wiederhören.«

Er legt auf und rennt zurück ins Bad.

Als er wieder herauskommt, greift er zum Telefon und wählt die Nummer von Chefinspektor Lonigro.

»Guten Morgen, Dottore.«

»Morgen, Lonigro. Mascaranti hat es mir erzählt.«

»Ja, ich hatte leider einen Notfall draußen. Zwei Arschlöcher haben einen Mercedes geklaut, waren aber so betrunken, dass sie nach zweihundert Metern gegen eine Mauer gefahren sind und ...«

»Was ist mit unserem Fall?«, schnauft Sebastiani, der schon wieder die Übelkeit in sich aufsteigen spürt.

»Habe ich Ihnen geschrieben.«

»Ich habe hier keinen Computer«, knurrt der Vice Questore genervt. »Fasse dich kurz ... die anderen erwarten mich zum morgendlichen Tauchgang.«

»Vor allem wollte ich Ihnen sagen, dass der Staatsanwalt die Festnahme bestätigt hat: Gegen Bellantuono ist nun offiziell Anklage erhoben wegen Mordes an Avvocato Sommese.«

»Das war ja zu erwarten. Was haben Frau und Sohn gesagt, als du sie getroffen hast?«

»Nicht viel. Sie waren am Boden zerstört vor Schmerz und behaupten, der Anwalt hätte keine Feinde gehabt. Der Sohn arbeitet in derselben Kanzlei und ist daher mit den Fällen vertraut, er sagt, dass es zur Zeit keine schwierigen Mandanten gab. Alltagsgeschäft.«

»Also das Übliche.«

»Ja.«

»Wusste er, warum der Vater Duca treffen wollte?«

»Negativ.«

»Hast du ihm Bellantuonos Foto gezeigt?«

»Ja. Sie haben ihn noch nie gesehen. Und wenn man dem Sohn glaubt, kannte Sommese ihn auch nicht.«

»Hat die Spurensicherung etwas an den Geldscheinen gefunden?«

»Allerdings, mindestens dreißig verschiedene Fingerabdrücke. Dieses Geld war schon länger in Umlauf und in vielen verschiedenen Händen, daher ...«

»Niemand Bestimmtes ...«

»Nicht wirklich.«

»Was soll das heißen?«

»Auf dem Schweizer Schein haben sie einen sehr klaren Abdruck gefunden, von einem Daumen. Nur den einen und sonst nichts. Komisch, oder?«

»Hat er zu jemandem geführt?«

»Nein, in der Kartei ist nichts zu finden.«

»Und auf den Briefumschlägen?«

»Alle von Bellantuono.«

»Haben die Anruflisten mehr ergeben?«

»Negativ. Die einzigen Telefonate, die er in den Tagen vor der Tat erhalten hat, kamen aus einer Telefonzelle am Bahnhof Garibaldi.«

»Von dem, der ihn angeheuert hat?«

»Wer weiß. Die beiden Anrufe könnten aber auch von einem Freund stammen, der einfach was trinken gehen wollte.«

»Zu viele Fragezeichen.«

Sebastiani seufzt, bevor er weiterspricht.

»Noch eins, Lonigro.«

»Ich höre, Dottore.«

»Besorg mir bitte eine Akkreditierung für unseren Presseraum für diesen Freelance-Reporter, Enrico Radeschi. Der stand neulich plötzlich in meinem Büro, weil sie ihn nicht reinlassen wollten.«

»Wird gemacht.«

»Danke, für heute bin ich bedient …«

»Tut mir leid, aber vielleicht gibt es etwas, das Sie wieder besser draufbringt.«

»Und das wäre?«

»Im Fall der vermissten jungen Männer, erinnern Sie sich?«

»Ja.«

»Gut, ich habe mich ein wenig in dem Lokal umgehört, wo der letzte Mann, Davide Mari, war, bevor er verschwunden ist. Cooles Lokal, es heißt Le Coffre: Allein für den Eintritt musst du schon einen Kredit aufnehmen. Jedenfalls erinnert sich einer der Rausschmeißer an den Typen, wegen eines üppigen Trinkgeldes. Und weil er beim Rausgehen von einer seinen Worten nach ›bombastischen‹ Dunkelhaarigen begleitet wurde.«

»Ein junges Mädchen?«

»Eine Frau um die fünfunddreißig. Der alle nachgeiferten. Aber sie hat sich für Mari entschieden. Deshalb habe ich den Türsteher aufs Präsidium gebracht, und jetzt haben wir ein Phantombild.«

»Das du mir per Mail geschickt hast.«

»Genau.«

»Gute Arbeit, Lonigro«, schließt Sebastiani, der schon neben der Toilette steht. »Mach auf der Spur weiter. Ich muss jetzt auflegen. Der Tauchlehrer macht mir schon böse Zeichen.«

In der nächsten Minute ergibt sich Loris dem reinigenden Akt, dann zieht er sich aus und stellt sich unter die kalte Dusche. Nun erst wird ihm klar, dass der Fall Sommese zwar auf die Sandspur geraten ist, es aber konkrete Hinweise zu den vermissten jungen Männern gibt: Sie werden von einer Frau verführt. Und verschwinden im Nichts. Bringt sie die Männer um? Hat sie Komplizen, die sie betäuben und ihre Organe entnehmen? Macht sie Seife aus ihnen, wie die berühmte Serienmörderin Leonarda Cianciulli?

Wie auch immer die Antwort lautete, jetzt hatten sie ein Phantombild. Offenbar eine schöne Schwarzhaarige, die jedem den Kopf verdrehen würde. Eine Gottesanbeterin mit mörderischen Fangarmen.

...

Zu Fuß. Bis ganz nach oben, während das Herz hämmert und die Beine weich werden.

Doch ich halte durch, mittlerweile ist es eine Frage des Prinzips.

Eine letzte Kraftanstrengung und ich hab's geschafft. Zweihundertsiebenundfünfzig Stufen. Der Himmel über Mailand, die Terrasse des Doms.

Die Sonne strahlt, und keuchend genieße ich die spektakuläre Aussicht. Die Madonnina glitzert, dass es fast in den Augen schmerzt, und von hier oben aus betrachtet ist sie gar nicht mehr klein, wie es im Lied heißt.

»Über vier Meter«, erläutert mir der Wachmann. »Vier Meter sechzehn, um genau zu sein.«

Ich nicke, während ich auf die Stadt zu meinen Füßen schaue: der Vorplatz mit seinen Touristen und Tauben, die auch von hier herrliche Galleria, der Velasca-Turm, ein Hochhaus, das hässlicher nicht sein könnte, das Castello Sforzesco und keine Ahnung wie viele Kirchtürme ... zehn, dreißig. Fünfzig. Mailand ist die Stadt der Kirchen, scheint es.

Dies ist die vorletzte Station meines ganz persönlichen Stadtrundgangs. Jetzt fehlt mir nur noch das Pirelli-Hochhaus.

Der einzige Sinn des Journalistenausweises war bisher, da er mir ja immer noch nicht zu einem Job verholfen hat, dass ich freien Eintritt in die Mailänder Kunststätten habe. Obwohl das Jahr noch jung ist, war ich schon im Aquarium, im Planetarium, im Palazzo Reale, in der Pinakothek Brera und eben jetzt auf der Aussichtsplattform des Doms.

Langsam steige ich wieder hinunter, die schmerzenden Beine voll mit Milchsäure. Doch ich bin es immer noch nicht müde, mir Neues anzuschauen, deshalb beschließe ich auf dem Heimweg, den ich auch aus Fitnessgründen zu Fuß zurücklege, noch auf einen Sprung ins Naturhistorische Museum zu gehen.

Als ich abends endlich nach Hause komme, bin ich komplett erledigt. Zu müde zum Kochen, gönne ich meinen Blasen unter den Füßen ein warmes Fußbad, bei dem mich Fabio überrascht, als er nach Hause kommt. Nicht der schönste Anblick, aber für ihn anscheinend kein Problem.

Er hebt nur leicht fragend die Augenbraue, als er sieht, dass ich eine Tiefkühlpizza in den Ofen geschoben habe.

»Ich dachte, das hast du lange nicht mehr gegessen und vielleicht mal wieder Lust drauf.«

Er nickt zerstreut.

»Was hast du heute gemacht?«, fragt er dann mehr aus Höflichkeit als aus echtem Interesse. Außerdem ist es so, dass man kaum eine Wahl hat, als sich zu unterhalten, wenn man gemeinsam auf zwanzig Quadratmetern haust. Zumal, wenn der eine isst und der andere eine kleine Überschwemmung veranstaltet.

»Ich war oben auf dem Dom.«

»Mh-mh.«

»Und im Naturhistorischen Museum. Echt toll!«

»Mh-mh.«

»Wusstest du, dass sie da ein vollständiges Dinosaurier-Skelett aufgebaut haben?«

»Welcher Art: ein Triceratops? Oder ein T-Rex? Was?«

Ich schüttele den Kopf. »Ein Riesentier. Ich weiß nicht genau. Auf jeden Fall lohnt es sich, ihn anzuschauen: voll beeindruckend. Und ein Wal-Skelett gibt es auch!«

»Bist du sicher, dass es ein Wal ist? Oder vielleicht eher ein Orca? Könnte auch eine Robbe sein oder ein Buckelwal.«

»Vergiss es ... Und was hast du so gemacht? Irgendwelche Differentialgleichungen gelöst, damit du die Welt retten kannst, falls Außerirdische uns angreifen?«

Der Kalabrier zieht die dampfende Pizza aus dem Ofen.

»Nein, das kommt erst beim Examen in Analytischer Mathematik II. Falls ich jemals Analysis I schaffe ...«

»Okay, lass gut sein, Frieden.«

»Frieden. Möchtest du ein Stück Pizza?«

»Klar!«

»Aber vorher musst du diese Waschschüssel aus meinem Blickfeld räumen, und wenn du schon stehst, kannst du gleich zwei Bier aus dem Kühlschrank mitbringen.«

Das kann ich wohl machen. Außerdem habe ich ihm noch nicht das Wichtigste vom Tag erzählt. Einerseits kam noch nicht die Rede darauf, ein bisschen aus Aberglaube, weil ich noch nicht weiß, was daraus wird. Und auch, weil es nicht gerade die feine Art ist, ein Mädchen auf der Museumstoilette anzubaggern ...

Es passierte am Ende meines Besuchs bei den prähistorischen Skeletten. Ich suchte die Herrentoiletten auf, zog die Tür einer Kabine auf und sah dieses Mädchen vor mir. Schwarzer Pagenkopf, Augen von gleicher Farbe, volle Lippen. Sie trug eine Lederjacke und saß auf der Klobrille. Sie rauchte. Und zwar Gras.

Sie lächelte mich beinah mütterlich an.

»Entschuldige«, stotterte ich.

»Wofür denn? Ich bin es ja, die einen Joint auf dem Männerklo raucht. Die Damentoilette war besetzt, weißt du.«

»Verstehe.«

»Ich liebe es, mich an Orten der Kunst zuzudröhnen.«

»Danach kannst du dir besser die Bilder anschauen, oder?«

»Genau! Das finde ich auch. Möchtest du mal ziehen?«

»Klar.«

Wir rauchten und redeten ein bisschen. Dann stand sie auf und schrieb mir lächelnd ihre Telefonnummer auf die Hand.

»Du bist nett, Enrico. Ruf mich mal an, okay?«

Als sie raus war, tippte ich sofort ihre Nummer in mein Motorola ein.

Ein äußerst ergiebiger Tag also, nur leider hatte ich vor Aufregung vergessen, sie nach ihrem Namen zu fragen. Klar, wir hatten uns vorgestellt und alles. Uns sogar die Hand gegeben. Aber an ihren Namen kann ich mich trotzdem nicht erinnern.

Beim ersten Mal hört niemand wirklich zu. Den Namen merkst du dir erst beim zweiten Treffen, vorausgesetzt es kommt dazu. Vorläufig habe ich das Problem gelöst, indem ich sie mit »das Mädchen mit dem Joint« unter Kontakten gespeichert habe.

Früher oder später wird mir ihr Name wieder einfallen.

...

»Hacker sein heißt, sich Zugang zu fremden Systemen zu verschaffen, ohne die notwendige Autorisation zu haben. Sein böser Zwilling aber, der Cracker, umgeht die Schutzwälle und Beschränkungen der kommerziell gehandelten Programme.«

Fabio ist nun ganz Professor, und ich ergebe mich in meine Rolle als interessierter Zuhörer seiner *lectio magistralis*. Er weiß, dass ich keine andere Wahl habe, ich befinde mich in seinen Fängen. Nerds sind im Übrigen herzlose Androiden. Auch wenn in *Das Imperium schlägt zurück* die zwei Droiden, der goldene und die Blechbüchse, eine Seele zu haben scheinen ...

Letztlich kam ich um diese Fortbildung nicht herum, um ganz in die Welt dieser Freaks einzutauchen. Einen kompletten Nachmittag lang habe ich mir die gesamte *Star Wars*-Trilogie reingezogen. Schön. Wirklich. Obwohl ich nicht kapiere, warum sie bei

Episode vier angefangen haben. Vielleicht waren die ersten drei nicht so spannend, wer weiß das schon.

Fabio referiert weiter über die Hacker-Philosophie. Die Guten und die Bösen. Die dunkle Seite der Macht, die Cracker, und die gute Seite, die Hacker.

»Außerdem muss man den Unterschied betonen, der zwischen Hackern und Idioten besteht, wobei die Zahl Letzterer, wie du dir denken kannst, exponentiell zunimmt. Überall. Der echte Hacker nutzt seine ausgefeilten Techniken nur zu dem Zweck, seine kulturelle Bildung zu erweitern, und auf keinen Fall, um den attackierten Systemen Schaden zuzufügen. Verstanden? Viele Hacker, also die, die der wahren Philosophie anhängen, hinterlassen dem Systemverwalter oft Nachrichten, um ihn auf die Sicherheitslücken hinzuweisen und bei ihrer Beseitigung zu helfen. Wir sind die Guten.«

Damit sind wir wieder beim Loblied auf die Gerechtigkeit, die Werte, das Gute und das Böse, Paradies und Hölle ...

»Ein berühmtes Sprichwort sagt ›Alle Wege führen nach Rom‹. In der Informatik könnte man das so ausdrücken: ›Alle Computersprachen führen zu Assembler: der Programmiersprache.‹«

Fehlt nur noch die Filmmusik von 2001 *Odyssee im Weltraum*, um die Feierlichkeit von Fabios Worten perfekt zu machen.

»Leider sind die Computer taub beziehungsweise verstehen nur Binärcodes, ähnlich dem Morsealphabet. Das ist ein einfach zu verstehendes Konzept, weil der logische Status null elektronisch von dem Fehlen eines Signals gekennzeichnet ist, während der logische Zustand eins ein Signal hat. Fälschlicherweise hat man früher die Informatik immer als die Wissenschaft von Computern angesehen. Aber wie der Name schon sagt, ist die Informatik die Kunst, die Welt um uns herum mit Hilfe von Informationen zu beschreiben, die aus deskriptiven, quantitativen und qualitativen Daten bestehen, und aus Algorithmen, um diese zu manipulieren.«

Ich kann nicht mehr.

»Bitte, Fabio, komm endlich zum Punkt, sonst schneid ich mir gleich die Pulsadern auf ...«

Er seufzt.

»Also okay. Du bist bereit, nicht wahr?«

»Ja.«

»Gut. Du musst wissen, dass das Beherrschen eines Programms ein bisschen wie Auto fahren ist. Jetzt wirst du herausfinden, ob du eher ein Formel-1-Pilot bist oder eine Standstreifen-Lusche.«

»Fass dich kurz.«

»Du sollst ein fremdes System hacken. Ein reales.«

»Das ist illegal.«

»Natürlich ist es das! Aber wenn du es tust und nichts anrührst, dann wird es keiner merken. Was habe ich dir gerade gesagt? Nur um zu beweisen, dass du gut bist. Wenn du hingegen bei jemandem einbrichst und alle Schubladen durchwühlst, tja, dann wird er es natürlich merken.«

»Verstehe. Wo wollen wir zuschlagen?«

»Wir schlagen überhaupt nicht zu. Wir stellen die Sicherheitssysteme auf die Probe.«

»Einverstanden. Wo fangen wir an?«

»Bei irgendetwas, das dich anspornt. Wer hat die besten Firewalls?«

»Die NASA? Die CIA? Banken?«

»Pornoseiten, Enrico. Alle wollen sich Pornofilme ansehen,

ohne zu bezahlen. Deshalb wirst du versuchen, worldsex.com zu hacken.«

»Ist das dein Ernst?«

»Mein voller Ernst.«

»In Ordnung. Und was machen wir dann? Laden wir uns Filme runter und verkaufen sie?«

»Das wäre Piraterie.«

»Das wäre ein Zusatzverdienst.«

Fabio zuckt mit den Schultern.

»Komm du erst mal auf den Server. Dann reden wir weiter.«

Ich weiß, dass das eine schwierige Arbeit wird. Bevor ich anfange, kocht Fabio Kaffee.

»Den wirst du brauchen.«

In seinen Augen lese ich die Herausforderung. Und bin mir sicher, dass ich sie nicht bestehen werde.

»Schreibst du wieder an deinem Blog?«, fragt er.

»Noch nicht. Irgendwie habe ich gerade eine Blockade.«

»Würde ein Abführmittel helfen?«

»Seit wann dürfen Nerds Witze reißen?«

»Schon immer, nur dass die Leute meistens nicht lachen, weshalb wir selten welche machen.«

Ich frage nicht weiter. Wie sagte Oscar Wilde? *Diskutiere nie mit einem Idioten, denn er wird dich auf sein Niveau ziehen und dich mit seiner Erfahrung schlagen.*

Wahre Worte.

...

Heute ist wieder einer dieser Abende.

Bruder Ottaviano spürt, wie die Erregung seinen Rücken hinabläuft, als er seinen Mercedes im großen Garten der Villa parkt. Alle werden da sein. Ein Herrenhaus bei Monza, vor den Toren Mailands. Das gemietete Anwesen – vielleicht gehört es auch einem Mitbruder – ist von einer hohen Mauer und einer mächtigen Hecke umgeben. Dazu kommt ein Sicherheitsdienst, der einem Ministerpräsidenten angemessen wäre. Nur wer das Passwort kennt, wird eingelassen: *Vanitas*.

Jedes Detail erinnert ihn an sein erstes Mal.

Im Inneren des Hauses, in dem großen eleganten Salon stehen maskierte Männer. Neue Adepten und alte Bekannte. Bruder Ottaviano erkennt den Höchsten an seinem weißen Bart. Nicht zu lang und gepflegt unter der Satyr-Maske. Auf den ersten Blick mag das blasphemisch erscheinen, doch Religion spielt hier keine Rolle. Das hat ihm der Meister erklärt, als er in die Bruderschaft aufgenommen wurde.

»Wir sind völlig anders als früher. Wir haben uns weiterentwickelt, wie alle anderen auch. Die Religion muss uns nicht länger als Untergebene halten. Wir haben nun neue Götter, denen wir huldigen. Dass sie uns leiten und uns den Weg weisen. Die Macht und das Geld.«

Bruder Ottaviano war diesen neuen Göttern schon lange untertan, sodass es ihm nicht schwerfiel, sie als die seinen zu übernehmen. Sein Privatvermögen hat sich seit seinem Eintritt in die Bruderschaft vor zehn Jahren verdoppelt. Tendenz steigend.

Mit den Blicken sucht er nach dem Meister. Er erkennt ihn auf einem Sofa sitzend an seiner schwarzen Maske mit dem blutroten Punkt zwischen den Augen. Die er auch schon beim ersten Mal trug.

»Ein verheißungsvoller Abend.«

Auch Bruder Ottaviano trägt seine gewohnte Maske. Rotschwarz, wie seine Lieblingsfussballmannschaft.

»So sieht es aus«, empfängt ihn der Meister. Und fügt dann hinzu: »Der Höchste war zufrieden, wie du unser kleines Problem gelöst hast. Nach dem Geständnis ist das mediale Interesse in sich zusammengefallen.«

»Das freut mich.«

»Leider haben wir nun eine andere Situation, die wir lösen müssen. Siehst du den Mann dort mit der Cyrano-Maske?«

Der knochige Finger des Meisters zeigt auf einen großen, breit gebauten Typen, der sich mit einem Champagnerglas in der Hand mit einem Mitbruder unterhält.

Bruder Ottaviano nickt.

»Er will sich nicht anpassen. Wir müssen mit ihm verfahren wie mit den anderen. Es muss nach einem Unfall aussehen.«

»Kann ich ein paar Informationen über ihn bekommen?«

Der Meister reicht ihm einen Umschlag, den er schnell in der Tasche verschwinden lässt.

»Er ist ein mächtiger Mann, der häufig unter Personenschutz steht. Du wirst dir also etwas einfallen lassen müssen. Und diesmal etwas Klügeres. Ich will keine Scherereien, die irgendwen auf die Spur unseres Projekts setzen könnten, klar?«

Ehe der Schüler etwas erwidern kann, konzentriert sich die Aufmerksamkeit der Anwesenden auf einen bestimmten Punkt.

In der Mitte des Raumes steht ein großes Gebilde, abgedeckt durch ein Tuch. Zu ihm tritt nun der Höchste und lenkt mit erhobener Hand alle Blicke auf sich. Es wird totstill im Saal.

»Liebe Mitbrüder, ihr werdet nun Zeugen eines außergewöhnlichen Spektakels.«

Kaum sind seine Worte verklungen, gleitet das Tuch herab

und lässt alle vor Staunen erstarren. In einer gläsernen Vitrine mit zwei Türen befindet sich ein Mensch, besser gesagt das, was von ihm übrig geblieben ist. Jetzt ist es etwas Widerwärtiges. Ein schrecklicher Albtraum. Der Leib des armen Kerls, der von Krämpfen geschüttelt zittert, ist komplett mit Eiterpusteln übersät. Er will schreien, um Hilfe rufen, doch ihm fehlt die Kraft, und in seinem offenen Mund sind kaum noch Zähne zu sehen. Viele Mitbrüder senken den Blick. Angeekelt oder verängstigt.

Nicht so der Höchste, der lächelt und triumphierend verkündet: »Dies ist das Ende der Sünder! Seht ihr das? Die Strafe ist fürchterlich!«

Ohne ein weiteres Wort geht er zur Tür und betritt die Vitrine.

Das Publikum hält den Atem an. Eingeschüchtert bestaunen sie den Anblick.

Der Höchste geht zu dem Mann und küsst ihn auf die Lippen. Der will zurückweichen, ist aber zu schwach und muss gehorchen. Wie er eingetreten ist, verlässt der Höchste die Vitrine nun durch die gegenüberliegende Tür.

Instinktiv weichen alle Umstehenden zurück.

»Nein, liebe Mitbrüder. Fürchtet euch nicht: Wir sind davor immun. Wir alle! Ihr habt die Immunität mit dem Champagner getrunken! Unser Projekt ist nun bereit!«

Ein Seufzen der Erleichterung geht durch den Saal. Bruder Ottaviano spürt, wie seine Beine weich werden und ein starker Brechreiz in ihm aufsteigt.

»Wir werden immun sein«, verkündet der Höchste noch einmal. »Und die Sünder, wie dieser Mann hier, werden sterben! Das Schicksal der Menschheit ist nicht mehr aufzuhalten!«

Die Mitbrüder haben keine Zeit, sich gegenseitig zu gratulieren oder auch nur aufgeregt zu sein.

»Da ist die Jungfrau«, verkündet jemand, während die Vitrine wieder mit dem Tuch abgedeckt wird.

So heißt sie wegen des Rituals, doch Bruder Ottaviano hat große Zweifel, dass die junge Frau, die nun komplett nackt bis auf ein Paar hochhackige Schuhe die lange Treppe herabkommt, wirklich noch unberührt ist. Bei der Nonchalance, mit der sie das tut, muss es einfach eine Professionelle sein, die Geld dafür bekommt. Was aber niemanden stört, denn wichtig ist nur, dass das Zeremoniell befolgt wird.

Die Jungfrau schreitet nach der letzten Treppenstufe in die Mitte des Raumes und legt sich auf den kalten Marmorboden.

Die Mitbrüder beginnen schnell, ihre Hosen auszuziehen; Bruder Ottaviano empfindet ihren Anblick als lächerlich, von der Hüfte abwärts nackt, mit hervorstehenden Bäuchen, schneeweißen, von blauen Adern durchzogenen Beinen. Die meisten sind über sechzig. Er ist hier eine der wenigen Ausnahmen.

Die Blondine lächelt: Sie ist bereit. Bereit, das Ejakulat aller Mitbrüder auf sich zu empfangen, die anschließend um Vergebung und Buße bitten. Während sie sich mit dem Höchsten nach oben zurückziehen wird.

8

Drei Nächte und vier Tage: So lange habe ich gebraucht, um das System des Sexportals zu knacken. Fast ohne Schlaf, mit literweise Kaffee, unter Vernachlässigung der Körperhygiene, mit Tiefkühlfraß und ohne mich einmal zu kämmen. Kurz, ich habe mich in einen von ihnen verwandelt, in einen Nerd.

Als ich Fabio das Ergebnis zeigte – also den Endlosfundus von Filmen aus dem Rotlichtmilieu, das ganze Archiv der Seite zu unserer freien Verfügung – hat er gelächelt.

»Sehr gut! Das war nicht einfach. Jetzt kappe die Verbindung und lösche das Passwort, das du herausgefunden hast. Wir machen nichts Illegales, klar?«

»Wieso nicht? Nach der ganzen Arbeit?«

»Wir tun so etwas nicht.«

Ich fühle, dass er recht hat. Doch bevor ich antworten kann, fügt er hinzu: »Und jetzt geh duschen, du stinkst wie ein Ziegenbock!«

Nach der Reinigung fühle ich mich besser, wie ein Penner, der wochenlang weder Wasser noch Seife gesehen hat.

Erst jetzt, während ich es mir mit einem Bier in der Hand auf meinem Bett bequem mache, wird mir klar, dass ich für sechsundneunzig Stunden von der Welt abgeschnitten war. Meinen Blog und die Ermittlungen vernachlässigt habe.

Auf dem Anrufbeantworter sind drei Nachrichten von meiner Mutter, die wissen will, ob ich noch lebe, und eine von meinem Arbeitgeber. Offenbar brauche ich nicht in die Pizzeria Flamingo zurückzukehren, sie benötigen mich nicht mehr.

Nachdem ich meine Mutter wegen meines Gesundheitszustands beruhigt habe, erzähle ich Fabio, dass ich gefeuert bin.

»Ich weiß. Ich habe dir nichts gesagt, weil du mit deiner Prüfung beschäftigt warst.«

»Meiner Prüfung?«

»Genau, Enrico. Was du da gemacht hast, kann nicht jeder. Du bist jetzt fast einer von uns.«

»Krieg ich jetzt auch Pickel und sehe nie mehr eine nackte Frau live?«

»So was in der Art. Jedenfalls musst du dir um den Job keine Sorgen machen. Während du dich in einen Höhlenmenschen verwandelt hast, habe ich ein bisschen herumgerechnet. Unsere Geschäfte laufen gut. Wir verdienen jetzt genug mit dem Video-Verleih, um unsere Miete und auch die Telefonrechnung zu bezahlen.«

»Du meinst, ich muss nicht mehr buckeln und Pizzen und Pastateller durch die Gegend schleppen?«

»Genau.«

Ich will ihm schon um den Hals fallen, wäre mein Blick nicht im selben Moment auf einer Internetseite gelandet, die vom Fall Sommese berichtet und von dem Geständnis dieses Typen, Bellantuono. Das geheimnisvolle Symbol wird nicht erwähnt.

»Was ist los? Freust du dich nicht?«

»Doch, doch, alles klar. Soll ich dir was sagen?«

»Raus damit.«

»Es ist jetzt an der Zeit, den Oldtimer in Rente zu schicken. Wenn ich nicht dieses Schrottteil hätte, hätte ich nur die Hälfte der Zeit gebraucht, um die Seite zu knacken.«

»Oha!«

»Kommst du mit zu unserem alten Freund, um mich beim Kauf zu beraten?«

Fabio lächelt.

»Ich würde nicht zulassen, dass du das ohne meine Aufsicht tust: Sonst lässt du dir nur noch ein weiteres Schrottteil andrehen.«

...

In der Privatbrauerei Lambrate herrscht angenehme Ruhe. Unter der Woche schauen ab einer bestimmten Uhrzeit nur noch Studenten und Gewohnheitssäufer vorbei und Sciamanna, der auf seinem Stammplatz an der Bar hockt. Vor sich ein leeres Glas, das er ab und an von anderen auffüllen lässt.

Und dieses Mal von mir.

»Darf ich dir ein Ligera ausgeben, Antonio?«

Er schaut kurz auf, sieht mich und Fabio und nickt. Dann zeigt er auf einen Typen mit Pferdeschwanz hinter dem Tresen.

»Er ist der Monarch, und der andere da hinten mit den Locken ist der Prinz.«

»Warum heißen sie so?«

»Dieses Lokal wurde von fünf Jungs gegründet, und zwar aus Spaß. Mit einer Fünfzig-Liter-Anlage, das müsst ihr euch mal vorstellen. Bei der Eröffnung war nach zwei Stunden das Bier alle. Da wurde ihnen klar, dass sie auf das richtige Pferd gesetzt hatten, und heute sind sie in ganz Mailand bekannt. Sie wollen wohl expandieren und einen zweiten Laden aufmachen ... Der Erfolg ist ihnen ein bisschen zu Kopf gestiegen: Sie nennen sich gegenseitig Prinz, Monarch und Kaiser von Lambrate. Aber das Bier ist gut, also sieht man es ihnen nach.«

Viel habe ich nicht kapiert, aber ich nicke zustimmend.

»Klar.«

»Was braucht ihr?«

Während ich es ihm erkläre, holt mein Mitbewohner an der Bar die Biere: Er wollte mich einladen, weil ich die Prüfung bestanden habe. Was ihn offenbar echt beeindruckt.

Die Verhandlung mit Sciamanna gestaltet sich schwierig: Ich bin etwas knapp bei Kasse; wenn man Miete, Nebenkosten und ein paar Euro fürs Handy abzieht, bin ich quasi pleite. Also handele ich ihn für einen neuen PC von anfangs hundertfünfzig auf hundert Euro runter.

»Ich verstehe nichts von technischen Features oder so. Ich kann nur sagen, dass er brandneu ist, gestern erst reingekommen.«

»Was heißt das, gestern reingekommen?«

»Das heißt, dass er gestern geklaut wurde«, erklärt mir Fabio und stellt die Biere auf den Tresen.

»Exakt«, grunzt Sciamanna und nimmt sein Glas. »Möchtest du ihn?«

Ich tausche einen Blick mit Fabio. Er zuckt mit den Schultern und hebt sein Bierglas.

»Abgemacht!«, sage ich.

Zehn Minuten später schiebt Sciamanna sein leeres Glas weg und steht auf.

»Kommt mit, Jungs.«

Es ist nicht weit. Ein paar Dutzend Schritte, und wir stehen vor einem abgeblätterten Haustor in der Via Vallazze.

»Jetzt musst du alleine weiter«, sagt er zu mir.

»Was soll das, ist das eine Mutprobe?«

»Entweder du gehst alleine, oder es wird nichts draus.«

»In Ordnung, wie heißt der Typ?«

»Wir nennen ihn Gift.«

»Steht das auch auf der Klingel?«

»Spiel hier nicht den Clown.«

»Okay, der ist ja bestimmt in Ordnung, der Typ.«

»Er hat mich jedenfalls noch nie betrogen. Jetzt mach schon.«

»Gut.«

»Warte.«

»Was?«

»Vorkasse«, sagt er und hält mir die offene Hand hin.

»Und wenn mir der Computer nicht gefällt«?

Sciamanna neigt den Kopf leicht zur Seite.

»Einverstanden.«

Ich reiche ihm die Geldscheine und gehe auf die Treppe vor dem Eingang zu.

Haus mit Umlaufbalkonen, erster Stock.

Der Verkäufer ist Serbe. Offensichtlich ist er von Sciamanna via SMS informiert worden, denn er öffnet mir wortlos die Wohnungstür und händigt mir einen Sony der neusten Generation aus. Ein Spielzeug, das im Geschäft mindestens tausend Euro kostet. Ein echtes Schnäppchen, vorausgesetzt, er lässt sich hochfahren.

»Und wenn er nicht funktioniert?«

Der Serbe fletscht die Zähne. Ein Vampirlächeln.

»Du hast bezahlt. Du hast das Laptop.«

Er schlägt mir die Tür vor der Nase zu.

»Und das Ladegerät?«

Keine Antwort.

Das muss ich mir dann wohl selbst besorgen, denke ich auf dem Rückweg.

Fabio und Sciamanna warten auf der Straße.

»Und?«, fragt mein Mitbewohner.

Ich zucke mit den Schultern und drücke auf die An-Taste. Das Lämpchen der Festplatte leuchtet auf.

»Er funktioniert!«

»Hast du daran gezweifelt?«, fragt Sciamanna grienend.

Ich lächele tumb und warte, dass das Laptop das Betriebssystem hochfährt.

Kein Passwort. Ich und Fabio sehen kurz die Dokumente durch. Excel-Tabellen, Wirtschaftspläne, Unternehmensbilanzen ...

In einem Ordner finden wir das Bild von einem Typen mit Jackett und Krawatte, offenbar ein Manager, der eine Hundeleine um den Hals trägt und seine eigene Notdurft verzehrt.

»Das geschieht ihm recht, dass er beklaut wurde!«

»Ja? Dann müsst ihr mir noch ein Bier ausgeben«, lacht Sciamanna.

»Klar, und wo wir schon dabei sind, vielleicht kommen wir noch mit etwas anderem ins Geschäft.«

»Tatsächlich?«

Als wir wieder mit vollen Gläsern in der Brauerei sitzen, lässt unser Freund sich nicht die Chance entgehen, noch mehr zu verdienen.

»Was brauchst du noch, Enrico?«

»Für dich ist das ein Kinderspiel ...«

»Lass die Schmeicheleien.«

»Ich will offen sein: Was wäre, wenn ich mithören wollte, was die Bullen über den Polizeifunk so alles reden?«

»Dann wärst du kriminell.«

»Und wenn ich es trotzdem wollte?«

Er deutet ein Lächeln an.

»Dann bräuchtest du ein bestimmtes Funkgerät.«

»Gut.«

»Perfekt.«

»Willst du mir also helfen, die Gespräche der Bullen mitanzuhören oder nicht?«

Sciamanna lässt sich von mir noch ein Ligera ausgeben und sagt dann: »Das hängt davon ab, wie viel du bereit bist zu zahlen. Da musst du schon etwas mehr auspacken als bisher.«

...

Zwei *Panzerotti* bei Luini, eine Mailänder Spezialität, die an den *Panettone* heranreicht.

»Pure Begierde.«

Nach einer Woche auf ägyptischen Toiletten fühlt sich Sebastiani in Mailand wie im kulinarischen Paradies. Und *Panzerotti* gehören zu den Köstlichkeiten, für die man gerne mal eine Weile ansteht.

Vor nicht einmal zwei Stunden ist er aus dem Flieger gestiegen, hat die Koffer zu Hause abgestellt, um gleich wieder loszugehen. Sein erstes Ziel ist diese Bottega im Zentrum von Mailand, ganz in der Nähe des Doms, in der er endlich seinen Hunger stillen kann.

Nach dem Essen beschließt er, einen Spaziergang zu machen.

Die Vorstellung, allein zu Hause zu sitzen, deprimiert ihn. Der Abend ist frisch, aber nicht eisig, und ein paar Schritte klären die Gedanken. Also geht er über die Via Torino bis zur Piazza Vetra und dann weiter den Corso di Porta Ticinese entlang. Er hat ein bestimmtes Lokal im Sinn, eine Bar, die in den Siebzigern bekannt war: das Rattazzo. Hinter dem Tresen steht immer noch der alte Eigentümer, es gibt köstliche Panini und ein Bier zum fairen Preis. Sowie Shots mit Rum und Birne.

Als er sich mit einem frisch gezapften Bier in der Hand draußen niederlässt, hätte er fast Lust, sich die Zigarre zwischen den Lippen anzuzünden, während sein Blick durch den Park streift, der neben dem Lokal anfängt.

Für den Vice Questore ist dies der entspannteste Abend seit langem. Morgen muss er wieder arbeiten. Er ist neugierig, was sich im Fall Sommese ergeben hat und ob er sich, vielleicht wie der Polizeipräsident, mit Bellantuono als dem Alleinschuldigen zufriedengeben muss. Während er noch darüber nachdenkt, nähert sich ihm eine blonde junge Frau mit zwei geflochtenen Zöpfen und schelmischem Lächeln.

»Ciao.«

»Ciao. Du weißt schon, dass ich dein Vater sein könnte, oder?«

»Bist du immer so direkt?«

»Ich bin Realist.«

»Die Antwort lautet im Übrigen ja: Du könntest tatsächlich mein Alter sein. Und gerade das gefällt mir an dir.«

»Zieh Leine.«

»Kann ich nicht.«

»Ach nein?«

»Nein, ich habe nämlich mit meinen Freundinnen dahinten gewettet, dass ich heute mit dir nach Hause gehe.«

»Ist das wahr? Und wie kommst du darauf, dass du die Wette gewinnen könntest?«

»Deshalb.«

Das Mädchen zeigt ihm die Piercings an ihrer Zunge und lüftet dann ihr T-Shirt über der perfekten Figur, um den Bauchnabelring zu präsentieren.

»Und das dritte zeige ich dir, wenn ich nackt bin. Aus nächster Nähe.«

»Bist du überhaupt schon volljährig?«

»Warum, bist du Bulle?«

»Ja.«

»Oh, dann können wir es ja mit Handschellen machen, wenn du willst. Und mit dem Schlagstock.«

»Ich bin nicht so ein Bulle.«

Das Mädchen legt den Kopf schief wie ein Kätzchen. Ihre Freundinnen kichern.

»Also, Bulle, was sollen wir machen?«

»Zeig mir deinen Personalausweis.«

Das Mädchen zieht eine Schnute.

»Ist das dein Ernst?«

»Ja, Schätzchen. Ich erwäge nämlich ernsthaft deinen Vorschlag, will aber hinterher auf keinen Fall feststellen müssen, dass du erst siebzehn bist, wie es einer Menge Idioten passiert, wie ich aus Erfahrung weiß. Oder gar sechzehn.«

Sie sieht ihn zögernd an. Sie weiß nicht, ob sie gehorchen oder ihm das Bier über den Kopf kippen soll.

Sebastiani hingegen scheint allmählich Spaß an der Sache zu finden.

»Was ist jetzt? Oder hast du Angst, dass ich im Präsidium

anrufe und mich nach deinen Vorstrafen erkundige? Keine Sorge, ich werde mir nur dein Geburtsdatum anschauen.«

»Versprochen?«

»Ich bin Angestellter im öffentlichen Dienst. Ich darf eine Staatsbürgerin nicht anlügen.«

»Und wer sagt mir, dass du nicht irgendein Perverser bist?«

»Du hast mich angegraben.«

»Ich habe was?«

»Okay, Süße, ich mache dir einen Vorschlag.«

Sebastiani setzt sein schönstes Lächeln auf. Das funktioniert immer. Zumindest bei Friseurinnen, Verkäuferinnen, Schaufensterdekorateurinnen und anderen Frauen, deren Namen auf y enden.

»Ich höre.«

Die Blondine klingt ein bisschen zögerlich.

Die Zigarre im Mund des stellvertretenden Polizeichefs dreht eine komplette Runde, bevor er weiterspricht.

»Tja, schau her. Das in meiner Hand hier ist mein Dienstausweis. Du holst deinen Perso aus dem hübschen Handtäschchen, und wir tauschen. Was hältst du davon?«

»Voll die blöde Art, sich vorzustellen.«

Loris lacht.

»Das stimmt. Aber es ist die einzige Art und Weise, um dein drittes Piercing zu sehen. Wenn du nicht mindestens achtzehn bist, war das ganze Theater umsonst ...«

Das Mädchengrüppchen ein paar Meter entfernt starrt sie an wie seltene Tiere im Safaripark.

Die Blondine wirkt unentschlossen und neugierig zugleich. Und schlägt am Ende ein. Sie reicht Sebastiani ihren Personalausweis und nimmt ihm gleichzeitig die Dienstkarte aus der Hand.

»Wow, du bist ja echt Polizist. Sogar Vice Questore.«

»Und du bist wirklich volljährig. Neunzehn. Ganz schön jung ...«

»Findest du, Loris?«, fragt sie mit einem Augenaufschlag. »Dein Name gefällt mir.«

»Ich finde, Susanna, ich sollte dir den Hintern versohlen.«

»Oh, das wäre schön. Das kannst du gerne machen ... Aber nenn mich Susy.«

»Susy?«

»Ja, und was willst du noch tun, außer mir den Hinter versohlen?«

Das Mädchen ist in Fahrt. Sie trinkt das Bier des Polizeibeamten und stützt sich mit beiden Händen auf seine Brust. Schwarz lackierte Fingernägel.

»Das weiß ich noch nicht.«

»Oh, du bist noch unentschlossen? Ich mag es hart, weißt du?!«

»Wer hätte das gedacht ...«

»Ist aber so. Du kannst mich auch fesseln. Und peitschen, wenn du willst. Das ist doch keine Straftat, wenn es im gegenseitigen Einvernehmen stattfindet, oder, mein schöner Polizist?«

Aber Sebastiani hört nicht mehr zu. Eines der Worte hat etwas in ihm ausgelöst, als wäre plötzlich ein Licht angegangen: Er sieht wieder den gemarterten Rücken des alten Anwalts vor sich.

»Aber klar doch!«, ruft er aus. »Das Bild ist eine Peitsche mit drei Schwänzen!«

»Himmel, bist du versaut! Das gefällt mir!«

Loris Gedanken drehen sich immer weiter.

»Der alte Anwalt ließ sich gerne auspeitschen. Von einer Frau.

Von einem Mann. Vielleicht von beiden! Und er wollte, dass wir das wissen, denn darin liegt der Schlüssel zum Geheimnis!«

Schade nur, dass er jetzt mit dieser Erkenntnis überhaupt nichts anfangen kann. Der Mörder hat gestanden, der Anwalt ist begraben und für Polizeipräsident und Staatsanwalt ist der Fall erledigt.

Nicht so für Sebastiani. Aber darüber wird er weiter nachdenken, nachdem er dieser kleinen Blondine ordentlich den Hintern versohlt hat.

...

Mittwochnachmittag, vier Uhr: Es ist so weit. Eine SMS in Ehren kann niemand verwehren, nicht wahr?

Die junge Frau sieht das anders und ruft mich nicht mal eine Sekunde später zurück.

»Hallo, hier ist Marina. Bist du vielleicht einer von denen, die Frauen mit SMS abfertigen, statt anzurufen?«

Genau, so hieß das Mädchen mit den Joints!

»Ich? Aber nein, Marina, überhaupt nicht.«

Klar bin ich so einer, der Frauen mit SMS abfertigt.

»Du hast ganz schön lange gebraucht, um dich zu melden.«

Darauf fällt mir keine Antwort ein. So lange auch wieder nicht. Sind zwölf Tage etwa lang? Ich halte das für eine absolut vernünftige Zeitspanne. Man will ja auch nicht als notgeil erscheinen. Man muss zu verstehen geben, dass man interessiert ist, aber auch noch andere Dinge im Kopf hat. Dass man beschäftigt ist, viel zu tun hat. Und nicht verzweifelt aus dem letzten Loch pfeift.

»Wolltest du mich fragen, ob wir zusammen ausgehen?«

»Genau.«

»Könntest du vielleicht ein bisschen mehr reden, sonst wird das nichts mit uns ...«

»Einverstanden. Marina, hättest du Lust, heute Abend mit mir auszugehen?«

»Heute Abend?«

»Äh, ja, oder morgen. Oder wann du kannst.«

Ich komme mir so bescheuert vor!

»Heute Abend ist gut. Was wolltest du denn machen?«

Tja, was wollte ich machen? Darüber habe ich noch gar nicht nachgedacht.

Erster Schritt: die SMS.

Zweiter Schritt: abwarten, was passiert.

Und jetzt hat ihr Anruf meine ganze schöne Strategie über den Haufen geworfen ...

Marina ist nicht gerade der geduldige Typ. Im Gegenteil, sie regt sich sofort auf: »Darüber hattest du noch gar nicht nachgedacht? Na schön, wenn du nichts dagegen hast, hätte ich einen Vorschlag ...«

Natürlich habe ich nichts dagegen, egal was kommt.

Wovon ich jetzt allerdings wesentlich weniger überzeugt bin, da wir das Splendor verlassen, ein altes Studentenkino in der Via Gran Sasso.

Marina redet ohne Punkt und Komma. Aufgeregt, ganz in ihrer Rolle als engagierte Politikwissenschaftsstudentin. Ich hätte mir auch gerne *Ice Age* oder *Minority Report* angesehen, aber sie wollte unbedingt in so einen Intellektuellenfilm. Also musste ich mir den Dokumentarfilm von Michael Moore reinziehen, von dem alle seit Monaten reden. Großteils im Original, denn es war eine Vorvorführung, die parallel zum Filmstart in den Staaten lief. Schon nach zwanzig Minuten hätte ich den Film liebend gern gegen einen Leistenbruch ausgetauscht, aber ich habe durchgehalten. Was gut war, denn sie ist völlig begeistert.

»Das muss man sich mal vorstellen. Die hatten tatsächlich das Fach Bowlen in der Schule!«

Ich nicke ernst. Ich habe große Lust auf ein Pint, aber ich kann sie nicht in die Bierbrauerei oder ins Matricola mitnehmen: Das sind keine passenden Lokale für sie. Für sie braucht es ein bisschen Klasse, muss gleichzeitig pseudointellektuell sein und keinesfalls versnobt. Kurz gesagt, nicht einfach.

Etwas Gutes scheint die Sache aber dann doch zu haben: Das Kino befindet sich quasi gegenüber meiner Einzimmerwohnung auf der Piazza Piola. Ich stelle mir schon vor, wie ich sie mit nach oben nehme und Fabio aus der Wohnung jage. Ich würde meinem Mitbewohner sogar die Nacht im Hotel bezahlen. Doch dazu kommt es nicht. Das Mädchen hat keinerlei Absicht, mit zu mir zu gehen.

»Soll unser Abend schon zu Ende sein? Du willst doch jetzt nicht etwa schlafen gehen?«

»Aber nein, wo denkst du hin. Ich wollte dir gerade einen Ort zeigen, der dich überraschen wird.«

»Schwöre es.«

»Aber ja, vorausgesetzt, du hast keine Angst, dich hinter mich auf die *Giallo* zu setzen.«

»Die *Giallo*?«

»Die da«, sage ich und zeige stolz auf meine gelbe Vespa, die mit einer dicken Kette an einer Mülltonne angeschlossen ist.

Marina lächelt.

»Hast du auch einen Helm für mich?«

»Ja, der ist von meinem Mitbewohner, aber er könnte dir passen.«

...

Eine schmale Wendeltreppe aus Holz, die sich zwischen Betonwänden ins Erdinnere windet, so eng, dass man kaum durchpasst. Dann plötzlich steht man vor den Toiletten. Vielleicht sollen die Stufen die ganzen Tussen auf hohen Stöckelschuhen abschrecken, damit sie sich nicht mit irgendeinem frisch ergatterten Galan dorthin zurückziehen. Was ziemlich unanständig wäre. Die steile Treppe ist jedenfalls eine Herausforderung. Sie ist die Hinterlassenschaft des Mailands der Achtziger in einem Lokal, das quasi meinen Namen trägt: Radetzky. Ich dachte, es wäre lustig, Marina hierherzuführen.

Als ich wieder hochkomme, lächelt sie mir von einem Tisch aus zu, an dem sie an einem Mojito nippt, der hier so teuer ist wie zwei Tankfüllungen meiner Vespa.

Sie redet weiter, als wäre ich nicht weg gewesen.

»Du bist also Blogger?«

»Eigentlich nicht, ich bin Journalist.«

»Aber du arbeitest für niemanden ...«

»Na ja, im Moment nicht. Ich bin Freelancer, der im weichen, trüben Bauch der Stadt wühlt ...«

»Das hast du dir nicht gerade eben erst ausgedacht, sei ehrlich.«

»Klingt zu sehr nach *Die drei Tage des Condor*, stimmt's?«

»Auf jeden Fall.«

»Entschuldige. Aber es frustriert mich zu sagen, dass ich nicht einmal den Hauch eines Jobs finde.«

Marina lacht.

»Ich habe was zu rauchen. Lust?«

»Na ja, klar. Aber nicht hier.«

Sie lacht wieder.

»Natürlich nicht. Aber jetzt mal ehrlich, du wusstest es, nicht wahr?«

Himmel, sie ist verlobt, verheiratet, lesbisch?

»Was denn?«

»Das ich hier drüber wohne.«

Dieses Mal bin ich derjenige, der lächelt.

»Ich schwöre dir, ich hatte keine Ahnung.«

»Du bist ein wirklich schlechter Lügner, Enrico.«

Sie lächelt mich zum dritten Mal an. Schmachtend.

»Ich glaube, es war Schicksal, dass ich einen wie dich kennenlerne: einen Typen, der genauso heißt wie die Bar, über der ich wohne ...«

»Ja? Soll das heißen, du wohnst wirklich hier drüber?«

»Wirklich. Und sag mal, Enrico, hättest du Lust, mit hochzukommen auf einen letzten Drink und einen Joint?«

Ich mag es, wenn der pikante Akt der Unzucht hinter Euphemismen versteckt wird. Noch dazu hinter so vielen. Zumindest hoffe ich das: Oder will sie am Ende wirklich nur kiffen?

9

Die vorherrschende Farbe ist Grau. Der Himmel über seinem Kopf so grau wie der Asphalt unter seinen Füßen. Auch sein Anzug ist mausgrau, ebenso wie seine Laune. Der einzige Farbtupfer, wenn man das so nennen kann, ist die erloschene Zigarre zwischen seinen Lippen.

»Guten Morgen, Dottore, wie war der Urlaub?«

Mascaranti lächelt freundlich. Man kann ihn einfach nicht schlecht behandeln.

»Gut, danke. Ist Lonigro schon da?«

»*Sissignore.*«

»Kannst du ihm sagen, dass ich ihn hier erwarte, sobald er kann?«

Der Ispettore nickt und verschwindet im Flur.

Während er auf Lonigro wartet, richtet Sebastiani sich wieder in seinem Büro ein. Ein paar neue Fälle, ein bisschen was zu unterschreiben, aber vor allem ein Computer mit sämtlichen ungelesenen E-Mails, die während seiner Zeit am Roten Meer eingegangen sind. Er druckt das Phantombild der Gottesanbeterin aus und hängt es an den Metallschrank hinter sich, wie man es früher mit Wanted-Plakaten im Wilden Westen machte.

Als Vincenzo Lonigro das Büro betritt, hat sein Vorgesetzter den Tesafilm noch in der Hand.

»Schön, oder?«

»Sehr schön. Jetzt kriegen wir sie, nicht wahr?«

»Wahrscheinlich. Die alte Geschichte vom Pferd, das von hinten aufgezäumt wird ...«

Die zwei Polizisten schütteln sich die Hand.

»Dann müssen wir nach diesem hübschen Gesichtchen suchen?«

»Das wird kein Kinderspiel, in einer Millionenstadt eine Frau zu finden, die auf der Suche nach sexwilligen Zwanzigjährigen ist.«

»Tja, versuchen müssen wir es. Wir machen uns einen Plan mit den Orten, wo unsere Vermissten zuletzt gesehen wurden. Vielleicht sind das dann unsere Jagdgründe.«

»Daran habe ich auch schon gedacht: Sie hat sie immer in anderen Lokalen aufgerissen.«

»Eine andere Ermittlungsspur gibt es aber nicht.«

»Einverstanden. Wollten Sie mich wegen der verschwundenen Männer sprechen?«

Die Zigarre des Vice Questore dreht eine halbe Runde.

»Eigentlich nicht. Gestern Abend hatte ich so etwas wie eine Eingebung.«

Bei diesen Worten hat Sebastiani plötzlich wieder die nackte Susy vor Augen, mit ihrem gut sichtbaren dritten Piercing, wie sie auf seinem Bett kauert und mit dem Gürtel geschlagen werden will. Er hat der Versuchung widerstanden, er mag solche Praktiken nicht. Er hatte sich auf das klassische Repertoire beschränkt. Wahrscheinlich zählt das Mädchen ihn nun zum alten Eisen, was er angesichts ihrer neunzehn Jahre ja auch tatsächlich ist ...

»Was für eine Eingebung?«

»Erinnerst du dich noch an die Wunden auf Avvocato Sommeses Rücken, von denen in Dottor Ambrosios Obduktionsbefund die Rede war?«

»Ja. Und?«

»Was, wenn der Alte Vergnügen daran hatte, sich auspeitschen zu lassen? Vielleicht von einem Liebhaber, egal ob Mann oder Frau?«

»Sie glauben also, es handelt sich um ein Verbrechen aus Leidenschaft? Bellantuonos Auftraggeber war ein ehemaliger Liebhaber?«

»Ich formuliere nur eine Hypothese. Fakt ist jedenfalls, dass er ausgepeitscht wurde. Und der Anwalt wollte es uns wissen lassen, weil das der Schlüssel zu dem Geheimnis ist!«

Sebastiani nimmt einen roten Stift und malt das Symbol auf einen Zettel.

»In meinen Augen ist das eine Peitsche, wie man sie in Sexshops kaufen kann oder wie sie in Sadomaso-Clubs verwendet wird.«

Lonigro nickt skeptisch.

»Und da du dich mit der Technik und dem ganzen Teufelszeugs auskennst, möchte ich, dass du im Netz nach diesem Symbol recherchierst.«

»In Ordnung.«

»Und schick Mascaranti ins Archiv, die Akten von Denis Fabbris und Guglielmo Branca holen.«

»Wer ist das?«

»Der Kardiologe und der Bankdirektor, die letztes Jahr ums Leben kamen.«

»Sind die Verfahren nicht eingestellt?«

»Doch. Aber ich will wissen, ob sie auch irgendwelche Zeichen auf dem Rücken hatten.«

»Zu welchem Zweck?«

Die Zigarre in Sebastianis Mund ist nur noch Kautabak.

»Ich möchte den Polizeipräsidenten bitten, die Leichen der beiden Herren zu exhumieren, besser gesagt den von Fabbris, denn Branca wurde eingeäschert. Ich bin immer noch überzeugt davon, dass sie unter zwielichtigen Umständen ums Leben kamen, aber mir fehlt es an Fakten. Ich habe nur Hirngespinste, und damit kann ich niemanden festnehmen.

...

Nun bin ich Teil der Imperialen Streitkräfte. Und da meine Unterweisung als Jedi-Nerd schon weit fortgeschritten ist, habe ich beschlossen, heute Abend feiern zu gehen.

Nicht nur, dass ich mir das Kochen spare, Fabio und ich werden uns einen echten Mailänder Klassiker gönnen: den Aperitif mit Buffet.

Nach einigen Anlaufschwierigkeiten – beispielsweise in Lokalen, wo man sich nicht bis zum Erbrechen den Bauch vollschlagen kann – haben wir bei der Porta Romana einen Ort gefunden, der unseren Notwendigkeiten entspricht: Völlerei zum fairen Preis.

Wir fahren mit der U-Bahn, auf dem Rücken trägt jeder einen Rucksack mit vier Plastikdosen, nur für den Zweck, das Beste vom Buffet einzupacken. Unsere Technik, die wir mit der Zeit perfektioniert haben, ist folgende: sich den Teller mit einer doppelten Portion volladen, von Pasta oder Ragout oder Kartoffeln oder was es gerade gibt, und am Tisch dann die Hälfte direkt in eine Dose zu füllen, sodass die Verpflegung auch am nächsten oder gar übernächsten Tag gesichert ist. Wir kennen keine Scham.

Nachdem wir Platz genommen und die vier Dosen gefüllt haben, können Fabio und ich uns endlich entspannen und unser einziges Getränk genießen, das wir uns sorgfältig einteilen. Sicherheitshalber haben wir zwei Flaschen Wasser im Rucksack, um unseren Durst zu löschen, sobald wir wieder draußen sind. Wenn die Betreiber das wüssten, würden sie uns im hohen Bogen vor die Tür werfen.

»Und, war ein voller Erfolg neulich abends?«, wirft Fabio fast beiläufig in den Raum, während er auf einer mit Fleischpaste gefüllten Olive kaut.

»Bitte?«

Das ist ein Fake, klar. So leicht packe ich nicht aus …

»Als du nachts nicht nach Hause gekommen bist …«

»Ach so, Mama, stimmt, nächstes Mal sage ich Bescheid.«

Er grinst. Er hebt sein Glas und stößt mit mir an. Ich nicke.

»Gut«, sagt Fabio dann. »Jetzt, wo wir auf deine Rückkehr zum Sex nach jahrzehntelanger Abstinenz getrunken haben, muss ich dir etwas mitteilen.«

»Ist dir dasselbe passiert?«

»Von wegen.«

»Das wäre tatsächlich ein bisschen viel. Wegen des Gesetzes der großen Zahlen, meine ich.«

»Bist du fertig?«

»Ja. Sag mir alles.«

»Die Sache ist ernst. In weniger als einem Monat müssen wir ausziehen, weißt du noch? Befristeter Mietvertrag. Es wird Zeit, eine neue Wohnung zu suchen, meinst du nicht?«

Dieser Monat in Mailand ist im wahrsten Sinne des Wortes wie im Fluge vergangen. Vier Wochen, in denen ich von der Euphorie ins Unglück gestürzt bin, um schließlich eine relative Gelassenheit zu finden.

»Hast du schon eine Idee?«

»Nein, aber ein Freund von mir arbeitet in der Immobilienbranche.«

»Jetzt sag bloß nicht ...«

»Doch, genau das sage ich: Sciamanna.«

...

Der Park in der Via Palestro ist nur zehn Minuten vom Polizeipräsidium entfernt, und an schönen Tagen dreht Sebastiani in der Mittagspause hier eine Runde. Er isst nicht so gerne in der Bar. Er hasst Panini und fastet lieber den Tag über, um sich dann Abends die doppelte Portion einzuverleiben.

Heute hat er ohnehin keinen Appetit, wie schon seit einigen Tagen. Zum Glück stellt Maria ihm Abend für Abend etwas in den Kühlschrank, sodass er nicht verhungert.

Die Ermittlungen sind an einem toten Punkt angelangt.

Vor knapp einer Stunde die jüngste Enttäuschung.

»Die Unterlagen aus dem Archiv sind endlich da, die von den beiden Alten«, hatte Lonigro gesagt und ihm zwei Akten gereicht.

»Irgendetwas von Interesse?«

»Nichts. Nur dass beides Herzinfarkte waren.«

»Ungewöhnliche Male auf den Leichen?«

»Wissen wir nicht ohne Autopsie.«

Bei diesen Worten hatte die erste Zigarre des Tages dran glauben müssen.

»Konntest du im Netz etwas über das Symbol finden?«

»Noch nicht. Aber ich gebe nicht auf.«

»Gut.«

»Was machen wir jetzt?«

»Wir könnten zu den Typen gehen, die die Leichenwaschung vorgenommen haben, um herauszufinden, ob sie irgendwelche Male bemerkt haben ...«

»Das ist ein Witz, oder?«

Sebastiani hatte zwei Sekunden gezögert, bevor er antwortete.

»Warum? Schick Mascaranti los, oder geh besser selbst mit, damit er nichts Falsches fragt.«

Ispettore Lonigro hatte sich geräuspert wie immer, wenn ihm etwas nicht passte.

»Irgendein Problem?«

»Also, Dottore, die Fälle sind abgeschlossen. Wenn es darum geht, ein paar Akten aus dem Archiv heraufzuholen, ist das ja okay, aber herumlaufen und Fragen stellen ...«

»Okay, ich habe verstanden. Du hast recht, wir lassen es. Ich kann euch nicht in meine Obsessionen hineinziehen. Ihr kümmert euch lieber weiter um die vermissten jungen Männer. Apropos, gibt es da etwas Neues?«

»Nein. Die drei Männer sind wie vom Erdboden verschluckt. Ihre Handys sind abgeschaltet, die Kreditkarten unbenutzt, und niemand hat sie mehr gesehen.«

»Sie sind tot.«

»Scheint so. Aber es gibt ein Indiz. Oder eher einen Zufall. Das habe ich gerade von den Telefongesellschaften von Davide Mari, Ivan Gasparini und Giorgio Conti mitgeteilt bekommen.«

»Was?«

»Alle drei wurden abgeschaltet, als sie gerade in derselben Funkzelle hingen.«

»Langsam, Einstein. Was ist eine Zelle?«

Der Chefinspektor holte tief Luft, bevor er weitersprach. Die Ignoranz seines Vorgesetzten in Sachen Technik erstaunte ihn immer wieder.

»Mobiltelefone sind deshalb mobil, weil sie eine Art Mini-Empfangsgerät darstellen, das sich über Stationen mit dem Telefonnetz verbinden kann, die aus mehreren Zellen bestehen. Jede Zelle hat ihren Aktionsradius, der mehrere hundert Meter bis dreißig Kilometer betragen kann.«

»Wenn ich das also richtig verstehe, willst du mir sagen, dass unsere Vermissten ihre Handys alle in einer bestimmten Zone der Stadt abgeschaltet haben, beziehungsweise dazu gezwungen wurden.«

»Genau.«

»Die wie groß ist?«

»So groß wie ein Stadtviertel, das Viertel Corvetto nämlich.«

Sebastiani schiebt sich die dritte Zigarre des Tages zwischen die Lippen.

Im Park gibt es scharenweise Jogger, ein paar Hundeherrchen, Großeltern mit ihren Enkeln, einige Mütter, die einen Kinderwagen vor sich herschieben, und Sebastiani selbst auf seiner Bank am See.

Beim Anblick des spiegelnden Wassers muss er an die letzten Fetzen der Unterhaltung mit Lonigro denken.

»Wenn wir in einem trüben Teich nach einer *femme fatale* fischen müssen, sollten wir mehr tun, als einen Köder auszuwerfen. Jetzt wissen wir immerhin, dass der Teich das Viertel Corvetto umfasst, was es um einiges leichter machen dürfte.«

Lonigro hatte sich wieder geräuspert, um dann zu erwidern:

»Sagen wir mal, wir haben das Angelrevier eingegrenzt. Vorher war es der Ozean, jetzt ist es ein See ...«

»Was meinst du damit?«

»Es stimmt, dass wir nicht mehr ganz Mailand absuchen müssen mit seinen mehr als eine Million Einwohnern, sondern ein sehr bevölkerungsreiches Stadtviertel.«

»Wie bevölkerungsreich?«

»Hunderttausend.«

»Du hast recht, das ist kein Teich. Und auch kein See: Das ist ein Meer. Und wir haben nicht mal einen Köder.«

10

Paolo Molinari ist ein absolutes Genie. Ohne Witz. Und er ist unser neuer Mitbewohner.

Das mag verrückt klingen, ist aber tatsächlich alles in den letzten achtundvierzig Stunden geschehen.

Es gibt nur einen Menschen, der alles für dich findet, und zwar sofort: Antonio Sciamanna.

Wir kamen als Bittsteller zu ihm und sitzen nun im Tausch für eine großzügige Provision in dieser geräumigen Dreizimmerwohnung mit geringer, um nicht zu sagen lächerlicher Miete, da Sciamanna mit dem Eigentümer befreundet ist. Und da die Wohnung gerade frei war, sind wir sofort umgezogen und haben unser Einzimmerapartment an der Piazza Piola früher als geplant aufgegeben: Ich habe endlich mein eigenes Zimmer!

Der Haken an der Sache war so sicher wie die Läuse bei den Dreadlocks. Bei unserer Besichtigung um die Mittagszeit hatte noch alles normal gewirkt, ein anständiges Mehrfamilienhaus aus den Siebzigerjahren, fast nostalgisch mit seinem etwas abgeranzten, altmodischen Innenhof. Nur dass aus diesem Betonquadrat am Abend eine Art arabischer Suk wird, wo man sein Leben riskiert, wenn man die Nase hineinsteckt.

Das Gute daran ist, dass ich nun jederzeit problemlos an

Haschisch komme. Ich muss nur vor die Tür treten, dann finde ich sofort jemanden, der mir was verkauft. Mit dem Segen meines Dealers von der Piazza Vetra.

Als wir uns über die Fauna des Ortes beschwerten, hatte Sciamanna uns zu beschwichtigen versucht, denn er weiß genau, dass unzufriedene Kunden eine schlechte Werbung sind, indem er uns einige Extrawünsche erfüllte. Zum Beispiel meinen, stolzer Besitzer eines Funkgeräts zu werden, das Tag und Nacht auf den Frequenzen des Polizeifunks läuft, und zwar zu einem stark subventionierten Preis.

»Bitte schön«, hatte er triumphierend gesagt und es eingeschaltet. »Jetzt kannst du vierundzwanzig Stunden am Tag den Bullen lauschen. Totaler Wahnsinn, was? Aber mal ohne Witz: wenn sie mich festnehmen wollen, sag mir Bescheid.«

Begleitet wurde das Ganze von einem rauen, dunklen Gelächter, das in einen harten Husten überging, der selbst einem Schwindsüchtigen Angst gemacht hätte.

Fabio hingegen hatte er zur Beruhigung einen Deal vorgeschlagen, den er nicht ablehnen konnte, da wir damit allein die Miete, alle Rechnungen und sogar den monatlichen Bierverbrauch bezahlen konnten. Sciamanna, der von unserem kleinen Trick erfahren hatte, gratis Satellitenfernsehen zu schauen – im Tausch gegen die üblichen Prozente –, hatte uns auf einen Schlag rund fünfzehn Neukunden verschafft. So verfügten innerhalb weniger Stunden sämtliche afrikanischen Einwanderer des Hauses und auch ein paar Alteingesessene über eine Parabolantenne und glotzen nun bis zum Erbrechen *Tele+*.

»Er hat uns verarscht, aber immerhin müssen wir uns eine Weile nicht ums Geldverdienen kümmern«, hatte ich gesagt, als er weg war. »Und wir haben drei Zimmer, es fehlt uns an nichts, oder?«

Fabio schüttelte den Kopf.

»Eins fehlt uns noch.«

»Nämlich?«

»Ein dritter Mitbewohner, um die Ausgaben zu teilen.«

»Was redest du da? Wir haben doch so schon genug Geld für die nächsten drei Monate.«

»Das ist aber nicht auf Dauer, Enrico. Wenn sie das System aktualisieren oder uns erwischen, stehen wir vor dem Nichts. Besser vorsorgen.«

»Einverstanden«, stimmte ich zu und klopfte aus Aberglaube schnell auf Holz, ohne dass er es sah. »Aber lass uns wenigstens einen Normalen suchen, okay?«

»Wie meinst du *normal*?«

»Niemanden aus deinem Studiengang.«

Er hatte in sich hineingelächelt. Und so kam es, dass einen Tag später, eine Stunde nachdem wir am Schwarzen Brett des Instituts für Wirtschaftswissenschaften der Staatlichen Universität einen Aushang gemacht hatten, Paolo Molinari auf unserer Matte stand.

...

Paolo Molinari ist ein aufgeweckter, eleganter Typ, der zudem noch Schotter hat: Er ist perfekt.

Die Redensart vom amerikanischen Traum, sich selbstständig zu machen und reich zu werden, könnte man hier umwandeln in den italienischen Traum, als reiches Vatersöhnchen geboren zu werden. Molinari wurde reich geboren und ist entgegen jeder Vorhersage kein Snob, im Gegenteil. Er ist voll in Ordnung, großzügig und hat viele hübsche Freundinnen. Eine Art Dandy mit riesigem Kleiderfundus, einnehmender Schlagfertigkeit und mäzenatenhafter Generosität.

Als er in seinen schönen Kleidern und perfekt gekämmt unsere Wohnung betrat, erhöhte Fabio instinktiv die Miete.

»Siebenhundert Euro für das größte Zimmer? Einverstanden. Ich mag das Viertel. Das Haus ist nichts Besonderes, aber mit euch zwei werde ich wohl klarkommen.«

Ich betete ihn an, sofort, und als er den Scheck mit drei Monatsmieten im Voraus über den Tisch schob, brach der Kalabrier fast in Tränen aus.

»Wann kann ich einziehen?«

»Wann immer du willst, Paolo, mein Heim ist dein Heim.«

»Dann lasse ich morgen meine Sachen bringen.«

Fabio hatte die Stirn in Falten gelegt.

»Was soll das heißen, bitte schön, du lässt deine Sachen bringen? Wie viele Sachen hast du denn?«

»Na ja, vor allem Technikkram, einen 50-Zoll-Fernseher, Dolby Surround, die PlayStation mit rund sechzig Spielen, einen DVD-Player, die Mikrowelle ...«

»Das reicht, Paolo«, hatte ich ihn unterbrochen. »Wir lieben dich eh schon.«

Und wir waren alle drei in Gelächter ausgebrochen.

»Wir haben Satellitenfernsehen«, sagte ich.

»Großartig. Dann kann ich mir alle Auswärtsspiele von Inter Mailand anschauen. Wenn sie zu Hause spielen, tja, dann ins Stadion oder gar nicht, stimmt's?«

»Amen!«

Seitdem herrschen paradiesische Zustände. Ernsthaft: Seit Paolo eingezogen ist, sind wir wie drei hormongesteuerte Teenager, die zum ersten Mal einen Puff besuchen. Okay, der Vergleich ist vielleicht nicht ganz treffend, aber auf jeden Fall haben wir jede Menge Spaß.

Die PlayStation füllt unsere Nächte, ganz abgesehen davon, dass Paolos Computer das neuste Modell ist, das der Markt zu bieten hat, ein hübsches Spielzeug, bei dessen Anblick Fabios Augen zu glitzern beginnen und er mit den Händen ehrfürchtig darüberfährt.

»Du kannst ihn ruhig benutzen, wenn du willst, ich brauche ihn selten«, hat ihm Paolo gesagt, und der Kalabrier hätte ihn am liebsten abgeknutscht.

Ansonsten sehen wir außer den Fußballspielen auch sonst viel fern, vor allem zwei Shows.

Täglich um 19:45 Uhr versammeln wir uns in Molinaris Zimmer vor dem Riesenbildschirm mit Subwoofer – was immer das ist –, auf dem wir aus vollen Zügen unsere liebste Musikshow genießen: *Sarabanda*. Sie kommt immer werktags, und das Spiel besteht darin, an den ersten Tönen das Lied zu erkennen. Wir lieben das wie die Idioten, und Fabio denkt ernsthaft darüber nach, sich als Kandidat zu bewerben, weil er einfach der beste von uns dreien ist.

»Du musst da mitmachen! Wenn du dich schämst, zieh eine Maske auf«, hatte ihm Paolo vorgeschlagen. »Was weiß ich: als *Uomo Gatto* oder *Mr. Spock* oder *Darth Vader*.«

Ein zweites Mal versammeln wir uns vor dem Fernseher zu späterer Stunde, um die *Maurizio Costanzo Show* zu sehen, auch wenn Paolo dann meist mit einer Freundin unterwegs ist oder zum Abendessen oder einem Fest eingeladen ist. Anders als wir Couch-Potatoes.

Vorgestern Abend kam er spät nach Hause, als wir auf seinem

Bett lagen und gerade mitverfolgen wollten, wie ein bekannter Kunstkritiker einen armen Journalisten fertigmachte, dem er unterstellte, »dumm wie eine Ziege« zu sein.

»Entschuldigt, Jungs, aber ich bräuchte mein Zimmer.«

Er lächelte verschmitzt, um sich dann – nachdem wir in Schlafanzügen und mit wirren Haaren aus seinem Zimmer getrottet waren – mit zwei Mädchen zurückzuziehen, die anschließend monatelang durch Fabios und meine erotischen Träume geisterten.

Nach zehn Minuten hörte man trotz der Hintergrundmusik, die er angemacht hatte, leises Schreien und Stöhnen.

»Der Molinari ...«

»Meinst du mein neues Vorbild?«, seufzte Fabio.

»Der braucht sicher keine Unterstützung durch unsere Operation Fede ...«

...

Gestern hat Marina zweimal angerufen – wie jeden Tag in den letzten zwei Wochen –, doch ich bin nicht drangegangen. Zwischen Umzug, Nerd-Unterricht und den neuen Aktivitäten mit Molinari, tja, da bleibt mir einfach keine Zeit für sie. Außerdem habe ich nicht die geringste Lust auf noch so einen Intellektuellen-Film, vielleicht noch mit anschließendem veganen Essen (in einem intimen Moment hat sie mir gebeichtet, dass sie eigentlich fast nichts von dem isst, was ich in den letzten zwei Monaten gekocht habe). Auch weil das Finale bei ihr nur so lange gut war, bis wir zum eigentlichen Punkt kamen ...

Heute haben wir volles Programm. Dafür hat Paolo gesorgt.

»Diesen Sonntag werdet ihr nie vergessen.«

Ich und Fabio haben uns angesehen. Unsere Idealvorstellung vom Tag des Herrn besteht aus Pyjama, Pizza, Seriengucken, Computer und Fußball. Ende. Molinari hingegen wollte, dass wir uns waschen und anziehen, und so sitzen wir jetzt herausgeputzt in einem Taxi. Mein erstes Taxi, seit ich in Mailand bin, aber das Taxameter ist mir heute egal: Molinari zahlt, wie immer.

»Ihr wart schon mal bei einem Brunch, oder?«

»Machst du Witze?«

»Ja, entschuldigt: Das sieht man euch an, dass ihr das kennt.«

Klar doch. Ich weiß nicht einmal, was ein Brunch ist, wie soll ich dann bei einem gewesen sein. Wir kommen aus der Poebene und aus dem Aspromonte, wir können so ein Wort überhaupt nicht aussprechen. Fabio wirft mir einen fragenden Blick zu, und ich bedeute ihm, dass alles in Ordnung ist. Schlimmer als die Mordopfer, die ich als Reporter gesehen habe, kann es nicht sein, oder?

Zehn Minuten später stellen wir fest, dass ein Brunch etwas typisch Mailändisches ist, was uns noch besser gefällt als der Aperitif. Das Prinzip ist mehr oder weniger dasselbe, eine Art Frühstück um die Mittagszeit, bei dem man nicht nur Kaffee trinkt, sondern sich mit allen möglichen Sachen vollstopft: süß, salzig, warm oder kalt.

Bevor wir loslegen, stehen wir aber mit offenen Mündern vor dem Lokal. Es heißt *Atlantique*, und über dem Eingang – also ich meine auf dem Dach – prangt ein echter Flugzeugrumpf. Von einer 767. Was Nerds und Landeier wie uns natürlich ausflippen lässt. Aber auch Molinari, der aus Piacenza stammt und eigentlich auch ein Landei ist, wenn das für ihn eine geeignete Kategorie wäre.

Das Lokal ist riesig, endlos. Und voll mit Frauen.

»Gefällt es euch hier? Heute seid ihr meine Gäste«, verkündet Paolo.

»Was täten wir nur ohne dich?«, fragt Fabio mit glänzenden Augen.

»Ach, das will ich mir lieber gar nicht vorstellen«, lacht er.

Die nächsten zwei Stunden vergnügen wir uns. Fabio und ich stürmen das Buffet wie zwei Schiffbrüchige nach fünf Jahren auf offenem Meer. Wir trinken literweise Kaffee, den uns eine freundliche und ziemlich geile Kellnerin sofort nachgießt, wenn wir nur aufschauen, und probieren uns durch alle zwölf Torten durch, die auf dem Tisch stehen. Und am Ende, während Paolo zahlt, lasse ich eine rote Nescafé-Tasse mitgehen, die genauso aussieht wie die aus der Werbung: die wird sich in unserer Küche prächtig machen!

»Und was kommt jetzt?«, fragt Fabio, als wir wieder ins Taxi steigen.

»Tja«, erwidert Molinari und schaut auf seine Patek am rechten Handgelenk, »jetzt fahren wir nach Hause und schauen uns die Spiele an. Aber lasst ja euren Pyjama aus, heute Abend sind wir zu einem Fest eingeladen.«

Fabio umarmt ihn. Er wird nie zu solchen Events eingeladen. Das einzige Fest, das Nerds kennen, besteht darin, einen Computer auseinanderzuschrauben, um sein Inneres zu erkunden, und ihn dann wieder zusammenzusetzen. Spannend wie eine Enthaarung der Leistengegend.

»Jedenfalls kann man mal festhalten, dass es eine Zeit *vor* und eine Zeit *nach* Molinari gibt.«

Das denke ich, als wir herausgeputzt wie zwei Erstklässler bei der Einschulung in einem Apartment am Corso Buenos Aires auf einen langen, mit Kunstrasen ausgelegten Balkon treten. Die

Hälfte der Anwesenden raucht Gras, echtes. Und es gibt so viel Alkohol, dass jedes fallende Streichholz die Gefahr des Wohnungsbrandes birgt.

»Gefällt es euch?«, fragt Paolo.

»Weiß nicht«, meine ich mit einem Seitenblick auf eine Gruppe von leicht bekleideten, barfüßigen Mädchen. Sie lächeln und sehen ganz entspannt aus. »Vielleicht hätten wir lieber zu Hause bleiben und die Maurizio Costanzo Show gucken sollen.«

»Heute Abend kommt eh eine Wiederholung«, gibt Fabio zurück.

Ich und Paolo drehen uns zu ihm um.

»Ernsthaft?«

»War ein Witz, Jungs. Ganz so urzeitlich bin ich ja doch nicht.«

Eins der Barfuß-Mädchen hebt die Hand und winkt uns, näher zu kommen.

»Darf ich dir etwas beichten, Paolo?«

»Raus damit.«

»Auch wenn du wie ein Sambuca heißt und ich Sambuca hasse: Ich liebe dich!«

»Danke, Enrico. Aber bitte keine Küsse jetzt, okay? Das wäre ungünstig wegen der Mädchen da, die auf uns warten und alles andere als harmlose Absichten hegen.«

...

Die Sonne ist schon untergegangen, als Molinari in mein Zimmer gestürmt kommt und mich am Kragen packt.

»Wir gehen!«, befiehlt er.

»Was soll das? Ich ...«

»Zier dich nicht, lass den Computer stehen und komm.«

»Ich kann nicht, Paolo, ehrlich. Heute ...«

Er lässt mich nicht ausreden, sondern zieht mich gewaltsam hoch.

»Was ist denn los?«

Er schleppt mich die Treppe hinab.

»Komm schon, es ist spät!«

»Ich muss zumindest Fabio Bescheid geben, dass wir rausgehen. Weißt du, heute Abend ...«

»Keine Zeit! Du kannst ihn von unterwegs anrufen.«

»Warum, wohin gehen wir?«

»Das wirst du gleich sehen.«

»Soll ich die Vespa holen?«

»Die brauchst du heute nicht, wir werden vor dem Haus abgeholt.«

»Von wem?«

»Ich habe mich um alles gekümmert, keine Sorge.«

Wahrscheinlich mal wieder ein Taxi, denke ich immer verwirrter.

Als ich aber sehe, dass Paolo mit den Armen wedelt und daraufhin quietschend eine Straßenbahn anhält, bin ich baff.

»Seit wann benutzt du die öffentlichen Verkehrsmittel?«

»Wer hat gesagt, dass dies ein öffentliches Verkehrsmittel ist?«

Die Straßenbahn hält genau vor uns. Ihre Fenster sind mit langen, dunklen Vorhängen verhängt, sodass man nicht hineinsehen kann. Wir steigen ein, und es ist stockdunkel, wie in dem Darkroom einer Disco.

Die Bahn fährt mit einem Ruck los, der mich beinah umgeworfen hätte, weil ich nichts zum Festhalten finde.

»Wo ...«

In diesem Moment geht das Licht an, und Musik ertönt.

»Überraschung!!!!«

Ein Konfettiregen geht über mir nieder. Dann Küsse und Umarmungen.

Fabio grinst mich verschwörerisch an, Paolos sexy Freundinnen vom Fest sind da, die Nerd-Kollegen von Fabios Studiengang und sogar Sciamanna, der grienend sein Glas hebt.

»Ihr habt ihn gar nicht vergessen!«

»Nein, Bruder. Aber wir tun schon den ganzen Tag so, als hätten wir ihn vergessen.«

»Ihr Fieslinge!«

»Wie bitte? Nach allem, was wir für dich getan haben? Es gibt sogar ein Catering, schau.«

Hinten in der Bahn taucht der Pakistani-Koch aus dem Flamingo auf mit einem großen Tablett, vollgeladen mit Würsten, Kartoffeln und *Caciocavallo*, natürlich alles begraben unter 'Nduja!

»Das Essen war Fabios Idee, vermute ich mal.«

»Ja, mein Job war das Ambiente und seiner die Völlerei!«

Der Kalabrier umarmt mich.

»Herzlichen Glückwunsch, Enrico!«

Er reicht mir ein kleines Geschenk.

»Was ist das, ein Feuerzeug?«

»Ein Feuerzeug? Das ist das neue Jahrtausend!«

Ich reiße das Papier auf und kann es nicht fassen.

»Ist es das, was ich denke?«

»Genau. Das ist der Moment, deinen alten Walkman in Rente zu schicken. Das ist ein iPod, kennst du das? Das neuste Produkt von Apple, auf den ein paar Hundert Songs passen. Kassetten waren gestern, jetzt gibt es MP3 und Napster, wo du alles herunterladen kannst, was du willst.«

Molinari kommt mit einer Flasche Sekt und drei Gläsern.

»Jetzt stoßen wir mal an! Übrigens habe auch ich einen Beitrag zu deinem Musikgeschenk: Ich habe dir sämtliche Platten von Paolo Conte draufgespielt!«

»Ich weiß nicht, was ich sagen soll.«

»Sag einfach danke schön, Radeschi! Und genieß dein Fest. Jetzt kommt die erste Haltestelle.«

An diesem Abend jagt eine Überraschung die andere.

»Das hier ist ein fahrendes Fest, Enrico. Aber weil der Raum in dem Waggon so begrenzt ist, steigen die Gäste im Wechsel aus und zu.«

Die Bremsen kreischen, die Türen gehen auf. Wir befinden uns in der Via Vitruvio. Ein paar Leute steigen aus und überlassen ihren Sitz anderen. Noch mehr Freundinnen von Paolo und ein paar Gäste, die Fabio eingeladen hat: Nerds mit dicken Brillen und denselben Kleidern wie vor zehn Jahren.

Die Welle der Begeisterung erfasst mich.

»Hierher, Leute: Das Geburtstagskind ist hier!«, schreit Molinari.

Alle umarmen und küssen mich, stoßen an, manche haben sogar ein Geschenk dabei ...

Und so weiter bis zur nächsten Haltestelle, wo erneut die Gäste wechseln: Musik dröhnt aus den großen Boxen, und kalabrische Tabletts tauchen aus dem hinteren Teil der Bahn auf.

Ein fahrender Rausch in den Gassen von Mailand. Eine verblüffende Abendrunde, die ich kaum glauben kann, weshalb ich ab und zu einen Vorhang beiseiteschiebe, um mich zu vergewissern, dass ich nicht träume: der Domvorplatz, Via Dante, das Castello Sforzesco ...

Als es schon spät ist und ich heillos betrunken bin, packt Molinari mich am Arm.

»Endstation, Enrico.«

»Was, muss ich aussteigen?«

»Nein, du musst dir überlegen, ob du noch genug Energie hast oder zu alt bist.«

»Wofür?«

Auf sein Zeichen hin verlassen alle die Bahn. Nur ich, er und Fabio bleiben zurück.

Das Licht geht aus, und Carioca-Musik setzt ein: Samba.

Als die Lichter wieder angehen, fokussieren die Scheinwerfer drei brasilianische Tänzerinnen in Tanga und Minibikini, die sich bei uns einhaken, während die Straßenbahn wieder losfährt.

»Das glaube ich nicht!«

»Solltest du aber. Für danach habe ich auch bezahlt, wenn du Bock hast ...«

Ich schüttele den Kopf. Das hier ist absolut genug: Ich werde heute siebenundzwanzig, bin in Gesellschaft meiner besten Freunde, die mir das schönste Geburtstagsfest meines Lebens organisiert haben, und ich kann sagen, vielleicht auch beeinflusst vom Alkohol, dass ich wirklich glücklich bin.

11

»Isst du denn auch genug? Du siehst ganz abgemagert aus!«

Drei Monate war ich nicht in der Poebene, und der Kommentar meiner Mutter war ziemlich absehbar. Ich würde ihr ja gerne erklären, dass ich mich bei jeder Gelegenheit vollstopfe, aber das bringt eh nichts. Sie wird mich während meiner Zeit hier mästen, was ja auch in Ordnung geht, es ist ein Privileg, verwöhnt zu werden. Sobald ich im Zug saß und durch die Fenster sah, wie die Stadt von dem Grün und einer blühenden Landschaft abgelöst wurde, wuchs die Vorfreude in mir. Und dann der Po, der große Fluss, und die Eisenbrücke. Heimkehren ist schön. Gerüche, Geschmäcker, das gemächliche Tempo.

Meine Stadt Capo di Ponte Emilia bleibt immer gleich. Träge und ruhig. Mein Vater holte mich am Bahnhof ab und umarmte mich wortlos. Wir müssen nicht viel reden.

»Geht es dir gut?«, hat er nur gefragt. Mehr, um überhaupt etwas zu sagen. Ich habe genickt, und wir traten schweigend den Heimweg an.

Meine Eltern wohnen seit jeher auf einem alten Hof außerhalb des Ortes. Es gibt einen Stall, eine mit Unkraut überwachsene, gepflasterte Tenne, und drum herum Felder. Alles ist noch wie in meiner Kindheit, außer die Leute, die hier arbeiten: Die Kuhhirten tragen jetzt Turban und kommen aus dem Punjab. Die Traubenlese und die Feldarbeit werden nun von Menschen aus fernen Ländern verrichtet, die niemals unseren Dialekt sprechen werden.

Mein Vater parkt auf dem Hof, und ich betrachte das Gebäude gegenüber von unserem Haus.

»Habt ihr die Fassade vom Heustall neu gemacht und gestrichen?«

»Ja, deine Mutter hat endlich nachgegeben; wir wollen es jetzt vermieten.«

Ich seufze. Das muss ein harter Schlag für meine Mutter gewesen sein. Sie wollte immer, dass ich mit meiner zukünftigen Frau in die Wohnung im ehemaligen Heuschober einziehe. Aber den Traum hat sie offenbar ad acta gelegt.

Ich hatte schon eine heitere Familienkomödie daraus machen wollen wie in den Filmen, ich bringe ein Mädchen mit, das so tut, als wären wir ein Paar. Meine Mutter hätte sich gefreut und noch ein wenig weitergeträumt, dass ich eines Tages mit einer Schar lärmender Kinder hier wohne, die auf dem Hof spielen.

Leider kam es nicht dazu, weil es mit Marina, der jointrauchenden Intellektuellen von der Museumstoilette, nicht geklappt hat. Und ich spreche nicht von irgendwelchen intellektuellen Höhenflügen, sondern es hat rein körperlich nicht geklappt! Mein pneumatischer Hebel hat die Mission nicht zu Ende bringen können. Um ehrlich zu sein, hat er nicht einmal angefangen. Und über einen solchen Einstieg kommt man nur schwer hinweg. Ich hatte etwas, das man wohl einen Totalausfall nennt, und schlich mich davon wie ein Dieb im Morgengrauen.

Ab da war klar, dass wir uns nicht wiedersehen würden, auch wenn Marina mich danach noch tagelang anrief. Ich bin nicht rangegangen, weil ich schon wusste, was sie mir erzählen würde.

»Ach, schau, so etwas passiert doch jedem mal.«
»Ach, schau, beim nächsten Mal geht's bestimmt besser.«
»Ach, schau ...«

Ich will nicht schauen. Mir ist das noch nie passiert, also liegt es entweder an Mailands schlechter Luft, die mich schwächt, oder es war der dunkle Wald aus Haaren auf ihren Beinen und anderswo, der meine Libido gekillt hat.

Einfach nicht mehr dran denken. Ich habe mich damit abgefunden. Und ertränke meine Sorgen im Lambrusco, den mein Vater immer eisgekühlt serviert. Die Coca-Cola der Poebene, nennt er das. Und dem kann ich nur zustimmen.

Meine Mutter küsst mich, lächelt, wiederholt dreimal, dass ich zu wenig esse und ganz abgemagert bin. Dann setzen wir uns endlich an den Tisch, und zum Trost gibt es Teigtaschen mit Kürbisfüllung, frisch aufgeschnittenen Culatello-Schinken, Knoblauchsalami und zum Nachtisch eine *Torta Sbrisolona*.

Und warme *Zabaglione*: »Damit du wieder zu Kräften kommst!«

Schade nur, dass meine Mutter schon beim ersten Gang die Stoßrichtung festlegt, mit ihrem melancholischen und forschenden Lächeln. Sie kann es einfach nicht lassen.

»Und, Enrico«, fragt sie, während sie mir auftut, »wann heiratest du und schenkst uns einen kleinen Enkel?«

...

»Machst du denn gar keinen Ostermontagsausflug?«

Er lächelt und fährt mit der Hand über die Schenkel der jungen Frau, die auf ihm sitzt.

»Oh, das hier ist besser als jeder Ausflug. Das sind mir die liebsten Ausflüge.«

Sie lächelt und streichelt sein Gesicht.

Alles läuft wie am Schnürchen. Wie gewöhnlich kam sie scheinbar in Gedanken versunken ins Lokal, dann erhellte sich ihre Stimmung beim Anblick eines jungen Mannes an einem der Tische, und sie ging zu ihm, um ihn zu begrüßen. Alter Trick: »Wenn du so tust, als ob du ihn kennst, und er anbeißt, lädt er dich auf einen Drink ein und so weiter.«

Noch eine Nacht, dann würde sie für drei Tage nach Santa Margherita Ligure fahren, ins *Imperiale Palace*, ein Traumhotel, Lichtjahre von ihrem jetzigen Standort entfernt. Massagen, Champagner und Hummer.

Letztlich war es das wert.

Es war nicht schwer, ihn zum Verlassen des Restaurants zu bewegen, und jetzt rekeln sie sich zwischen den roten Seidenlaken in ihrem Bett.

Vorher war sie noch im Bad und hat sich umgezogen; statt des Abendkleides trägt sie jetzt schwarze Reizwäsche, hohe Schuhe und bringt eine eisgekühlte Flasche »zum Entspannen«, wie sie sagt.

Gierig hat sie ihn entkleidet, mit dem Mund, was er gut fand.

Jetzt küssen sie sich, trinken, berühren sich, und als die Temperatur steigt, wendet sie sich ab und holt etwas aus der Nachttischschublade.

»Jetzt spielen wir ein bisschen, hast du Lust?«

Beim Anblick der Augenbinde und der Riemen verdüstert sich sein Gesichtsausdruck.

»Nein, nicht so.«

»Ach, komm schon, ich will auch ganz ungezogen sein.«

Sie lächelt mit schmachtendem Blick, doch ihm ist die Lust vergangen. Die Sache behagt ihm nicht, irgendetwas stimmt da nicht. Tausend Zweifel steigen in ihm auf. Das Ganze war zu einfach, ging zu schnell, und dann Fesseln und Binde beim ersten Mal ...

Seine Erregung ist dahin.

»Das hatte ich mir anders vorgestellt. Entschuldige, aber so macht es mir keinen Spaß.«

Er hat sich schon halb angezogen. Sie versucht ihn mit süßen Worten zum Bleiben zu bewegen, steckt ihm die Zunge ins Ohr, doch es bringt nichts.

Er verabschiedet sich knapp und eilt dann hinaus in den strömenden Regen.

...

»Endlich geschafft!«

Sebastiani lächelt in sich hinein. Noch nie hatte er solche Lust, die Zigarre zwischen seinen Zähnen anzuzünden. 1999 hat er aufgehört, zeitgleich mit der Trennung von seiner Frau. Einfach zu rechnen, vor genau drei Jahren. Heute endlich der letzte Schritt: die Scheidung vor Gericht.

Während der Anwalt ihm irgendetwas erzählt, denkt Loris an seine Zeit an der Universität zurück, als er Politikwissenschaften in Bologna studierte, weniger aus Interesse, sondern um von zu Hause ausziehen zu können. Dort, als alle im besetzten Hörsaal saßen, rauchten und politische Diskussionen führten, hatte er seine Frau Giulia kennengelernt. Sie studierte an der Hochschule für Kunst, Musik und Schauspiel und hatte ihn überredet, mit ihr ein Semiotik-Seminar bei einem piemontesischen Professor zu besuchen. Loris hatte nicht die geringste Ahnung von Semiotik, doch nach der ersten Sitzung verpasste er kein einziges Seminar mehr bei diesem sympathischen und hochgebildeten Dozenten, der ihnen die Lust am Lesen vermittelte.

Zwischen ihm und Giulia war eine heiße Liebe entflammt, und kreuz und quer fuhren sie durch die Hügellandschaft um Bologna, auf einer gebrauchten Lambretta, die nur durch Anschieben ansprang.

Eine mitreißende, allumfassende Liebe. Sie waren immer zusammen, bis sie 1984 heirateten. Er war gerade mal vierundzwanzig, sie zwei Jahre jünger. Im Jahr vor der Hochzeit war Sebastiani zur Kommissarsausbildung zugelassen worden. Ohne zu zögern, folgte ihm Giulia nach Rom, wo er die höhere Polizeischule besuchte. Sie schrieb sich an der Sapienza ein und machte dort ihren Abschluss in Literaturwissenschaften. Die Jahre in Rom waren traumhaft: Sie wohnten in einer kleinen Wohnung in Trastevere, wo man im Sommer vor Hitze umkam, im Winter erbärmlich fror und nachts wegen des Lärms von der Straße nicht schlafen konnte, aber mit zwanzig macht einem das alles nichts aus.

1986, nach der Ausbildung zum Polizeihauptkommissar, war Sebastiani nach Viterbo gekommen und dort geblieben, bis er – nach zahlreichen bravourös gelösten Fällen – zum Vice Questore befördert und schließlich 1997 nach Mailand versetzt worden war. Die Rückkehr nach Hause war für das Paar ein Drama. 1998 begann es zu kriseln, und 1999 hatte ihn Giulia, die sich sonst immer hinter seine Notwendigkeiten zurückgestellt hatte, für einen Mathematikprofessor verlassen, den sie noch aus der Mittelschule kannte.

»Er gibt mir Sicherheit«, hatte sie sich zu rechtfertigen versucht. »Und stellt nicht das Polizeipräsidium an erste Stelle!«

Für Sebastiani hatte nach fünfzehn Jahren totaler ehelicher

Treue das begonnen, was er »seine zweite Pubertät« nannte, indem er seine Hormonstürme relativ frei auslebte.

Sein Anwalt fasst ihn am Arm.

»Loris?«

»Hm?«

»Es ist so weit.«

»Bitte setzen Sie sich.«

Das Diensthandy vibriert in seiner Jackentasche.

»Da gehst du besser nicht ran«, rät ihm sein Anwalt.

»Nur ganz kurz.«

Er tritt in den Flur und hält sich das Telefon ans Ohr.

»Ich kann jetzt nicht, Lonigro.«

»Ein Mord auf der Piazzale Corvetto.«

»Hier ist auch ein Mord im Gange. Der an meinen Finanzen.«

»Wie bitte?«

»Nichts. Ich komme, sobald ich hier fertig bin. Du fährst schon mal vor und fängst mit den Befragungen an.«

Er legt auf und sieht sich um, weil er hinter sich Schritte hört. Unverkennbar. Nur ein Mensch auf der Welt geht so, immer in Eile wie zu einer verspäteten Verabredung: seine Frau, beziehungsweise gleich seine Ex-Frau. Giulia geht mit ihrem Anwalt kopfschüttelnd vorbei.

»Du wirst dich nie ändern, Loris. Immer zuerst die Arbeit.«

»Beruhige dich: Es ist ja das letzte Mal, dass du mich ertragen musst. Als Ehemann.«

...

Nach drei Tagen übertriebener Kalorienaufnahme unter den bedauernden und frustrierten Blicken meiner Mutter kehre ich erleichtert nach Mailand zurück: der Hauptbahnhof, die U-Bahn, die Alleen, Lambrate, die *Giallo* sicher im Innenhof des Hauses (dank eines großzügigen Trinkgeldes, das ich einem Nordafrikaner zugesteckt habe, der mir dafür Unversehrtheit und Vollständigkeit der Vespa garantiert hat ...)

In der Wohnung ist es still: Die anderen sind noch über Ostern bei ihren Verwandten. Fabio in Kalabrien und Paolo in Piacenza oder sonst wo. Er gehört nicht zu den Menschen, die viel von sich erzählen.

Müde strecke ich mich auf dem Bett aus, obwohl ich heute nichts getan habe, außer ein paar Stunden im Zug zu sitzen. Da ich keine Lust auf Fernsehen habe, schalte ich den Polizeifunk an, den mir Sciamanna besorgt hat. Bei dem unruhigen metallischen Stimmengewirr kann ich gut einschlafen, habe ich festgestellt. Ich will gerade wegnicken, als ich einen Schlüssel im Schloss höre und dazu einen kalabresischen Fluch, der auch einen Tauben aufwecken würde.

»*Belli e brutti, a morte s'i'ngliutta!* Jemand zu Hause?«

Ich trete in den Flur und sehe Fabio in der Tür mit vor Anstrengung hochrotem Gesicht. Er lässt zwei prall gefüllte Reisetaschen auf den Boden plumpsen.

»Hast du Vorräte mitgebracht?«

»Das war meine Mutter. Diesmal reicht die *'Nduja* ein halbes Jahrhundert. Beinahe hätten sie mich am Flughafen nicht damit einchecken lassen.«

Wir umarmen uns.

»Also, da eh bald Mittag ist, was hältst du davon, wenn ich uns etwas zu essen mache? Eine schöne *Pasta alla calabrese*.«

Er verzieht das Gesicht.

»Ja, aber mach es ordentlich scharf. Nach vier Tagen muss ich mich erst langsam wieder entgiften. Wie Methadon-Junkies, verstehst du?!«

»Das werden die schärfsten kalabresischen Nudeln, die ich je gemacht habe.«

»Sehr gut. Ist Paolo da?«

Ich schüttele den Kopf.

»Noch nicht zurück.«

»Der ist bestimmt bei einer seiner kleinen Freundinnen.«

Ich gehe ins Zimmer zurück, um das Funkgerät auszuschalten, als mich die Stimme einer Frau aus der Zentrale aufhorchen lässt.

Z: *Streife 11, bitte kommen ...*

Streife 11: *Hier Streife 11.*

Z: *Fahrt zu Piazzale Corvetto ... Piazzale Corvetto bei der Hausnummer 15 ... Es wurde der Fund einer Leiche gemeldet.*

Streife 11: *Verstanden. Wir fahren los.*

Z: *Ich schicke einen anderen Wagen zur Verstärkung.*

Streife 11: *O.k.*

Z: *Streife 17?*

Streife 17: *Hier Streife 17.*

Z: *Fahrt zur Verstärkung zu Piazzale Corvetto, Hausnummer 15. Die Müllabfuhr hat eine Leiche aus dem Müll gefischt ...*

Mehr muss ich nicht hören. Hals über Kopf stürze ich zur Wohnungstür und renne dabei fast Fabio über den Haufen.

»Warum diese Eile?«

»Ich muss weg.«

»Und meine Pasta?«

»Nächstes Mal. Da wurde ein Typ ermordet, das darf ich mir nicht entgehen lassen!«

»Aber wenn du nicht einmal den Blog reaktiviert hast ...«

»Das kommt schon noch. Vielleicht ja mit diesem Fall, okay?

Wenn du Hunger hast, im Kühlschrank liegt Wurst. Zeug aus meiner Heimat. Nicht scharf, aber dafür voll mit Knoblauch.«

...

Den gesamten Platz überspannt eine Betonschleife, auf der der Verkehr rauscht. Eine Hochstraße, die sich wie eine Kobra durch die Wohnhäuser schlängelt und deren Anblick deprimiert. Drum herum der eine oder andere triste Baum auf der sonst durchgehenden Zementwüste: Piazzale Corvetto.

»Sie haben ihn um die Mittagszeit gefunden. Der Leichnam war unter einem Stapel Pappkartons versteckt und wurde erst entdeckt, als die Stadtreinigung zum Aufräumen kam. Sie wissen ja, wie das ist: Nach den Feiertagen kommt die Müllabfuhr kaum nach ...«

Sebastianis Zigarre dreht sich gemächlich.

Auf dem Platz tummeln sich Polizeiautos. Der Ort des Fundes wurde mit einem rot-weißen Band abgesperrt, und gerade beugt sich der Gerichtsarzt Ambrosio über den Toten. Wieder einmal war der Dickhäuter noch vor dem Vize vor Ort, doch das stört den nicht weiter. Das ist schließlich kein Wettrennen. Außerdem hat er noch anderes im Kopf.

Sein erster Fall nach der Scheidung, denkt er.

Nachdem er den Worten des Richters gelauscht hatte, unterschrieb er alle nötigen Papiere und verabschiedete schließlich Giulia mit einem Wangenkuss. Wie üblich unter zivilisierten Leuten, die eine lange Strecke ihres Lebens geteilt haben.

»Versuche, glücklich zu sein«, hat sie ihm zugeflüstert. Loris konnte sie nur überrascht ansehen. Dann eilte er nach draußen, die Stufen dieses elenden Gebäudes hinab zu Mascaranti, der schon in einem Streifenwagen mit Blaulicht auf ihn wartete. Als würde er vor der Verantwortung, vor seinen Pflichten fliehen. Vor der Familie. Wie er es immer getan hatte. Das Polizeipräsidium, die Arbeit, die Verbrechen, die Betrunkenen und die Kriminellen: All das war sein Refugium. Wo keine Zeit blieb, über sich selbst nachzudenken, sondern nur zu kombinieren, zu agieren, den Schuldigen zu finden.

Nun berichtet ihm sein Chefinspektor Lonigro, was er herausgefunden hat. Nicht viel, das ist mal sicher.

»Er wurde mit einem Kopfschuss getötet. Einem einzigen. Offenbar kein Kampf und nichts. Eine regelrechte Hinrichtung.«

Lonigro verstummt und sieht seinen Vorgesetzten an. Als einzige Reaktion vollführt die Zigarre eine Vierteldrehung.

»Alles in Ordnung, Dottore?«

»Ja. Red weiter.«

»Gestern Abend hat es in Strömen geregnet, Spuren können wir also vergessen. Der arme Kerl ist noch völlig durchnässt. Der Einzige, der etwas gesehen hat, ist der Kellner von gegenüber, er beschreibt eine Gestalt in einem dunklen Regenmantel mit übergezogener Kapuze. Das war's. Der Figur nach zu urteilen ein Mann, mittelgroß ...«

»Habt ihr den Ablauf rekonstruiert?«

»Mehr oder weniger. Das Opfer kommt zu Fuß, vielleicht will er ein Taxi oder die U-Bahn nehmen, und unter der Hochstraße überrascht ihn der Mörder von hinten. Ein Schuss in den Nacken, ohne dass der ihn sieht, und viele Grüße an die Füße. Raus aus der Welt, ohne es zu merken. Der Mörder hat ihn dann zu den Mülltonnen gezerrt, wo sonst die Penner liegen, und ihn mit Kartons zugedeckt. Um Zeit zu gewinnen.«

»Wissen wir, um wen es sich handelt?«

»Ja, er hatte seinen Ausweis in der Tasche. Es wurde nichts angerührt. Geld und Kreditkarte sind auch noch da.«

»Wie heißt er?«

Eine Stimme hinter ihnen lässt sie herumfahren.

»Ich weiß, wie er heißt! Das ist Paolo Molinari!«

...

»Bist du dir sicher, dass du ihn kennst?«

Sebastiani kommt im Stechschritt auf mich zu.

Außer dem Absperrband hält mich dieser griesgrämige Bulle fern, Mascaranti, und ich kann nur gestikulieren und schreien. Auch weil ich so entsetzt bin: Paolo wurde ermordet, wie ein räudiger Hund unter einem Betonviadukt.

»Ist das ein Vorwand, um wieder Stoff für deinen Blog zu bekommen?«

Ich schüttele den Kopf. Ich kann nicht reden. Ich bin anscheinend so bleich im Gesicht, dass der Bulle mit seiner Zigarre im Mundwinkel den Kopf schief legt und fragt, ob ich okay sei.

»Ja, also nein. Paolo war ein Freund von mir!«

Er beschließt, mir zu glauben. Er gibt dem uniformierten Pitbull ein Zeichen, mich durchzulassen.

»Du wirst nichts davon schreiben.«

»Nichts, was Sie mir erzählen, meinen Sie?«

»Genau. Ab sofort ist es, als hättest du *Area 51* betreten. Wenn du irgendetwas durchsickern lässt, komme ich persönlich und stecke dich in eine Zelle, wo die fiesesten Typen der Welt auf dich warten.«

»Das scheint mir nur recht und billig.«

Ich sollte nach Hause gehen und um meinen Freund weinen.

Und denen die Arbeit überlassen, die etwas davon verstehen. Aber irgendwie glaube ich, helfen zu können. Einen kleinen Beitrag leisten zu können.

Die Zigarre macht eine Vierteldrehung.

»Wir sind ganz Ohr.«

»Wie bitte?«

»Ich habe dich nicht durchgelassen, damit du hier herumschnüffelst, sondern damit du uns sagst, was du weißt.«

»Ich habe Ihnen alles gesagt, was ich weiß: Er war ein Freund von mir.«

»Weißt du, wo er gestern Abend war?«

»Nein.«

»Dann finde es heraus, und wir reden weiter.«

Er lässt mich in einer Ecke des Platzes unter Mascarantis Aufsicht zurück.

Ich beschließe, allen Kommilitonen von Molinari, die ich kenne, eine SMS zu schreiben. Einer antwortet sofort.

»Da«, sage ich und halte dem Bullen das Handy hin.

> Die Gottesanbeterin hat wieder zugeschlagen!
> Gestern waren wir im Magenta auf ein Bier
> verabredet. Als wir ankamen, war er gerade am
> Gehen, mit einer Brünetten. Er hat uns
> zugezwinkert, und weg war er!

Sebastiani reißt die Augen auf, und ihm kommt ein Wort über die Lippen, das mehr sagt als tausend Enthüllungen.

»Die Gottesanbeterin ...«

»Was haben Sie gesagt?«

»Nichts.«

»Es geht um die vermissten Männer, nicht war? Wie sagen die Kriminologen: ab dem dritten Mord ist man Serienkiller ...«

»Erzähl mir was Neues, Kleiner.«

»Der Beruf mit den meisten Serienkillern ist der des Arztes, dicht gefolgt von der Krankenschwester.«

»Tja, jetzt weißt du auch, warum ich mich von Krankenhäusern fernhalte.«

»Was?«

Die Rädchen in meinem Hirn fangen an zu arbeiten. Verbinden die Pünktchen miteinander wie beim Malen nach Zahlen.

»Dann ist es also eine Frau, die die ganzen Männer verschwinden lässt, damit sie nie mehr auftauchen?«

»Nein, du Genie, den hier haben wir ja gefunden. Ermordet.«

Ich schweige. Eins zu null für ihn. Das heißt aber nicht, dass es sich nicht um ein und dieselbe Person handelt. Vielleicht hat sich Paolo geweigert, vielleicht hat etwas ihren Plan durchkreuzt. Vielleicht ist es aber auch nur einer dieser Zufälle, die die Ermittler zur Verzweiflung bringen.

»Woher kennst du ihn?«, fragt mich Lonigro.

»Wir wohnen in einer WG. Paolo ist ... war mein Mitbewohner.«

»Seit wann?«

»Seit etwas mehr als einem Monat.«

»Weißt du, ob er Feinde hatte?«

Ich habe das Gefühl, in einer Folge von *Law & Order* gelandet zu sein. Stellt die Polizei wirklich diese Art von Fragen?

»Nicht dass ich wüsste.«

»Schulden?«, fragt Sebastiani.

»Ist er jemandem auf die Füße getreten?«, bohrt Lonigro weiter.

»Nein!«

Glauben die wirklich, so den Mörder zu finden?

»Hat er sich mit der falschen Frau amüsiert?«

Der Vice Questore scheint etwas in meiner Miene bemerkt zu haben. Eine ungewollte Regung.

»Also?«

»Na ja, von dem, was Sie da fragen, ist das vielleicht am wahrscheinlichsten ...«

»Red weiter.«

Ich zucke die Achseln.

»Die Frauen standen auf Paolo. Er wusste sie zu nehmen.«

»Worum du ihn nicht wenig beneidet hast, was? Ist es zufällig so, dass du ihn ermordet hast?«

Mir bleibt die Spucke weg. Völlig baff.

»Antworte!«

»Nein! Natürlich nicht! Ich mochte ihn, wir waren Freunde!«

»Wo warst du gestern Abend?«, fragt nun wieder Lonigro.

Bin ich etwa jetzt der Verdächtige Nummer eins?

»Bei meinen Eltern. In Capo di Ponte Emilia. Hundertfünfzig Kilometer von hier entfernt. Ich bin heute Morgen mit dem Zug zurückgefahren ...«

Ich krame in meiner Hosentasche.

»Hier, das ist die Fahrkarte.«

Sebastiani würdigt sie keines Blickes. Er hat mich schon wieder von der Liste gestrichen.

»Verstanden. Rühr dich nicht von der Stelle. Wo wohnst du?«

»In der Via Porpora.«

»Gut, dann fahren wir jetzt zu euch. Vielleicht finden wir da etwas, das uns weiterhilft. Hier kann die Spurensicherung übernehmen.«

Ich habe keine Kraft mehr, mich zu sträuben oder etwas einzuwenden: Die Bullen wollen meine Wohnung durchsuchen. Was kann ich anderes tun, als widerstrebend einzuwilligen?

»Okay, fahren Sie mir hinterher, meine Vespa steht da hinten.«

»Wir geben dir einen Lift, Radeschi, deinen fahrenden Schrotthaufen kannst du später abholen.«

»Das ist kein ...«

»Los, wir haben keine Zeit zu verlieren!«

...

Fabio macht in Unterhose die Tür auf und starrt mich entsetzt an.

»Ziehen Sie sich an«, befiehlt Lonigro streng.

»Wer sind die denn? In meiner Wohnung mache ich, was ich ...«

»Die sind von der Polizei«, falle ich ihm ins Wort. »Und das ist kein Witz. Paolo ist tot. Sie haben ihn vor einer Stunde neben dem Betonpfeiler der Hochstraße auf der Piazzale Corvetto gefunden.«

Der Kalabrier wird bleich und taumelt ein wenig.

»Oh Gott ... entschuldigen Sie, bitte«, stammelt er auf dem Weg in sein Zimmer, um sich etwas anzuziehen.

In der Zwischenzeit lasse ich die Polizisten in der Küche Platz nehmen.

Zwei Minuten später sitzen wir alle vier um den Tisch.

»Warum habt ihr nicht die Polizei alarmiert?«, fragt Lonigro.

»Warum sollten wir?«

»Fandet ihr es nicht verdächtig, dass Molinari gestern Abend nicht nach Hause kam?«

»Also, nein«, antwortet Fabio. »Wir waren ja gestern selbst nicht da. Wir sind erst heute zurückgekommen ...«

Er sieht mitgenommen aus und hat gerötete Augen. Vielleicht hat er beim Anziehen geweint.

»Mein Freund meint«, springe ich ihm bei, »dass Paolo nachts häufiger nicht nach Hause kam. Manchmal übernachtete er bei irgendeiner Frau ...«

Sebastiani sieht mich aufmerksam an.

»Molinari war beliebt, oder?«

»Wie gesagt: Er hatte viele Freundinnen ...«

»Können wir mal sein Zimmer sehen?«

»Brauchen Sie dafür nicht einen Durchsuchungsbefehl oder so?«

Der Vice Questore hebt nur kurz die Augenbraue. Die Zigarre reckt sich vorwurfsvoll in meine Richtung. Ich knicke sofort ein. Tretet unsere Rechte nur mit Füßen.

»Hier entlang.«

Wir gehen durch den Flur in das Zimmer. Die Tür ist nicht abgeschlossen: Das machen wir nie. Drinnen ist alles aufgeräumt. Das Bett ist gemacht, das Laptop steht auf dem kleinen Schreibtisch, der Schrank quillt über vor Jacketts und Hosen.

»Und die ganzen Kleider?«

»Paolo war sehr modebewusst. Edle Klamotten, immer neu.«

»Wie konnte er so einen Kleiderschrank finanzieren? Armani, Ralph Lauren ... Das gibt es ja nicht gerade im Kaufhaus.«

Ich zucke die Achseln.

»Er war von Hause aus wohlhabend.«

Der Bulle nickt.

»Kennt ihr seine Eltern?«

»Nie gesehen. Aber er hat uns irgendwo ihre Nummer aufgeschrieben, für den Notfall.«

Sebastianis Zigarre wandert in den anderen Mundwinkel.

»Der ja hier wohl vorliegt, oder?«

»Ich hole sie. Sollen wir für Sie anrufen?«

Lonigro schüttelt den Kopf.

»Nein, darum kümmern wir uns schon. Wir wissen, wie man so was macht.«

Deo gratias! Ich finde den Zettel in einer Schublade und gebe ihn dem Inspektor. Ich bin erleichtert, weil ich es niemals geschafft hätte, einer Mutter oder einem Vater mitzuteilen, dass ihr Sohn ermordet wurde. Klar, als ich den Verbrechern durch die Poebene gefolgt bin, hatte ich häufiger mit Eltern von irgendwelchen Opfern zu tun, aber erst, wenn sie die Nachricht schon bekommen und wenigstens ein klein bisschen verdaut hatten ...

Sebastiani verlässt den Raum und geht durch den Wohnungsflur. Die Tür zu meinem Zimmer steht offen. Der Bulle wirft einen lustlosen Blick hinein und sieht natürlich sofort das Funkgerät auf dem Nachttisch. Er lächelt kurz.

»Dann hast du dadurch von dem Mord erfahren ...«

»Ich muss arbeiten. Und schreiben. Immer an vorderster Front.«

»Dann pass bloß auf, dass du nicht unter die Räder kommst ...«

»Ich versuche es. Sind wir fertig?«

»Fürs Erste.«

»Ich bringe Sie zur Tür.«

»Gut. Noch eine letzte Frage.«

Fabio und ich richten uns auf. Wie zwei brave Soldaten.

Die Zigarre des Vize zeigt auf das Bücherregal im Wohnzimmer.

»Was sind das für Videokassetten?«

»Die da?«, stammelt Fabio.

»Die da.«

»Das«, erwidere ich, »sind Unterrichtsstunden in Physik, die die Rai auf ihrem Bildungssender spätnachts zeigt. Wir nehmen sie auf und schauen sie uns zu humaneren Zeiten an.«

»Ist das wahr?«

»Ja.«

»Wolltest du nicht Journalist werden?«

»Will ich ja auch. Ich habe im Plural gesprochen, weil ich und mein Kumpel hier ein Team sind: Ich nehme sie auf, und er schaut sie sich an, stimmt's?«

»Stimmt genau«, bestätigt Fabio mit flammender Schamesröte im Gesicht.

Als Antwort ertönt nur ein Grunzen.

»Wir gehen dann mal. Wenn euch noch etwas einfällt, ruft mich an. Hier ist meine Karte. Da steht auch meine Handynummer drauf, aber wenn ihr wegen irgendeines Drecks anruft, lasse ich euch festnehmen, haben wir uns verstanden?«

»Absolut«, bringe ich hervor und schließe die Tür.

Fabio sagt nichts. Er liegt bäuchlings auf dem Sofa und weint.

...

Lang und träge fällt der Schatten auf den Bürgersteig, die Straße ist merkwürdig still. Ihm ist warm, ein eiskaltes Bier wäre jetzt genau das Richtige.

Am besten in einer Bar auf der Piazza Vetra, denkt Sebastiani.

Leider sitzt er stattdessen mal wieder im LABANOF.

Nachdem er dort ins neue Jahr gefeiert hat, ist er nun wieder hier, am Nachmittag nach seiner Scheidung!

Vor lauter Gegrübel hat er drei Zigarren durchgekaut und bearbeitet gerade die vierte, während er darauf wartet, dass die Stahltür aufgeht und die untersetzte Gestalt des Dottor Ambrosio erscheint.

Nach der Vernehmung der beiden Mitbewohner des Opfers und dem traurigen Anruf bei den Eltern sind sie direkt ins Leichenschauhaus gefahren. Nüchtern.

Es ist fast vier Uhr und der Magen des Ispettore knurrt.

»Hol dir was vom Automaten«, schlägt sein Chef vor.

»Hier bekomme ich nichts runter. Da liegt doch über jedem Bissen der Geruch von ...«

»Schon gut, schon gut.«

Endlich erscheint Ambrosio im Obduktionssaal.

Er schüttelt den Kopf.

»Ein gesunder junger Mann. Komplett gesund.«

Sebastiani tritt zum Arzt.

»Todesursache war der Schuss in den Kopf?«

»Genau. Eine einzige Kugel. Ich habe sie herausgeholt und werde sie der Ballistik zur Untersuchung übergeben. Wie ihr dachtet: eine Art Exekution.«

»Gibt es Spuren von Drogen oder anderen Substanzen im Körper?«

Schulterzucken seitens Ambrosio.

»Das müssen die Blutproben ergeben. Ich kann nur sagen, dass er keine Krankheiten hatte. Es gab weder einen Kampf, noch weist der Leichnam irgendwelche Verletzungen auf.«

»Wir haben also keinerlei Indizien?«

»Eins habe ich gefunden, aber das betrifft nicht die Leiche.«

Sebastiani runzelt die Stirn.

»Was soll das heißen, das betrifft nicht die Leiche?«

»Für die Autopsie musste ich ihn ausziehen, wie ihr wisst. Ich habe die Kleider aufgeschnitten und vielleicht etwas Interessantes entdeckt.«

Ambrosio zieht eine Plastiktüte aus seinem Kittel. Darin eine weiße Boxershorts.

Lonigro hält die Tüte ins Neonlicht, um den Stoff zu betrachten.

»Ist das da ein Fleck?«

»Ja, von Lippenstift.«

Ambrosio lächelt versunken, während der Inspektor und sein Vorgesetzter einen bedeutungsvollen Blick wechseln.

»Ich könnte jetzt sagen, dass Frauen mit Pistole gefährlich sind, oder?«

»Das ist jedenfalls alles«, schließt Ambrosio. »Wenn ihr mich nicht mehr braucht ...«

»Danke, Dottore.«

Sobald die Tür hinter ihm zufällt, formuliert Lonigro seine Zweifel.

»Also hat eine Frau versucht ihn zu verführen, wurde vielleicht abgelehnt und hat ihm dann in den Kopf geschossen?«

»Eine wahre Gottesanbeterin, findest du nicht, Ispettore?«

»Die junge Männer verschwinden lässt ...«

»Molinari ähnelt den anderen, oder? Dasselbe Alter, schwarze Haare ...«

»Ja, wir müssen nur herausfinden, wo die Leichen der anderen *Desaparecidos* sind.«

»Immer schön der Reihe nach. Zuerst gibt es noch ein paar Puzzleteilchen, die wir aneinanderfügen müssen.«

»Zum Beispiel?«

Eine neue Zigarre eilt von einem Mundwinkel in den anderen.

»Zum Beispiel: Warum legt ein Serienmörder so lange Pausen zwischen den verschiedenen Morden ein?«

»Vielleicht reist er viel und mordet nur, wenn er in Mailand ist.«

»Oder es gibt eine andere Erklärung, die wir noch nicht kennen ... Und dann: Ist dir aufgefallen, dass die Gottesanbeterin immer an den offiziellen Feiertagen zuschlägt? Silvester, Ostern ...«

»Vielleicht hasst sie Feiertage und will sich rächen?«

Sebastiani schüttelt den Kopf.

»Das glaube ich nicht. Irgendwie kommt es mir vor, als könne sie nicht anders.«

»Wer weiß. Vielleicht ist sie nur voller Hass: Sie hasst die Menschen, hasst verwöhnte Muttersöhnchen. Und hasst Feiertage.«

»Hältst du das wirklich für ein haltbares Ermittlungsergebnis, Ispettore?«

»Nein, denn ich sterbe vor Hunger und rede nur noch Unsinn.«

Nun muss Sebastiani lächeln.

»Du hast recht. Lass uns was essen gehen. Ich habe auch einen Mordshunger.«

...

»Kannst du dir das vorstellen, Enrico? Letzte Woche saß Paolo noch mit uns auf diesem Sofa. Und jetzt ...«

Fabio bricht weinend ab und schlägt sich die Hände vors Gesicht. Schuld ist der Alkohol: In seiner Trauer hat er sich betrunken und steckt mich nun damit an. Angefangen mit dem mörderischen Wein aus Kalabrien und weiter mit Fernet-Branca, wie es sich für brave Immis in Mailand gehört. Ein Fernet-Rausch ist trist und fies, und zwar nicht zu knapp.

»Wir müssen etwas tun, Enrico. Herausfinden, wer ihn ermordet hat.«

»Und wie, um Himmels willen?«

»Ich habe keine Ahnung, aber du musst etwas unternehmen. Du bist doch der Investigativ-Reporter, oder? Dann beweise es.«

»Meinst du das ernst?«

»Ja, du musst dich entscheiden.«

»Ich kann aber auch entscheiden, einfach am Fenster stehen zu bleiben.«

»Das könntest du, aber das würde deinem Ansehen bei mir erheblich schaden. Du musst handeln. Denk dran, dass eine schlechte Entscheidung am Ende immer noch besser ist als gar keine.«

Ich seufze. Der Kalabrier hat recht. Da rede ich immer davon, dass ich mir die Hände schmutzig machen will, Artikel schreiben, die Wahrheit aufdecken, und was tue ich dann? Nichts. Sitze hier und suhle mich meiner Trauer um den verlorenen Freund, so lethargisch, dass ich nicht weiß, wo ich anfangen soll.

Also gut, dann treffen wir also die Entscheidung! Ich fahre das Laptop hoch und mache mich ans Werk. Plötzlich fällt mir der alte Brummbär Guarneri ein, fast will ich ihn anrufen. Doch ich zögere, denn die Information, die ich brauche, liegt irgendwo in den Windungen meines Gedächtnisses verborgen. Ausgerechnet er hatte mir bei unserem letzten Treffen im Café diesen Floh ins Ohr gesetzt: »Da verschwinden junge Männer, und keiner redet davon«, hatte er sich beklagt.

Und nun, vier Monate später, wurde ein guter Freund von mir tot aufgefunden, ermordet vielleicht eben von der Gottesanbeterin – wie die Bullen sie nennen –, die Männer um die zwanzig verschwinden lässt. Ich muss mehr darüber wissen, die Dimension der Sache begreifen. Schade nur, dass man im Netz so wenig darüber findet.

»Weißt du, wie viele Menschen jeden Tag verschwinden?«, frage ich Fabio.

»Das interessiert mich einen Dreck!«, murmelt er unter Tränen.

»Du bist ja eine echte Hilfe.«

Nach vielen Versuchen – immerhin bin ich geistig nicht gerade auf der Höhe mit mehr Alkohol in den Adern als Blut – finde ich auf Altavista den Artikel einer Tageszeitung voll mit Statistiken. So viele Zahlen, dass es den Mann von der Straße abschreckt. Und mich auch.

Anscheinend verschwinden an jedem neuen Tag, den der liebe Gott unserem schönen Italien schenkt, achtundzwanzig Menschen im Nichts. Mehr als einer pro Stunde. Was bedeutet: Drei junge Männer, die im Laufe von sechs Monaten zwischen Juni und Dezember verschwinden, sind kaum der Rede wert.

Sie fallen nicht auf. Wenn diese Zahlen stimmen, die von abteilungsübergreifenden Datenbanken des Innenministeriums stammen, sind zwischen 1974 und 2001 insgesamt über fünfundzwanzigtausend Menschen verschwunden. Ein Drittel davon mit italienischer Staatsbürgerschaft.

»Das wird die sprichwörtliche Nadel im Heuhaufen«, verkünde ich. »Du kannst dir nicht vorstellen, wie viele Menschen einfach so verschwinden!«

»Das lese ich dann sicher bald auf *Milanonera*.«

»Sobald ich dazu komme, den Blog weiterzuführen.«

»Und wann wird das sein?«

»Keine Ahnung. Wenn ich so weit bin, okay? Und jetzt mach dich mal ein bisschen nützlich und schau im Schrank nach, ob es noch was zu trinken gibt.«

12

Keuchend läuft Bruder Ottaviano die Stufen zur Krypta hinab.

Er schwitzt unter seiner groben Wollkapuze. Die Temperaturen sind gestiegen in den letzten Tagen. Sein Rücken ist wund von der Tortur, die er sich selbst zugefügt hat. Die Schmerzen helfen ihm beim Nachdenken, immer schon. Seit frühester Jugend, als er gegen seinen Willen in diese Praktiken eingeführt wurde …

Der Mann hält einen Moment inne und wischt sich mit einem Taschentuch über die Stirn. Es ist schweißnass.

Vielleicht ist es die Aufregung wegen seines neuen Auftrags, denn was er sich zur Ausschaltung des abtrünnigen Mitbruders ausgedacht hat, wird sein Meisterwerk. Etwas, das er noch nie zuvor erprobt hat, und äußerst riskant.

Er holt tief Luft und nimmt die letzten Stufen.

Unten sitzen mit gesenkten Köpfen auf den Steinthronen der Meister und Bruder Gaspare, den er an der gebückten Haltung erkennt. Die Körperhaltung kennzeichnet einen Menschen doch mehr, als man denkt. Das weiß Bruder Ottaviano aufgrund seiner Berufserfahrung.

»Willkommen, Bruder, wir erwarten dich schon.«

Er beugt ehrerbietig den Kopf. Sie bitten ihn nicht, Platz zu nehmen, er soll im Stehen reden, im Zentrum der Krypta, sodass seine Stimme laut widerhallt.

»Nun los, erkläre uns deinen Plan.«

Bruder Ottavianos Kehle ist trocken.

Er beginnt zu reden. Ein eingeübter Vortrag. Kurz und knapp, mit effektvollen Worten.

Als er verstummt, herrscht minutenlange Stille, bis der Meister schließlich zur Antwort anhebt.

»Lieber Bruder, seit jeher schätzen wir deine Kühnheit und deinen Einfallsreichtum. In diesem besonderen Fall aber raten wir zur Vorsicht. Ist das nicht reichlich gefährlich und gewagt, was du da im Sinn hast?«

»Was ich geschildert habe, ist der einzig wirkungsvolle Plan. Eine Lücke im System, so würde ich es nennen. Unser Ziel ist ein umsichtiger Mann. Ein Sicherheitsfanatiker, häufig in Begleitung eines Bewaffneten. Daher nicht leicht zu überrumpeln, es sei denn, man trifft ihn in dem Moment, wenn er es am wenigsten erwartet.«

Aus den Tiefen der Krypta ertönt eine Stimme: »Der Plan ist gewagt, doch er hinterlässt keine Spuren und wird großes Aufsehen erregen.«

Die Worte hallen durch den Saal, als kämen sie aus einer angrenzenden Kammer.

Der Höchste hat gesprochen. Deshalb musste er also stehen bleiben und laut reden! Sie sind nicht allein. Und wer weiß, wer sich sonst noch in der Dunkelheit verbirgt.

»Der Plan ist perfekt«, bestätigt Bruder Ottaviano. »Es wird aussehen wie Selbstmord.«

»Bist du dir da sicher?«, fragt der Meister mit skeptischer Stimme.

Wenn in diesem Moment jemand sein Gesicht sehen könnte, wäre das sadistische Grinsen enttarnt, mit dem der Mann antwortet: »Bei Enrico Mattei hat es doch auch funktioniert, nicht wahr?«

...

Vielleicht war dies der Wendepunkt, die richtige Frau. Sie arbeitete beim Notar und hatte sogar einen normalen Namen, den sie nicht irgendwie abkürzte: Camilla.

Sebastiani hatte sie in ein toskanisches Restaurant in der Via Panfilo Castaldi ausgeführt. Als sie anschließend auf der Straße standen, hatte er ohne lange Umschweife vorgeschlagen, ob sie sich noch ein wenig bei ihm zu Hause entspannen wollten. Wortwörtlich. Das Mädchen mit übereinandergeschlagenen Beinen auf dem Ledersitz des Alfa 156 neben ihm hatte eine Schnute gezogen und mit verdüstertem Kälbchenblick gequietscht: »Um diese Uhrzeit? Wollen wir nicht lieber tanzen gehen?«

Sebastiani hatte kurz überlegt: Seit 1992 war er nicht mehr tanzen gewesen, als gerade die ganze korrupte Bande im Rahmen von Tangentopoli festgesetzt wurde. Und es war auch keine Disco gewesen, sondern ein Lokal, wo man auf den Zusammenbruch der Ersten Republik anstieß. Die Unschuldslämmer.

Doch Loris wollte nicht diskutieren. Dafür gab es keinen Grund. Und so fand sich Camilla kurz darauf am Taxistand von Porta Venezia wieder. Allein, gedemütigt und stinksauer.

»Zwischen uns stimmt die Chemie einfach nicht«, hatte er erklärt, während er den Gang einlegte.

Heute ist er schon im Morgengrauen ins Büro gegangen. Er hat schlecht geschlafen, trotz der Therapie mit Pampero-Rum, der er sich parallel zu einer Tier-Doku im Fernsehen über Ohrenrobben unterzogen hatte.

Gerade hat er sich in seinen Schreibtischsessel fallen lassen, als plötzlich Lonigro vor ihm steht.

»Das werden Sie nicht glauben«, verkündet er.

Sebastiani beschränkt sich auf die übliche, gelangweilte Zigarrendrehung. In seinem Alter und mit seiner Erfahrung kann ihn nichts mehr überraschen. Und was den Glauben betrifft, tja, der ist ohnehin nicht seine Sache.

»Dann mal raus mit der Sprache, Ispettore.«

Lonigro legt dem Vorgesetzten eine Mappe mit ein paar Blättern auf den Tisch.

»Die Waffe, mit der Molinari erschossen wurde, ist in unserer Database registriert. Es handelt sich um eine Glock.«

»Seit wann?«

»Schon länger. Seit sechzehn Jahren. Sie kam wohl bei dem Mord an einem jungen Mann zum Einsatz.«

»Hier in Mailand?«

»Nein, in Padua.«

»Wer war das Opfer?«

»Ein Student.«

»Wie unserer.«

»Genau. Und es gibt noch mehr Parallelen. Schauen Sie, ich habe mir das Foto des Opfers von Padua kommen lassen.«

Sebastiani betrachtet das Bild und lässt sich im Stuhl zurücksinken.

»Einmal verschwinden sie, dann tauchen sie mit einer Kugel im Kopf wieder auf. Glaubst du, dass es sich um unsere Gottesanbeterin handelt, trotz des großen Zeitabstands?«

»Die Zeugen haben ausgesagt, dass sie um die fünfunddreißig ist, dann hätte sie in sehr jungen Jahren damit angefangen ...«

Sebastiani nickt zerstreut, er kann den Blick nicht von dem Foto in seinen Händen abwenden. Er liest den Namen: Mattia Schiavon.

»Er sieht Molinari verdammt ähnlich, finden Sie nicht?«

»Zu ähnlich, für meinen Geschmack«, brummt der Vice Questore.

»Ein schöner Zufall.«

»Seit dem Anarchisten, der hier in unserem Haus ›selbstgemordet‹ wurde, glaube ich nicht mehr an Zufälle ... Bitte ruf im Polizeipräsidium von Padua an und finde heraus, wer damals die Ermittlungen geleitet hat. Ich will alles über diesen Fall wissen.«

...

Jeder verarbeitet den Schmerz auf seine Art. Schweigend. Vielleicht weinend. Oder indem er alte Bilder durchforstet, sich mit Essen vollstopft oder betrinkt ...

Ich kann nicht länger vor mich hin säuern und weinen. Ich muss etwas tun, aktiv werden. Was mir Fabio nicht verzeiht.

»Als du weg warst, haben Paolos Eltern angerufen. Sie sind am Ende, die Ärmsten. Die Mutter konnte kaum reden. Der Vater hat mir gesagt, dass heute jemand vorbeikommt, der seine Sachen abholt.«

»Was soll das, bist du meine Sekretärin?«

»Könntest du dir etwas Mühe geben, ich will nicht sagen, kein Arschloch zu sein, aber dich wenigstens in einem solchen Moment zu benehmen wie ein anständiger Mensch?«

Ich hebe meine Hände.

»Entschuldige, aber nach sechs Stunden in einer öffentlichen Bibliothek werde ich tendenziell ungenießbar. Das erinnert mich an die Zeit, als ich meine Abschlussarbeit schrieb, das ganze Recherchieren habe ich echt gehasst. Ich habe so viel Staub geschluckt, dass ich fast schwindsüchtig geworden wäre ...«

»Von Staub wird man nicht schwindsüchtig!«

»Das war eine Metapher.«

»Oh, entschuldigt, Herr Poet. Ich gehe in mein Zimmer. Was gibt's zum Abendessen?«

»Fabio, ich bin fertig: können wir uns nicht eine Pizza auftauen?«

»Das wäre schon der dritte Abend in Folge. So haben wir nicht gewettet.«

Ich senke geschlagen das Haupt.

»Einverstanden: Dann machen wir das letzte fette Stück 'Nduja, das du mitgebracht hast, okay?«

»Gut, aber heute mit Spaghetti.«

Das nennt man modernes Sklaventum! Und alles für ein paar erbärmliche Informatik-Kenntnisse. Die ich immer noch nicht nutzen konnte, wie ich es mir vorgestellt habe. Klar, ich habe fraglos viel gelernt. Fabio ist eine Nervensäge, aber auch ein toller Nerd-Meister. Bei meinem aktuellen Bildungsstand fühle ich mich in etwa so wie *Luke Skywalker* in *Die Rückkehr der Jedi-Ritter*, als er zum ersten Mal *Darth Vader* entgegentritt ...

Trotzdem habe ich nicht den Mut, wieder mit meinem Blog anzufangen. Nach der Sache mit dem Symbol bin ich immer noch verwundbar. Ich weiß, dass die Partie noch nicht beendet ist und ich irgendwann weitermachen muss. Im Moment aber studiere ich lieber und widme mich parallel der Recherche nach Paolos Mörder.

Nachdem ich im Netz die Statistiken gefunden hatte, war ich heute in der Sormani, der größten, glorreichen Bibliothek Mailands, um auf »klassische« Art zu suchen. Zeitungen, Zeitschriften, Bücher. Ich habe mir Namen und Daten notiert, die mit den drei in Mailand verschwundenen Männern zu tun haben. Drei in den letzten zwölf Monaten. Vor Paolo Molinari war es Davide Mari, der an Silvester verschwunden ist und zum letzten Mal mit einer attraktiven Brünetten gesehen wurde. Davor hatte es einen jungen Mann aus Imola erwischt, Ivan Gasparini, Anfang November. Die Familie hatte nicht sofort Alarm geschlagen, weil die Eltern sich im Ausland aufhielten. Als sie danach den Sohn trotz aller Bemühungen nicht finden konnten, der in einem Apartment in der Nähe der Navigli wohnte, hatten sie die Polizei verständigt.

Der Erste war Giorgio Conti gewesen, vermisst seit dem ersten Juni. Gebürtig aus Vercelli, Student an der Katholischen Universität.

Ich brannte vor Neugier. Wenn ich bei einer der Zeitungen arbeiten würde, wo ich mich beworben habe, wäre es ein Fest! Ein Geheimnis, eine Serienmörderin, die mitten in Mailand ihr Unwesen treibt und in drei von vier Fällen – so weit wir wissen – junge Männer verführt und getötet hat, um ihre Leichen dann verschwinden zu lassen. In Paolos Fall, dem vierten, scheint es anders gelaufen zu sein, vielleicht hat er was gerochen und ist geflohen, und sie konnte es nicht riskieren, einen unliebsamen Zeugen laufen zu lassen.

Diese Möglichkeit lässt nur eine Schlussfolgerung zu: Das Nest der Frau muss in der Nähe von Piazzale Corvetto liegen, denn Paolo wäre nie zu Fuß durch die Stadt gegangen.

Ich sehe schon die Schlagzeile: »Die Gottesanbeterin von Piazzale Corvetto«.

Oder sollte ich den Blog vielleicht genau damit wieder aufmachen?

Tief in meine Überlegungen versunken, gehe ich in Molinaris Zimmer. Wie ein Detective aus einer Ami-Serie suche ich nach einem Detail, einer Kleinigkeit, die mir auf die Sprünge hilft, das Geschehen zu rekonstruieren.

Als ich den Kleiderschrank öffne, habe ich eine Art Geistesblitz.

Ich nehme ein Samtjackett heraus und schlüpfe hinein: wenn ich verstehen will, wer mein Freund wirklich war, muss ich agieren wie er. Werden wie er. Mich kleiden wie er.

Ich muss gestehen, dass es ein wenig mit mir durchgeht: wenige Minuten später liegt der gesamte Schrankinhalt auf seinem Bett verstreut, und ich probiere alle seine Klamotten durch.

Ein warmes, elegantes Samtsakko, da kann ich endlich meine alte orangefarbene Charlie-Brown-Jacke in den Müll werfen!

Ich komme mir vor wie eine Hyäne und kann es doch nicht lassen. Ich habe Blut geleckt.

Nach den Sakkos sind die Hemden dran – die klassischen Brooks Brothers –, die unbedingt über der Hose getragen werden müssen. Sie stehen mir göttlich: Alle sind blau oder zumindest in gedeckten Farben. Dann die Jeans. Sie sind mir etwas weit, aber mit einem Gürtel geht es. Schließlich die Clarks: Die liebte er und hatte gleich vier Paar davon. Und da auch ich sie liebe und wir dieselbe Schuhgröße haben, dreiundvierzig, tja ... Er braucht sie ja ohnehin nicht mehr, richtig?

Der letzte Schliff, die Brille. Ich setze mein altes goldfarbenes Metallgestell ab und probiere seine Ray-Ban. Großartig. Ich sehe ein bisschen aus wie JFK, der sich nicht um aufdringliche Reporter schert. Ich werde einfach die Brillengläser austauschen, dann ist sie perfekt.

So ausgestattet betrachte ich mich in dem hohen Spiegel – den werde ich übrigens auch in mein Zimmer stellen –, der mich in voller Größe zeigt: ein devoter Adept des Molinari-Style.

Die Verwandlung ist vollbracht. Zufrieden schaue ich mich an, das Landei aus der Poebene ist kaum wiederzuerkennen. Jetzt habe ich Stil und Persönlichkeit, die sich allerdings auflösen wie die Sandburg in der Welle, als plötzlich eine hochgewachsene, schlanke junge Frau im Zimmer steht und mich anstarrt wie einen Außerirdischen, bis es schließlich aus ihr herausbricht: »Was machst du denn da in den Kleidern meines Bruders?«

Ich falle fast in Ohnmacht.

»Wer ...?«

»Enrico, darf ich dir Margot vorstellen, Paolos Schwester.«

Fabio sieht mich verlegen an. Er schüttelt den schamroten Kopf. Und auch ich fühle mich in Molinaris Sachen wie ein Vollidiot. Wie ein Aasgeier, der sich am frischen Kadaver weidet. Meine Scham hätte mich in Grund und Boden getrieben, wenn das Mädchen mich nicht so herrlich anlächeln würde.

»Steht dir aber gut.«

Ihrer Miene kann ich entnehmen, dass sie das nicht sagt, damit ich mich wie ein elender Wurm fühle oder um mich zu bestrafen. Es ist eine bloße Feststellung.

»Danke.«

Verlegen reiche ich ihr die Hand.

»Schöner Name, Margot, gefällt mir.«

»Willst du mich veräppeln?«

»Nein, so heißt doch die Verlobte von Lupin.«

»Aha, ich dachte schon. Ihr seid wohl alles Intellektuelle hier in der Wohnung, was?«

Fabios Gesicht ist mittlerweile dunkelrot.

»Hör nicht auf ihn. Er macht nur Witze.«

»Nein, ich meine das völlig ernst: Margot ist ein wunderschöner Name. Er erinnert mich an meine Jugend, die unter uns gesagt noch nicht abgeschlossen ist.«

Sie lacht.

»Dann weißt du wohl auch, dass Margot die französische Variante von Margherita ist. War die Idee meiner Mutter, sie ist nämlich gebürtige Pariserin, müsst ihr wissen. Der Name kommt aus dem Griechischen, von Margarites, oder von dem persischen Marvarid und bedeutet Perle.«

»Mit diesem Hintergrund wirkt er noch mal völlig anders«, gebe ich zu.

»Ja«, bestätigt Fabio, um sich wieder ins Gespräch zu bringen. »Jedenfalls nicht wie dieser Zeichentrick-Quatsch.«

Es ist still im Raum, und wir sind alle ein wenig verlegen. Vor allem ich wegen meines Aufzugs. Ich vergrabe die Hände in den Taschen und stoße auf ein Paket Tabak. Den duftenden Tabak von Molinari. Aus Frankreich. Begeistert atme ich den Geruch ein, irgendwie schokoladig.

Margot bemerkt die Bewegung.

»Riecht gut, nicht? Paolo liebte ihn. Er ließ ihn sich extra per Express aus Frankreich kommen, einmal im Monat von einem Onkel. Kannst du drehen?«

»Ja«, stottere ich. In dieser Wohnung wurden mehr Joints gedreht als in einem holländischen Coffee-Shop. Und dann heißt dieser Tabak auch noch, so ein Zufall, Amsterdamer.

»Würdest du mir eine drehen?«

»Klar. Komm, wir gehen auf den Balkon. Fabio möchte nicht, dass drinnen geraucht wird. Paolo hat es draußen ein bisschen gemütlich gemacht.«

Was untertrieben ist. Er hat nämlich auf der kleinen Terrasse zum Innenhof ein romantisches Eckchen eingerichtet, das er hauptsächlich mit seinen Frauen nutzte. Komplett mit Tischchen und Duftkerze, einem Design-Aschenbecher und einem kleinen grünen Teppich mit zwei Sitzkissen.

Ich drehe zwei Zigaretten und reiche eine davon Margot. So richtig wohl fühlen wir uns nicht in dieser präkoitalen Dependance ihres Bruders, aber es geht.

»Was machst du so, studierst du? Oder arbeitest du bei deinem Vater? Paolo hat nämlich nie von dir erzählt ...«

Bei seiner Nennung verzieht Margot unwillkürlich das Gesicht, und eine Träne läuft ihr über die Wange. Sofort fängt sie sich wieder.

»Ich mache meinen Master in Business Administration in London. Mein Vater wollte das so: Er hat dieses metallverarbeitende Unternehmen, das in die ganze Welt verkauft, und er möchte, dass wir Kinder es eines Tages übernehmen ...«

Jetzt weint sie doch, und ich reiche ihr mit wachsender Befangenheit ein Papiertaschentuch. Sie wischt ihre Tränen ab.

Wir rauchen eine Weile stumm, bis Margot das Schweigen bricht.

»Ich werde heute schon mal seine Sachen zusammenpacken und morgen dann alles abholen, okay? Ich habe ein Hotelzimmer ganz in der Nähe gebucht, ich werde euch bestimmt nicht zur Last fallen.«

»Oh, es ist sehr schön, dich hier zu haben.«

»Lügner. Ich habe doch Fabios Miene gesehen.«

»Nerds haben keine Ahnung, wie man sich in Gegenwart eines hübschen Mädchens verhält.«

»Ach nein?« Sie lacht.

»Nein, ihre geistigen Abläufe haben dann einen Blackout. Sie brennen durch. Wie ein überhitzter Computer. Schlimme Sache.«

»Und du, Enrico, weißt du, wie man sich in der Gegenwart von Mädchen verhält?«

»Machst du Witze? Wir Journalisten leben von menschlichen Beziehungen.«

»Dann arbeitest du für eine Zeitung? Tages- oder Wochenzeitung?«

»Nicht so richtig. Ich habe einen Blog«

»Ach.«

Diesem Seufzer entnehme ich ihre Enttäuschung. Wahrscheinlich hält sie mich für einen frustrierten Angeber ohne jede Chance auf einen Job, der so tut, als würde er tolle Artikel auf seinem Blog veröffentlichen. Der zurzeit ja nicht mal aktiv ist. Vielleicht hat sie ja recht. Ich verpasse die Treppe zum Erfolg. Beim bloßen Gedanken daran stürzt meine Stimmung ins Bodenlose. Margot scheint das zu merken. Sie drückt die Zigarette im Aschenbecher aus und steht auf.

»War schön, dich kennenzulernen, Enrico, aber ich muss jetzt los. Ich ordne noch ein paar Sachen und gehe dann schlafen. Ich bin völlig fertig.«

Sie sieht wirklich erschöpft aus. Seit der schlimmen Nachricht hat sie wahrscheinlich wenig geschlafen.

»Wie du willst. Kann ich dir helfen?«

»Nein, danke. Ich möchte im Zimmer meines Bruders lieber allein sein.«

Ich nicke und entferne mich deprimiert.

In meinem Zimmer setze ich mich an den Computer. Zur Entspannung drehe ich mir eine schöne Amsterdamer und gebe mich ganz meinem Groll hin. Ob das gesund ist, weiß ich nicht, aber es hilft mir. Wie in dem Song L'avvelenata von Francesco Guccini, den ich auf einer alten Kassette habe und in dem er nur Gift spuckt. Ich stecke sie in den Walkman, höre und rauche.

Auf der Kassette ist auch A Muso duro von Bertoli. Den Hass auf den Gegner kanalisieren, um am Ende noch etwas Gutes daraus zu ziehen, das mache ich jetzt auch.

Mein ganzer Hass richtet sich auf den Sauhund, der meinen Blog gehackt hat. Doch die Zeit der Ungewissheit ist vorbei. Jetzt habe ich die nötigen Kenntnisse, ihm entgegenzutreten und mich mit ihm zu messen.

Fabio hat mir bis zum Erbrechen gepredigt, dass Hackertum bedeutet, die Intelligenz des Gegenübers herauszufordern.

Die Softwareentwickler analysieren die Methoden, um bestimmte Funktionen zu verschlüsseln und zu verstecken, während die anderen bestimmte Techniken und manchmal hanebüchene Tricks anwenden, um sie zu enthüllen und neue Verschlüsselungsalgorithmen zu erfinden. Man braucht ein großes Wissen, um sich nicht in diesem Labyrinth zu verirren. Doch wenn du nicht den Mut hast, das Labyrinth zu betreten, wird der Minotaurus irgendwann hervorkommen und dich suchen.

Genau, mein Feind ist der Minotaurus, und dem werde ich mich nun an die Fersen heften. Ihn mit offenem Visier herausfordern. Ich habe Tabak genug, um dem Ariadnefaden zu folgen, den er – im Guten oder Bösen – ausgelegt hat. Die halbe Welt hat er dafür genutzt, ist von Indonesien nach Mexiko gesprungen, von

Südafrika bis Polynesien. Doch ich bin geduldig und entschlossen genug, ihm zu folgen.

Um ein Uhr in der Nacht erreiche ich das letzte Puzzleteilchen. Ich habe ihn um den ganzen Globus verfolgt, doch nun bin ich da: Lyon. Noch einen Schritt, dann habe ich's. Und es überrascht mich nicht, dass der Angriff von Mailand aus gestartet wurde. Jetzt weiß ich es. Die IP, also die Adresse von Minotaurus' Heim, ist ein multinationales Unternehmen mit Sitz in einem Glaspalast in der Nähe von Bahnhof Garibaldi. Einer dieser Dienstleister mit Tausenden frenetisch arbeitenden Digital-Ameisen. Nun muss ich nur noch herausfinden, von welchem Computer der Angriff auf meine Seite ausging, dann bin ich beim materiellen Urheber desselben.

Dafür fehlen mir noch ein paar Kunstgriffe. In der Zwischenzeit reaktiviere ich meinen Blog *Milanonera* und stelle ein paar Artikel über den Tod von Paolo Molinari ein und die beunruhigenden Statistiken zu den verschwundenen jungen Männern. Doch damit habe ich meinen Feind noch nicht ausgeräuchert. Ich rekonstruiere meine letzten Posts – als Zusammenfassung, da die Originale ja verloren sind – über das Verbrechen an Avvocato Sommese. Auch das Foto des Geständigen stelle ich ein mitsamt einem schweren Giftbrocken: das mit Blut gemalte Symbol. An das ich dieses Mal allerdings eine kleine, unsichtbare Erinnerung hefte.

Ein Köder, um den Fisch an die Angel zu kriegen, von den Nerds Trojaner genannt. Ein Programm, das ihn ausspionieren und direkt in meine Arme treiben wird.

Die Tage des Minotaurus sind gezählt.

...

Am Metallschrank in Sebastianis Büro kleben säuberlich nebeneinander vier Fotos und ein Phantombild der mörderischen Gottesanbeterin.

Der stellvertretende Polizeipräsident mustert es verwirrt. Wenn eine Ermittlung ins Stocken gerät, muss man wieder von vorn anfangen. Neu nachdenken. Und ein neues Bild entwerfen von dem, was passiert sein könnte.

Er mustert die Gesichter der in den vergangenen zehn Monaten verschwundenen Männer: Giorgio Conti, Ivan Gasparini, Davide Mari.

Der letzte ist Paolo Molinari. Auch er wurde von der Gottesanbeterin in einem Lokal abgeschleppt, nur dass er anders als die anderen auf der Piazzale Corvetto wieder auftauchte. Mit einer Kugel im Nacken.

Die Zigarre zwischen den Lippen wandert einmal im Mund hin und her. Erst als Lonigro leise hustet, bemerkt Sebastiani seine Anwesenheit.

»Stehst du schon lange da?«

»Lange genug, um zu sehen, dass Sie total in Gedanken waren.«

»Und was hast du da in der Hand?«

Der Inspektor nimmt den Tesafilm und klebt ein fünftes Bild neben das von Molinari.

»Das kam gerade aus Padua. Das ist der junge Mann, der mit der gleichen Waffe wie Molinari erschossen wurde.«

»Woher kommt das?«

»Es lag bei seiner Akte. Damals hatten die Eltern die Waffe bei der Polizei abgeliefert, um die Ermittlungen zu unterstützen.«

Sebastiani steht auf und geht zu ihm.

»Unglaublich.«

Das Bild sieht anders aus als das Fahndungsfoto in ihrem Besitz. Der Junge auf dem Farbfoto lächelt. Er steht vor einem Bücherregal und trägt ein weißes Hemd.

»Die Ähnlichkeit mit Molinari ist frappierend, oder?«

»Die Ähnlichkeit zwischen allen ist frappierend«, bestätigt Sebastiani. »Alle Männer sind dunkelhaarig, sehr gut aussehend mit hellen Augen.«

Die Zigarre ist nur noch Kautabak, als der Vice Questore zusammenfasst: »Mein lieber Lonigro, mir scheint, wir haben das Beuteschema.«

...

Die Mailänder nennen sie Porta Cicca.

Ich mache die Vespa aus und betrachte sie. Porta Ticinese, direkt am Darsena-Kanal.

Diese Stadt überrascht einen immer wieder. Wenn ich bedenke, dass Leonardo da Vinci mit seinen Schleusen ein kleines Venedig daraus gemacht hatte, nur damit später dann jemand sämtliche Navigli unter die Erde verlegt und oberirdisch Autos fahren lässt, bleibt mir die Spucke weg. An solchen Entscheidungen kann man den Verfall einer Nation ablesen. Flüsse einzementieren, damit Idioten auf vier Rädern freie Fahrt haben.

Im Zeitschriftenlesesaal der Sormani habe ich heute Vormittag nach weiteren Artikeln gesucht, doch wegen meines Schlafmangels von letzter Nacht fielen mir immer wieder die Augen zu, sodass ich beschloss, eine Runde auf der Vespa zu drehen.

In der Nähe steht eine Fischbude, die frittierten Fisch auf die

Hand verkauft. Der Duft lässt mir keine andere Wahl, und ich erliege der Versuchung.

Der Tag ist angenehm lau, und ich setze mich zum Essen ans Ufer der Darsena. Gerade will ich eine Bierdose öffnen, da klingelt mein Motorola.

»Du hast den Blog reaktiviert, sehr gut!«

»Rufst du deshalb an, Fabio?«

»Das ist ja wohl Grund genug, oder? Ich bin gerade am PC und habe mir die Zugriff-Statistik angesehen. Die wird mir automatisch weitergeleitet, weißt du. Nach den ganzen Nullen der vergangenen Tage hat mich fast der Schlag getroffen.«

Damit hat der verfluchte Nerd meine Aufmerksamkeit.

»Wie viele?«

»Dreihundert Besucher in zehn Stunden. Was zum Teufel hast du gepostet, nackte Frauen?«

»Dreihundert? Das glaube ich nicht. Ich habe ein paar Artikel über den Mord an Paolo eingestellt. Und noch etwas aus dem Archiv wiederverwertet.«

»Damit hast du dich wieder aufs Gleis gesetzt.«

»Das war auch Zeit, oder?«

Ich höre, wie er etwas in die Tastatur tippt.

»Oh, und du hast sogar das Symbol veröffentlicht!«

»Ich fordere den Minotaurus heraus. Aber dieses Mal mit Netz und doppeltem Boden.«

»Du meinst ...«

Er kommt nicht dazu, den Satz zu beenden: Akku leer. Wie immer, das Telefon ist tot. Früher oder später brauche ich ein neues.

Ich trinke in Ruhe mein Bier aus und steige wieder auf meine

Giallo. Wenn der Blog so gut läuft, ist mir der Minotaurus im Labyrinth gewiss schon auf der Spur.

...

Darf man unkeusche Gedanken über die Schwester seines toten Mitbewohners haben?

Mit dieser Frage betrete ich die Wohnung und laufe direkt in Margot hinein. Sie trägt eine verblüffend rosa Shorts mit wohlgeformten Beinen darunter. Ihre schwarzen Haare hat sie zu einem langen Zopf geflochten und das enge T-Shirt betont ihre Brüste. Sie steht inmitten von Kartons und Koffern. Sie schwitzt und lächelt.»Ciao, Enrico!«

»Ciao, brauchst du Hilfe?«

Sie lächelt.

»Nein, ich bin so gut wie fertig. Aber die kannst du haben.«

Sie zeigt auf einen Stapel sorgfältig gefalteter Anziehsachen ihres toten Bruders.

»Machst du Witze? Das war doch nur Quatsch gestern.«

»Nein, echt. Die sind bei dir besser aufgehoben. Wir bringen eh alles zur Caritas oder was weiß ich.«

»Danke, aber ...«

»Ich habe doch gesehen, wie gern du sie hättest. Kein Problem, echt nicht.«

Ich möchte sie umarmen oder küssen oder das andere tun, doch da taucht Fabio im Flur auf und bietet auch seine Hilfe an. Wir Landeier sind echte Kavaliere.

Am Ende überlässt Margot Fabio noch Paolos PC, den Megabildschirm und eine Menge Hightech-Kram. Wir müssen ihr echt leidtun.

»Zu Hause haben wir genug Fernseher und Computer. Wir wüssten eh nicht, wohin damit, und bevor sie in irgendeiner Besenkammer verstauben ...«

Mein Mitbewohner sieht sie, so vermute ich, mit denselben Gedanken an, die mir durch den Kopf gehen; verzeih uns, Paolo.

»Ich würde euch noch gerne um einen Gefallen bitten, Jungs.«

»Was immer du willst.«

Sie wird rot.

»Nun übertreib mal nicht, Enrico.«

Ich beiße mir auf die Zunge.

»Frag, und dir wird gegeben.«

»Ich habe länger gebraucht als gedacht, und jetzt habe ich keine Lust mehr Auto zu fahren. Das Hotelzimmer hatte ich aber nur für gestern gebucht. Könnte ich heute hier bleiben?«

»Aber sicher doch!«

»Das wäre uns eine Freude.«

»Enrico, wäre es möglich ...«

Mit mir zu schlafen? Es bis zum Morgengrauen zu treiben wie die Karnickel?

»Was denn?«

»Na ja, ich möchte nicht so gern im Bett meines Bruders schlafen, da hätte ich so ein komisches ... Verstehst du?«

»Kein Problem: Du kannst mit mir schlafen.«

»Wie?«

Warum rede ich nur diesen schrecklichen Bullshit? Sie in Trauer und ich geil wie ein Warzenschwein ...

»Also, ich meinte: du kannst bei mir schlafen, also in meinem Zimmer, ich quartiere mich dann bei Paolo ein.«

»Du bist ein Schatz.«

Klar, ein Schatz. Ein Mistkerl.

Ich lächele sie an und ziehe mich mit eingezogenem Schwanz in das Zimmer des Toten zurück.

Die Nacht verbringe ich auf dem kleinen Balkonwohnzimmer. Das Laptop auf den Knien und eine Selbstgedrehte nach der anderen im Mund. Ich kann es immer noch nicht glauben: fünfhundert Zugriffe in den letzten vierundzwanzig Stunden. Allein das blutige Symbol wurde zweiunddreißig Mal aufgerufen. Zweiunddreißig verschickte Trojaner. Jetzt bin ich mal gespannt, wer von den Glückspilzen der Minotaurus ist.

...

Am nächsten Morgen bin ich früh wach. Es ist nicht mein Bett, und das Bewusstsein, dass Margot nur wenige Schritte von mir entfernt liegt, hat mir unvorstellbare erotische Träume beschert: Bei jedem kleinsten Geräusch stellte ich mir vor, sie käme nackt in das Zimmer, um ...

Der Kaffee blubbert in der Kanne hoch, da steht sie plötzlich vor mir. Im Schlafanzug genauso schön wie sonst.

»Guten Morgen.«

»Guten Morgen, Prinzessin. Möchtest du Kaffee?«

Das sage ich ohne groß nachzudenken. Total hirnamputiert. Wie in diesem Benigni-Film, der einen Oscar gewonnen hat.

Sie nickt und lächelt. Ein breites, ehrliches Lächeln. Auch wenn ich in ihren Augen eine große Traurigkeit sehe. Sie sind gerötet, wahrscheinlich hat sie geweint. Auch ihr hübsches Gesicht wirkt angespannt, und ich fühle mich wie der letzte Wicht, dass ich an andere Sachen gedacht habe als an die Trauer, die sie durchmacht.

Ich schenke Kaffee ein und reiche ihr die Espressotasse.

»Ich habe wieder mit dem Blog angefangen.«

»Mit was?«

»Mit meinem Blog, *Milanonera*. Ich schreibe dort über Paolo ...«

Ihre Miene wird düster. Was fällt mir nur ein?

Ich will mich schon entschuldigen, als mein Motorola klingelt. Verflucht noch mal, ich kann es nicht ignorieren und schlapp machen wird es auch nicht, weil es in der Steckdose steckt.

»Hallo?«

»Das hast du gut gemacht. Dann lag ich also ganz richtig!«

Guarneri. Mittlerweile erkenne ich seine Stimme.

»Das haben Sie vor Monaten gesagt und mich dann nicht eingestellt.«

»Konnte ich nicht, aber ich verfolge schon eine Weile, was du auf deinem Blog schreibst. Und ich kann nur wiederholen: Das machst du gut. Auch die Recherchen zu deinem Mitbewohner.«

»Danke.«

»Ich rufe an, um dir einen Vorschlag zu machen, aber jetzt flipp nicht gleich aus, ich habe meine Meinung nicht geändert.«

»Ich höre.«

»Ein alter Freund von mir, Rino Parodi, ist seit einem Jahr der Chefredakteur einer Lokalzeitung, *Milano (e hinterland) Oggi*, schon mal gehört?«

»Nie.«

»Egal, die Auflage ist bescheiden, aber ihre Reichweite umfasst die ganze Stadt und Vororte. Ich habe ihm von dir erzählt, und er hätte dich gerne als freien Mitarbeiter. Seine Redaktion – sie sind mit ihm zu dritt – ist eher höheren Alters, da bewegt sich nicht mehr viel. Sie brauchen einen Reporter wie dich. Einen

Schnüffler. Du hättest allen Platz, den du willst, auch eine ganze Seite, wenn deine News gut sind.«

Klar, und die Zahnfee legt mir eine Millionen Euro unters Kopfkissen.

»Wo ist der Haken?«

»Kein Gehalt. Weißt du ...«

»... in meinem Alter muss man sich erst mal die Sporen verdienen usw. Das kenne ich schon.«

»Wie gesagt. Ich halte das für eine gute Gelegenheit. Wir sitzen gerade zusammen hier in der Bar, wenn du willst, reiche ich das Telefon weiter, dann könnt ihr euch ein bisschen unterhalten.«

Hyänen untereinander beißen sich nicht, sie verbünden sich.

»Ja, danke, geben Sie ihn mir.«

Ich höre diverses Rascheln, dann erklingt ein sonorer Bariton.

»Mein lieber Radeschi, freut mich, dich kennenzulernen.«

»Ganz meinerseits.«

»Guarneri hat dich über die Konditionen informiert?«

»Mehr oder weniger.«

»Du schickst Vorschläge, wir wägen ab, und wenn sie uns gefallen, veröffentlichen wir sie. Aber wir können nichts zahlen. Einverstanden?«

Vermaledeiter Ausbeuter.

»Kann ich darüber nachdenken?«

»Wenn du nachdenkst, fragen wir den Nächsten auf der Liste.«

»Sie haben eine Liste?«

»Dort draußen wartet ein ganzes Heer an Journalisten-Anwärtern. Also, wie lautet deine Entscheidung?«

»Ich akzeptiere.«

»Perfekt! Ich lasse mir von Guarneri deine Nummer geben,

und morgen früh rufe ich dich gleich aus der Redaktion an für die ersten Vorschläge. Und bitte: Überrasche mich!«

Vielleicht war es in der Poebene gar nicht so schlecht, denke ich mir und lasse mich auf einen Stuhl sinken.

»Alles in Ordnung?«, fragt Margot.

»Bestens. Wie es scheint, habe ich einen neuen Job. Leider für lau.«

Sie lächelt.

»Wegen der Artikel von deinem Blog?«

»Ja.«

»Das Glas ist halb voll.«

»Brauchst du Hilfe, um die Sachen ins Auto zu packen?«

»Ich habe mich nicht getraut, dich zu fragen ...«

»Aber klar doch. Ich und Fabio sind liebend gern deine Sherpas. Und auch mehr.«

13

Unsere Sinne sind alles, sie ermöglichen es uns zu atmen und uns vorzustellen, was als Nächstes passiert.

Mein Schnüfflerinstinkt scheint mich in den letzten Tagen verlassen zu haben. Ich finde keine Nachrichten, die einer Veröffentlichung wert wären, und meine Zukunft kleidet sich in immer düstereren Farben.

Ohne Paolo fühle ich mich allein. Er hat unsere Tage gefüllt, unsere Abende, unser Leben.

Seine Schwester Margot ist vor einigen Tagen abgereist.

Ich habe sie noch einmal bei der Beerdigung in Piacenza gesehen, aber es war kein längeres Gespräch möglich. Fabio und ich haben die ganze Zeit geweint und sind sofort nach der Beisetzung im Zug nach Mailand zurückgefahren. Molinaris Familie war am Boden zerstört, die Schwester ganz blass mit geschwollenen Augen.

Das sind meine auch, allerdings nicht vom vielen Weinen. Heute habe ich meine Sehbrille gewechselt und muss mich an die neue Stärke erst gewöhnen. Das ist Teil der Transformation. Die ich mir selbst auferlegt habe. Ich trage jetzt fast nur noch Paolos Kleider. Seine Samtjacken – die zusammen mit den blauen Clarks und der Jeans eine Art Uniform geworden sind – und seit heute das JFK-Brillengestell.

Am meisten beeindruckt mich, dass ich mich pudelwohl darin fühle. Es geht nicht darum, die Klamotten eines Toten zu tragen, sondern darum, ihn in Erinnerung zu behalten, indem sein Stil fortlebt, ihn würdigt.

Genauso ist es mit seinem Tabak: Ich rauche keine Zigaretten mehr. Nur noch selbstgedrehte, mit Schokogeschmack. In einer von seinen Schubladen habe ich einen Vorrat gefunden, der für vier Wochen reichen dürfte. Danach werde ich mir etwas ausdenken, vielleicht steige ich auf die Vespa und fahre an die Grenze nach Menton, um mich neu einzudecken.

In der Jackentasche trage ich neben Bleistift und Notizblock Paolos Digitalkamera mit mir herum. Nur mein Handy ist noch das alte Schrottteil von Motorola, das immer ausgeht, denn Paolos letztes Modell hat die Polizei beschlagnahmt ...

Meine Tage in Mailand sind träge und entspannt. Nach einem Espresso mit Brioche bei Pattini am Corso Buenos Aires habe ich einen Spaziergang gemacht und komme gerade aus einem der Billigläden für tausend Lire, besser gesagt Ein-Euro-Shops. Mit Einführung des neuen Geldes haben sie alle schnell aufgerundet. Alles kostet das Doppelte. Eine Pizza kostete vorher sechstausend Lire? Dann sind es jetzt sechs Euro. Und so weiter.

Ich selbst habe mich zurückgehalten. Habe lediglich ein Feuerzeug gekauft. Nichts Großartiges. Ich hatte meins zu Hause vergessen und kann mir nun endlich die erste Handmade des Tages anstecken. Ich gehe in Richtung Via Vitruvio zu einer alteingesessenen Buchhandlung, der Lirus, um mir ein gutes Buch empfehlen zu lassen. Ich bin seit jeher überzeugt, dass man zum Schreiben – egal welcher Art, vom Poem bis zum Zeitungsartikel – Inspiration und viel Übung braucht. Und da ich in letzter Zeit Artikel am laufenden Band verfasse, sollte ich besser im Training bleiben. Vier Artikel habe ich der neuen Zeitung Milano (*e hinterland*) *Oggi* geschickt (was für ein bescheuerter Name!). Für die düstere Atmosphäre und um die Neugier zu schüren, orientiere ich mich an Krimis. Ich glaube, das macht nicht nur mir, sondern auch den Lesern Spaß: Die Nachrichten mit ein bisschen Literatur zu würzen, kann allen nur guttun.

Auf diese Weise habe ich auch von den anderen vermissten jungen Männern berichtet. Am Ende hatte ich ein Online-Dossier, das ich konstant aktualisiere. Diese Geschichten ähneln im Großen und Ganzen sehr der meines Freundes, nur dass die Polizei nicht voranzukommen scheint. Also fahre ich mit meiner privaten Ermittlung fort. Unbezahlt, da die Zeitung mir keinen Cent gibt, aber meine Artikel wenigstens ungekürzt und ohne auch nur ein Komma zu streichen abdruckt. Das macht mich zum Lautsprecher: rund fünfzehntausend Leser, denen sich noch ein paar Tausend von *Milanonera* dazugesellen.

Ob das was bringt? Keine Ahnung, aber da ich eh keine Alternative habe, mache ich das Beste draus.

Ich werfe die Kippe in den Gully, als es plötzlich quasi direkt über mir einen Riesenknall gibt.

Tausende Autosirenen heulen auf, aktiviert von dem Luftstoß. Sofort füllen sich Bürgersteige und Straßen mit Menschen. Alle schauen nach oben, ungläubig, verwirrt, entsetzt. Aus einem Hochhaus schlagen Feuerzungen. Und zwar nicht aus irgendeinem: das Pirelli-Hochhaus, Regierungssitz der Region Lombardei und Mailands städtebaulicher Stolz, steht ihn Flammen.

...

Ich weiß noch, wo ich war.

Ich glaube, das wissen alle noch. Es gibt Momente wie diesen, die bleiben einem in Erinnerung, weil man ihnen eine persönliche Bedeutung zumisst. Erst sieben Monate sind vergangen, aber dieses Bild wird mir vermutlich für immer unauslöschlich ins Gedächtnis eingebrannt sein.

Es war am frühen Nachmittag, Dienstag, und ich saß im Wartesaal der *Gazzetta di Mantova*.

Am Vortag hatte ich in Mailand meinen Journalistenausweis abgeholt, um ihn dem Chefredakteur zu zeigen. Was genau ich mir von diesem Treffen versprach, weiß ich nicht: würde er mich mit unverhohlenem Mitleid ansehen? Oder mir gratulieren und mich rundweg einstellen? »Ab jetzt gehörst du zum Team«, würde er sagen, »such dir einen Schreibtisch aus.«

Natürlich war es so nicht gekommen. Ich hatte ja nicht einmal den Fuß in sein Büro setzen können. Der laufende Fernseher vor dem Empfangsschalter hatte die Bilder des brennenden World Trade Centers übertragen. Zuerst war das eine, dann das zweite Flugzeug in die Zwillingstürme gerast.

Das hatte die Redaktion aus ihrem Dornröschenschlaf geweckt. Lautes Stimmengewirr, klingelnde Telefone, gehetzte Gesichter. Ich war aufgestanden und hinausgegangen. Erschrocken über das, was ich gesehen hatte: Menschen sprangen aus den Fenstern, um nicht zu verbrennen oder im Rauch der Flammen zu ersticken. Menschen können sich gegenseitig töten und terrorisieren. Das unterscheidet sie von den Tieren.

Jetzt, wo ich den schwarzen Rauch vom Pirelli-Hochhaus aufsteigen sehe, überkommt mich dasselbe ungute Gefühl wie damals, habe ich einen Kloß in Magen und Kehle.

»Sie sind bei uns. Al Qaida will uns bestrafen!«, schreit eine Frau unter Tränen.

Allgemeine Panik. Lautes Gehupe, wildgewordene Sirenen. Die Straßen sind voll mit Autos: Alle wollen schnell nach Hause. Zu ihren Lieben. Alle telefonieren. Plötzlich macht das Gerücht die Runde, ein Flugzeug sei in eines der oberen Stockwerke geflogen.

»Genau wie in New York!«

»Und wenn er zusammenbricht?«, fragt eine weißhaarige Dame.

»Der bricht nicht zusammen«, beruhigt sie ein Mann. »Der ist aus Stahlbeton gebaut, ein Koloss.«

Auch die Zwillingstürme waren aus Stahlbeton, denke ich. Aber ich bin zu aufgeregt, um mich in eine Diskussion zu verstricken, während um mich herum Panik herrscht. Wir alle haben Angst, wir alle denken dasselbe: Die Terroristen haben Mailand getroffen.

Heute ist unser 11. September.

Wie in Trance lege ich zu Fuß die wenigen hundert Meter zurück, die den Bahnhof von dem Vorplatz des Hochhauses trennen.

Hier ist der Anblick noch desaströser. Überall fliegt Papier herum. Zettel ohne Ende, die auf die Piazza Duca d'Aosta herabsegeln.

Ich schaue nach oben und betrachte das verbogene Blech des Gebäudes im sechsundzwanzigsten Stockwerk, aus dem Flammen und pechschwarzer Rauch steigen. Um das Gebäude kreisen Hubschrauber, aus allen Richtungen kommen Feuerwehrwagen und Polizeiautos gefahren, Leute um mich herum verfolgen mit erhobenen Blicken und unter Tränen die Katastrophe.

Das Handyklingeln ruft mich in die Gegenwart zurück. Mailand. Italien. Frühling 2002.

»Ein Flugzeug ist in den Pirellone geflogen! Sag mir, dass es dir gut geht!«

Mein Motorola funktioniert perfekt. Ein kleines Wunder, wo der Akku doch sonst immer spinnt.

»Ja, Mama, mir geht's gut.«

»Gott sei Dank. Ich hatte vielleicht eine Angst ...«

Sie berichtet, dass auf allen Fernsehkanälen die Bilder des brennenden Hochhauses zu sehen sind. Es kursieren haufenweise Theorien: Abgesehen von einem Anschlag denken manche, dass der Pilot Selbstmord begangen hat, und mehr solcher Phantastereien. Wie auch immer dieser Unfall abgelaufen ist – wenn es einer war –, geht die Strategie der Terroristen zweifellos auf. Egal wo man sich aufhält, seit dem Einsturz der Zwillingstürme fühlt man sich in Gefahr. Die Welt ist von heute auf morgen ein gefährlicher Ort geworden. Vor allem die Großstädte.

»Ich hatte Angst, dass es Bin Laden sein könnte«, seufzt meine Mutter. »Wo bist du?«

»Zu Hause«, lüge ich. »Ich bin gerade zurückgekommen. Jetzt ziehe ich meine Schuhe aus und schalte den Fernseher an.«

»Sehr gut. Bleib zu Hause, denn die Stadt ...«

»... ist ein Raubtier, ich weiß, Mama. Mach dir keine Sorgen.«

Als ich auflege, klingelt das Handy sofort wieder. Unglaublich.

»Hallo?«

»Du lebst!«

»Ja, ja. Ciao, Cristina. Wie geht's?«

»Stotterst du seit neuestem? Mit dem Anruf hast du nicht

gerechnet, ich weiß. Aber ich habe mir Sorgen gemacht, als ich diesen Horror im Fernsehen gesehen habe.«

Horror ist, dass ich nicht weiß, was ich sagen soll. Ich fühle mich total idiotisch. Willenlos. Die erste große Liebe kann man nun mal nicht vergessen. Man versucht sie zu ersetzen, jemand anderen zu finden, aber sie bleibt immer in Erinnerung.

»Geht es dir gut, Enrico?«

»Ja.«

»Bist du immer noch auf der Suche nach der ganz großen Story?«

»Mehr oder weniger.«

Ich bin von Geburt aus konservativ, das ist nun mal so.

»Sehr gut, gib nicht auf. Du fehlst mir.«

Sie legt auf. Hinterlässt mich abgebrannter als das Gebäude vor mir.

Ich wühle in meiner Tasche nach dem iPod. Ich muss jetzt ein Lied von Paolo Conte hören. Ihr Paolo Conte, unser Sänger. *Blue Tango* war vor circa tausend Jahren Cristinas und mein Song.

Ich will gerade auf PLAY drücken, als das Handy schon wieder klingelt.

Eine Nummer, die nicht in meinen Kontakten gespeichert ist. Genervt gehe ich ran.

»Mir geht's gut, ja, ich bin nicht in die Luft geflogen.«

»Entschuldige, ich wollte nur wissen …«

»Margot?«

»Ich habe mir Sorgen um dich gemacht, also habe ich mir bei Fabio deine Nummer besorgt und …«

»Sorgen um mich?«

Lieber Gott, ich danke dir, dass du auch den idiotischsten Tollpatschen beistehst!

»Mir geht's gut, danke.«

»Ich habe schon mehrmals versucht, dich zu erreichen, aber es war immer besetzt.«

»Die Arbeit«, lüge ich. Ich muss ihr ja nicht von meiner Ex erzählen.

»Schrecklich, was da passiert ist.«

Mein Herz klopft wie verrückt, und ich bin ziemlich durch den Wind.

Passiert? Ach ja, der Pirellone ... »Schrecklich, ja. Ich bin schon in der Nähe, um Fotos zu machen für meinen Artikel.«

»Ganz schön mutig, Radeschi.« Wenn ich auch so mutig wäre, dich zu fragen, ob wir ausgehen wollen, hätte ich ein echtes Löwenherz.

»Halb so wild. Und wie geht es dir?«

»Hier zu Hause ist die Stimmung ziemlich bedrückt. Ich möchte nicht schon wieder nach London zurück, ich könnte mich eh nicht konzentrieren. Dürfte ich vielleicht für ein paar Tage zu euch kommen? Das wäre eine gute Ablenkung für mich. Vielleicht könnten wir auch einmal ausgehen ...«

In meinem Kopf singt Jeff Buckley mit voller Lautstärke sein *Hallelujah*.

»Klar doch! Mein Zimmer gehört dir. Besser gesagt, *mi casa es tu casa*.«

Lächelnd lege ich auf. Jetzt erst fällt mir ein, dass ich dasselbe auch zu ihrem Bruder gesagt habe: *mi casa es tu casa*. Ich kriege Angst. Ich hebe den Blick zum Himmel und fühle mich beim Anblick des rauchenden Hochhauses weniger als nichts.

...

Loris Sebastiani hatte schon eine Menge Unglücksfälle gesehen in seinem Leben, aber dieses hier übertrifft sie alle. Zwei tote Frauen plus dem Piloten des kleinen Fliegers, einer Rockwell Commander. Dazu rund siebzig Verletzte.

»Zum Glück scheint es sich um keinen terroristischen Anschlag zu handeln«, teilt er dem Polizeipräsidenten am Telefon mit.

Sie haben schon viermal telefoniert, und er musste vier Zigarren runterkauen, um der Situation Herr zu werden. Und das auch erst, nachdem er den Mundschutz absetzen durfte, mit dem er sich vor dem Rauch und den giftigen Plastikdämpfen geschützt hatte.

Mittlerweile ist der stechende Geruch erträglicher geworden. Um den Vice Questore herrscht großes Gedränge: unter anderen die Leute von der Staatssicherheit, denen man nicht auf die Füße treten darf, außerdem Carabinieri und Unmengen Feuerwehrleute ...

Alle laufen durch das Pirelli-Hochhaus und versuchen herauszufinden, ob es sich um die Einzeltat eines Verrückten handelt, wie es im Fernsehen heißt, oder ob Terroristen dahinterstecken.

Die komplette Etage ist zerstört. Ein trostloser Anblick, nachdem alle Feuer gelöscht sind. Ein Friedhof verbrannter Möbel, mit den Resten des halben Flugzeugrumpfes. Ein paar Teile sind auf der anderen Seite des Gebäudes durch die Fensterscheiben gebrochen und in die Tiefe gestürzt.

»Wurde die Leiche des Piloten gefunden?«, fragt Sebastiani die Kollegen der Spurensicherung, die jeden Zentimeter des Schauplatzes absucht.

»Nicht ganz«, gibt einer zurück. »Das ist das Einzige bisher.«

Der Mann zeigt ihm einen menschlichen Körperteil, eine rechte Hand.

»Vom Piloten?«

»Vermutlich, sie klebte am Schaltknüppel. Den restlichen Leichnam setzen wir noch zusammen.«

»Wissen wir, wer er war?«

»Ja, Dottore. Der Kontrollturm von Linate hat uns zwei Mitteilungen geschickt: Luciano Müller, Jahrgang 1936. Unternehmer aus Mailand. Er ist zwanzig Minuten vor dem Unfall in Locarno gestartet.«

»Zeigen Sie mal her.«

Der Kriminaltechniker hebt vorsichtig die Tüte an, und Sebastiani beugt sich zu dem Beweisstück vor. Fast verschluckt er seine Zigarre vor Überraschung: am Ringfinger der Hand steckt ein dicker Ring mit einem ebenso gewichtigen Bild darauf.

»Das kann nicht sein ...«

Auch Chefinspektor Lonigro kommt näher.

»Aber das ist doch ...«, setzt er an.

»Genau«, unterbricht ihn Sebastiani. »Das ist dasselbe Symbol, das Avvocato Sommese vor seinem Ableben mit Blut auf den Asphalt gemalt hat.«

»Dann ist es also kein Terrorakt?«

»Nein, Ispettore. Hier wie auch in dem anderen Fall haben wir es mit einem Mord zu tun. Und ich verwette meine Dienstmarke darauf, dass der Auftraggeber ein und derselbe ist.«

14

»Guten Morgen, ich rufe von der PostalTrack an. Gratulation, Sie sind die glückliche Gewinnerin einer Reise auf die Malediven. Damit wir Ihnen Ihren Preis zukommen lassen können, bräuchte ich noch einige Informationen. Nein, Signora, das meine ich völlig ernst, ich muss nur sicherstellen, dass sie wirklich Marta Guadagnino sind, wohnhaft in der Viale Monza 74. Ist das korrekt? Perfekt. Geboren am 12. Mai 1951, richtig? Bestens. Wie heißt Ihr Mann? Aldo Dionigi. Wunderbar. Wir werden Ihnen den Gutschein per Post zuschicken. Noch ein paar Fragen unseres Sponsors: Haben Sie Kinder? Einen Jungen und ein Mädchen, sehr schön. Marco und Anna. Besitzen Sie einen Hund? Oh, einen Jack Russell, wie hübsch. Name? Gordon, das gefällt mir! Und noch ein Letztes, Signora, mögen Sie Blumen? Sie lieben Azaleen. Ja gut, dann hätte ich alles, was ich brauche. Das war sehr freundlich von Ihnen. Der Reisegutschein für den Flug auf die Malediven dürfte dann in drei bis vier Tagen in Ihrem Briefkasten liegen. Auf Wiederhören.«

Ich lege auf und stelle die Stoppuhr an. Zum Hacken gehören nicht nur Zahlen und Codes, sondern auch Psychologie. Und in diesem Fall ist es fast zu einfach: Nach nur einer Minute zwanzig habe ich das Passwort der Signora Marta herausgefunden.

Lieblingsblume und umgedrehtes Geburtsjahr: Azalee1591.

Jetzt kann ich ihre gesamte E-Mail-Korrespondenz einsehen und ihre Geheimnisse herausfinden. Was ich aber nicht tun werde. Das war nur die letzte Übung, die mir Fabio heute aufgetragen hat: aus einem Forum einen beliebigen Kandidaten aussuchen und alles über ihn erfahren.

Gewonnen hatte Signora Marta Guadagnino mit der E-Mail-Adresse: m.guadagnino@aol.it.

»Das hast du sehr gut gemacht, Radeschi. Echt. Der Artikel, den du mir geschickt hast über diesen Typen, der in den Pirellone geknallt ist, Bombe! Gänsehaut pur, wirklich.«

»Dann werde ich jetzt endlich mal bezahlt?«

Eine ätzende Frage, die nach so einer Lobhudelei nicht ausbleiben darf. Doch auf diesem Ohr ist mein Gesprächspartner eindeutig taub.

»Nein, das nicht. Aber das wusstest du von Anfang an.«

»Klar, aber ...«

»Kein Aber. In ein oder zwei Jahren reden wir weiter.«

»Aber ich habe Ausgaben, Rechnungen, Telefongebühren ...«

Rino Parodi seufzt in den Hörer. Ich kann mir seine genervte Miene vorstellen, auch ohne ihn zu sehen. Er ärgert sich, dabei müsste ich eigentlich stinksauer auf ihn sein, weil ich derartig ausgenutzt werde. Klar, ich könnte hinschmeißen. Aber um dann wo zu schreiben? Nur auf dem Blog? Wo ich auch nichts verdiene ... Dann doch lieber weiter für Milano (e hinterland) Oggi (ein echt bescheuerter Name!) und auf bessere Zeiten hoffen.

»Was ist los, ist dir die Spucke weggeblieben, Enrico? Wolltest du mir nicht von einem Artikel erzählen?«

»Nein, es ist nur ...«

»Okay, okay. Vielleicht weiß ich, wie du etwas verdienen kannst.«

Das ist doch wieder Verarsche.

»Mit Kistenschleppen auf dem Wochenmarkt?«

»Nein, nicht so anstrengend. Dafür hast du eh nicht die Statur. Du bist ein Intellektueller.«

Rinos Betonung nach zu urteilen, ist das eine tödliche Beleidigung.

»Und was für eine Arbeit wäre das für einen Intellektuellen?«, frage ich.

»Eine bezahlte freie Mitarbeit. Ein Verlag sucht erfahrene Leser, interessiert?«

»Wie erfahren?«

»Leute, die einen wahren oder zumindest glaubwürdigen Krimi von einem falschen unterscheiden können. Also?«

»Interessiert.«

»Na also! Da haben wir ja doch noch zu einer Einigung gefunden. Ich setze dich jetzt mit dem Herausgeber in Kontakt, davor sprechen wir aber noch über deinen nächsten Artikel.«

Erpressung scheint in diesem Metier die beliebteste Tauschwährung zu sein.

Ich schlage Parodi eine Hintergrundgeschichte zu der Pirellone-Tragödie vor. Dann gehe ich zum Angriff über.

»Wie heißt dieser Verlag?«

»Kaliber 9.«

»Bisschen kleiner ging's nicht?«

»Ich rufe jetzt den Verleger an und mache dir ein Vorstellungsgespräch für heute Nachmittag, einverstanden? Und dann soll niemand mehr behaupten, ich würde mich nicht um meine Reporter kümmern.«

...

Das Verlagshaus Kaliber 9 hat seinen Sitz in der ersten Etage eines Sechzigerjahre-Gebäudes in der Via Tenca, nicht weit von der Via San Gregorio entfernt, wo das hypersensible Madamchen Rina Fort 1946 ihr Massaker verübt hat. Ob das ein Omen für das ist, was mich hier erwartet?

Der Verleger heißt Carlo Giuffrida und ist ein kleiner, Kette rauchender Sizilianer. Sobald ich in seinem engen Büro Platz genommen habe, will er mir die Sache erklären.

»Wir veröffentlichen Unterhaltungskrimis. Die Leute lesen sie im Zug, am Meer, in der U-Bahn. Wir brauchen keinen Maigret, wir kommen ohne zurecht. Wir brauchen kein Genie, sondern jemanden, der einen ehrlichen Kriminalroman schreibt mit allem, was dazugehört.«

»Alles klar.«

»Bist du interessiert? Warte, noch nicht antworten; du hast noch nicht alles gehört: Wir geben dir drei bis vier Manuskripte pro Woche zum Lesen. Wir treffen die Vorauswahl aus dem, was bei uns ankommt. Du bekommst dann nur die, die einer genaueren Betrachtung wert sind.«

»Okay, aber ...«

»Du willst wissen, wie viel wir bezahlen, stimmt's? Ich habe gehört, dass du einen Geldfimmel hast.«

Von wem, etwa von Parodi? Und was hören meine armen Ohren da: Die wollen mir tatsächlich was zahlen! Ich versuche Ruhe zu bewahren und mein schönstes Pokerface zur Schau zu tragen, als ich nonchalant frage: »Wie viel?«

»Wenig. Zehn Euro pro Manuskript. Aber nur, wenn du ein Gutachten dazu schreibst.«

»Sagen wir fünfzehn?«

Giuffrida zündet sich die nächste Zigarette an, die vierte seit ich in seinem kleinen, mit Büchern vollgestopften Zimmerchen sitze.

»Zwölf und wir sind quitt. Wenn du gleich einschlägst, habe ich schon drei Manuskripte für dich.«

Als ich mit den Stapeln unter dem Arm herauskomme, bin ich fast glücklich. Fast, denn das Glück lässt sich nicht in Arbeit messen. Die ja auch keine richtige Arbeit ist, mir aber immerhin ein paar Penunzen einbringen wird. Da mögen die Romane noch so schlicht oder pervers sein, besser als die unter dem Tisch an eine Handvoll Studenten-Wichser vertriebenen Pornofilmchen sind sie allemal, oder?

...

»Wir sehen uns ein bisschen oft in letzter Zeit, Loris.«

»Erzähl das mal meiner Ex-Frau: Da wird die ganz schön eifersüchtig!«

Dottor Ambrosio verzieht leicht den Mund. Dies ist der einzige ruhige Moment, den er sich in den letzten zwanzig Stunden gönnt, seitdem die sterblichen Überreste des Schweizer Piloten vom Pirellone auf seinem Obduktionstisch liegen.

Seitdem vor der Tür des Autopsiesaals im LABANOF eine kleine Menschenmenge steht. Mit Fug und Recht, denn sie warten auf Informationen: der mit der Ermittlung betraute Staatsanwalt, ein paar Uniformierte der Luftfahrt, zwei Gestalten in eleganten Anzügen, die wie Karikaturen von amerikanischen Fernseh-Geheimagenten aussehen (also wahrscheinlich auch welche sind), ein Carabinieri-Oberst und er selbst, Loris Sebastiani, der den Fall für die Kripo verfolgt.

Ein laufender Fernseher in einem der Büros hatte gerade die neusten Nachrichten von Piazza D'Aosta gesendet, dem Platz vor dem ausgebrannten Hochhaus.

Alle hatten sie unauffällig die Ohren gespitzt.

... Noch steht die Stadt ganz unter dem Eindruck des 11. Septembers, doch nach dem, was man aus Ermittlungskreisen hört, wird ein Terrorakt ausgeschlossen. Wahrscheinlicher ist, dass es sich um die Kurzschlusshandlung eines Einzelnen handelt ...

Niemand hatte das kommentiert, denn diese Worte hätte dem Journalisten jeder in den Mund legen können. Was aber nicht weiter schlimm war. Selbst das Innenministerium hatte in die ganze Welt posaunt, dass es sich nicht um Al-Qaida oder islamistischen Terror handele. Und darum gebeten, dass die Ermittler das auch unbedingt verbreiteten, um einer kollektiven Psychose vorzubeugen.

Nachdem also alle der Reihe nach den Gerichtsarzt um seine Einschätzung gebeten hatten, war nun endlich Sebastiani dran.

»Gut, Loris, dann also auch für dich zum fünften Mal meine kleine Lektion.«

»Wenn es Ihnen nichts ausmacht, werde ich mit zuhören, dann sparen Sie sich Zeit.«

Sebastiani dreht sich zu dem Neuankömmling um und mustert ihn mürrisch. Die Zigarre vollführt eine langsame Drehung um dreihundertsechzig Grad.

Der Typ ist um die dreißig, dicke Brillengläser und Trainingsjacke. Weder Militär noch Polizei, das sieht man sofort. Dann zeigt er eine Dienstmarke.

»Mein Name ist Armando Labate von der ANSV, der Agentur

für Nationale Flugsicherheit. Wir sind diejenigen, die den Abschlussbericht über den Vorfall schreiben.«

Der Vice Questore schüttelt ihm die Hand.

»Ich bin stellvertretender Polizeipräsident Loris Sebastiani und leite die Ermittlung.«

»Sehr erfreut. Sie habe ich auf meiner Liste.«

»Auf welcher Liste?«

»Die Liste der Personen, denen ich meinen fertigen Bericht schicken muss.«

»Das freut mich. Aber jetzt genug der Höflichkeiten, lieber Dottore, können Sie uns sagen, was Sie herausgefunden haben?«

Ambrosio nickt.

»Der Pilot war kerngesund. Keine Spur eines plötzlichen Unwohlseins oder Ähnliches. Allerdings hatte er eine hohe Konzentration von Kohlenmonoxid im Blut.«

»Dann war Rauch im Cockpit?«, fragt Labate.

»Vielleicht. Leider sind das erst Teilanalysen. Für ein abschließendes Urteil müssen wir die Untersuchungen abwarten und meinen Schlussbericht …«

»Frühestens in sechzig Tagen …«, fällt ihm Sebastiani ins Wort. »Die Leier kenne ich. Könnten Sie uns eine Sekunde allein lassen, Dottore?«

Ambrosio entfernt sich ein paar Schritte, während Loris seine Zigarre inquisitorisch auf Labate richtet.

»Jetzt mal Karten auf den Tisch, Armando: Sie haben nicht alles erzählt.«

Der Mann runzelt die Stirn.

»Ich? Warum sollte ich nicht?«

»Die Sache mit dem Kohlenmonoxid hat Sie nicht überrascht: Wussten Sie davon?«

»Sagen wir, ich habe es vermutet.«

»Sagen wir, es wäre gut, uns informell auszutauschen, einverstanden?«

»In Ordnung. Nach dem Unfall haben wir aus Linate die Aufnahmen des Funkkontakts zwischen Piloten und Kontrollturm kommen lassen, außerdem die Blackbox aus dem Flugzeug, und nun warten wir wie Sie auf den kompletten Obduktionsbefund.«

»Zur Sache. Was vermuten Sie? Selbstmord?«

»Nicht unbedingt.«

»Weiter.«

»Wir haben nur Hypothesen, klar? Das muss alles noch bewiesen werden.«

»Das hier bleibt unter uns.«

»Wir vermuten, es gab ein Problem am vorderen Fahrgestell des Fliegers. Als Müller ihn ausfahren wollte, kam es zum Kurzschluss, der einen Brand im Cockpit auslöste. An diesem Punkt wurde der Mann, der kein guter Pilot war, wie andere Unfälle vorher beweisen, von Panik erfasst und hat versucht, das Feuer zu löschen.«

»Woher wissen Sie das?«

»Zuerst war es nur eine Hypothese, doch das in der Lunge des Piloten nachgewiesene Gift bestätigt, dass es an Bord der Rockwell Commander vor dem Absturz einen Brand gegeben hat. Außerdem haben einige Augenzeugen angegeben, eine Feuerspur am Himmel gesehen zu haben, die in den Pirellone stürzt ...«

»Warum hat Müller nicht versucht, abzudrehen oder zu landen? Linate war doch nah genug.«

»Mit dem kaputten Fahrgestell wäre es eine Bruchlandung geworden. Er hätte es von Hand ausfahren müssen, doch das war wegen des Feuers unmöglich.«

»Und das Hochhaus? Konnte er nicht ausweichen?«

»Wir vermuten, dass es schon zu spät war, als der Pilot merkte, was los ist.«

»Wie kann das sein?«

»Da gibt es viele Faktoren. Nachlässigkeit, Unerfahrenheit, Panik ... Und Sie dürfen nicht vergessen, dass er die Sonne im Gesicht hatte, es kann also durchaus sein, dass er geblendet war und das Hindernis zu spät gesehen hat.«

»Sie nennen das Pirelli-Hochhaus ein Hindernis? Hundertsiebenundzwanzig Meter Stahlbeton?«

Der Ingenieur schüttelt den Kopf.

»Also gut. Eine letzte Frage: Glauben Sie, das Fahrgestell wurde manipuliert?«

»Könnte sein, doch selbst wenn, werden wir das nie beweisen können: es ist beim Aufprall fast komplett zerstört worden, da lässt es sich unmöglich sagen, ob vorher daran herumgeschraubt wurde oder einfach nur eine Schadstelle bestand.«

»Danke für Ihre Hilfe. Hier haben Sie meine Karte, rufen Sie mich an, wenn es was Neues gibt.«

»Gerne.«

Labate entfernt sich, und Sebastiani wendet sich wieder Ambrosio zu.

»Entschuldige, dass ich dich habe warten lassen, aber ich konnte dich vor dem da nicht das fragen, was ich wollte.«

»Das war mir schon klar. Raus mit der Sprache.«

»Glaubst du, die Schweizer neigen tendenziell zu Depressionen? Ich meine, trotz der Schokolade, den Tresoren voll mit Goldbarren und ihrem Löcherkäse?«

»Willst du von mir wissen, ob der Typ sich umgebracht hat?

Das ist zur Zeit nur eine der Möglichkeiten. Genauso gut könnte es sich um einen Unfall handeln.«

»Oder, und das glaube ich, er wurde umgebracht.«

»So dicke? Konnten sie ihm dann nicht einfach eine Kugel in den Kopf schießen?«

»Offenbar nicht. Jetzt bitte ich dich um einen letzten Gefallen. Hast du gesehen, ob der Pilot etwas auf dem Rücken hatte?«

»Wie meinst du das? Ich darf dich daran erinnern, dass der arme Kerl ... na ja, in Stücken hier angekommen ist.«

»Ich weiß, dass das schwierig ist, Antonio. Aber hatte er vielleicht irgendwelche Narben oder Wunden auf dem Rücken, die denen von Anwalt Sommese ähneln könnten?«

Ambrosio sieht Sebastiani in die Augen. Ein intensiver, zugleich leerer Blick: Er sucht in seiner Erinnerung nach Elementen, die in diese Richtung weisen.

»Tatsächlich gab es da Male, die ich aber auf den Absturz zurückgeführt habe.«

»Natürlich ...«

»Aber wenn ich so darüber nachdenke, könnten die Wunden auch von vor dem Unfall stammen. Striemen wie von ...«

»... von einer Peitsche?«

»Ja, genau.«

»Danke, Dottore, du warst mir wie immer eine große Hilfe.«

»Gern geschehen. Ach, sag übrigens deiner Ex-Frau, sie kann ganz beruhigt sein, du bist eh nicht mein Typ.«

...

Risotto al salto.

Nur ein köstliches Risotto-Rösti kann diesen Tag noch retten, den Loris Sebastiani ansonsten schon aufgegeben hat. Maria hat ihm eine große Portion davon in den Kühlschrank gestellt.

Zur Feier des Essens beschließt der Polizist, sich eine passende Flasche aufzumachen. Sein kleiner Weinkeller besteht aus Mitbringseln von seinen Reisen in das Trentino, den Piemont und die Toskana ... Ein paar Flaschen aber auch aus den Weinkellern in der Bourgogne oder dem Bordeaux. Jeder Vorwand ist recht, um ein Kistchen Wein mitzubringen.

Heute Abend entscheidet er sich für einen Weißwein mit mittlerem Körper, aus derselben Region wie das Risotto: Oltrepò Pavese Sauvignon Doc.

Das Essen ist ein Traditionsgericht des alten Mailands. Gekocht aus den Resten vom Vortag, wird der Reis in großen schwarzen, noch fettigen Pfannen gebraten, um das Wenden zu erleichtern. Zum Braten benutzte man aus Sparsamkeit Butter – Öl war kostbar früher – oder noch billiger Schweineschmalz.

Maria hatte es nicht so zubereitet. Loris sah sie vor sich, wie sie an den Herdplatten zuerst den Reis mit Zwiebel und Safran kochte, ihn dann abkühlen ließ und schließlich mit geklärter Butter in der Pfanne anbriet.

Der Sauvignon ist perfekt, deshalb beschließt er nach Beendigung des Mahls, die Flasche weiterzutrinken. Er nimmt sie mit in sein Studio.

Im Licht der Schreibtischlampe betrachtet er die zwei Vergrößerungen von dem Ring, den Müller am Finger trug.

Welches Geheimnis mag dahinterstecken?, fragt sich Loris.

Wie in dem Tolkien-Buch, das er als Jugendlicher gelesen hatte und das letztes Jahr als Film herausgekommen war. Er nimmt einen der Abzüge auf und betrachtet ihn von Nahem. Aus einer Schublade holt er die Akte des Falls Sommese hervor. Darin liegt ein Umschlag mit Fotos.

»Da«, ruft er schließlich und legt das Bild neben das des Rings. »Ohne Zweifel dasselbe Symbol.«

Es ist das Bild, das der Anwalt mit Blut neben sich gezeichnet hat.

Das gleiche Symbol, das der Schweizer Unternehmer auf dem Ring hatte.

Beide Männer ermordet.

Sein Handy vibriert. Eine ungewöhnliche Uhrzeit auch für den Anrufer, Staatsanwalt Antonio Testori, der für den Fall Sommese zuständig ist.

»Guten Abend, Sebastiani, entschuldigen Sie den späten Anruf.«

»Keine Sorge, Signore. Was verschafft mir die Ehre«?

»Ich höre gerade von der Kriminaltechnik, dass sie den Fingerabdruck auf dem Geldschein von Bellantuono identifiziert haben.«

»Wirklich? Ich dachte, es gab keine Übereinstimmung ...«

»So war es bisher auch.«

»Ich verstehe nicht, wem gehört dann der Abdruck?«

»Luciano Müller, dem Mann, der mit seinem Flugzeug in das Pirelli-Hochhaus gestürzt ist.«

Loris schweigt. Er weiß nicht, was er denken soll.

»Sind Sie noch dran, Sebastiani?«

»Ja, Dottore. Was soll ich tun?«

»Tja, mir scheint damit erwiesen, dass wenn es einen Auftraggeber für den Mord an Sommese gab, es dieser Müller gewesen sein muss, oder? Die Ermittlungen haben ergeben, dass die zwei sich kannten, daher scheint es plausibel, dass der Schweizer Bellantuono bezahlt hat, damit er Avvocato Sommese absticht. Vielleicht hatten sie persönlichen Streit oder Kontroversen.«

»Dann soll ich die Ermittlungen in diesem Fall einstellen?«

»Das sagte ich Ihnen ja schon. Es ist zwecklos, weitere Kraft und Geld in einen Fall zu stecken, der gelöst ist. Ich habe schon mit dem Polizeipräsidenten gesprochen, und er ist ganz meiner Meinung. Guten Abend.«

Sebastiani bleibt mit dem Telefon am Ohr sitzen. Schon wieder Müller. Jetzt wo er tot ist, schieben sie ihm auch den Mord an Sommese in die Schuhe, und damit schließt sich der Kreis. Zumindest für die Staatsanwaltschaft.

Er lässt sich in seinen Stuhl zurücksinken. Die Flasche Sauvignon ist leer, und im Fernsehen läuft ein Schweizer Sender. Ohne Ton. Eine Dokumentation über die Schweizer Seen. Gerade kommt der Luganer See, genau da, wo Müller gewohnt hat ...

Er hat eine Idee. Zu gern würde er das Büro und die Wohnung des Piloten inspizieren. Um nach Indizien zu suchen und vielleicht eine Erklärung für das geheimnisvolle Symbol zu finden oder irgendeinen Beweis, dass Sommese vielleicht erpresst wurde ...

Doch das ist leichter gesagt als getan.

Er kann ja nicht einfach so spaßeshalber nach Lugano fahren. Vorher müsste er zum Staatsanwalt – was er nach dem Anruf gerade vergessen kann – und ein internationales Rechtshilfeersuchen einleiten. Ganz zu schweigen von dem Berg an Formularen, die dazu auszufüllen wären und irgendwann, wenn überhaupt, zurückkämen. Er kann nicht warten. Er hat es eilig. Verdammt eilig. Für das Rechtshilfeersuchen braucht er konkrete Beweise, Berichte, Protokolle und wer weiß was. Es gibt aber jemanden, der das ohne einen Hauch von Beweis machen könnte. Dem muss man nur einen Knochen hinhalten ...

15

»Komm runter«, befiehlt eine Stimme durchs Telefon und legt wieder auf.

Obwohl die Nummer nicht unter meinen Kontakten gespeichert ist, kommen mir die Stimme und vor allem dieser Tonfall sehr vertraut vor.

Meine Neugier ist einfach zu groß, also schlüpfe ich in ein von Molinari geerbtes Jackett, schnappe mir die Tasche mit Laptop und Notizblock – bei diesem Beruf weiß man nie – und stürze die Treppe hinab. Irgendetwas sagt mir, dass heute Jagd ist.

»Dachte ich mir doch, Ihre Stimme erkannt zu haben ...«

Vor dem Haus lehnt Sebastiani an einem schwarzen Alfa 156.

»Dann mal los«, begrüßt er mich.

»Wohin fahren wir? Aufs Präsidium?«

»Nein, nach Lugano, in die Schweiz. Mach schon, wir haben viel zu tun.«

»Eigentlich hatte ich andere Termine ...«

Diesmal gibt es mich nicht kostenlos. Für wen hält sich dieser Bulle, dass er einfach vor meiner Wohnung auftaucht und mich herumkommandiert?

Er lässt seine Zigarre in den anderen Mundwinkel wandern, seufzt und fischt ein zweimal gefaltetes Foto aus der Jackentasche.

»Schau dir das an.«

Er reicht es mir rüber, und mir bleibt vor Staunen die Spucke weg.

»Auf dem Ring ist die gleiche Abbildung wie ...«

»Genau. Und jetzt fahren wir in die Wohnung von dem Typen, an dessen Finger er steckte. Also, hast du andere Termine, oder können wir endlich los?«

Als wir auf die Autobahn nördlich von Mailand auffahren, beschließe ich, meine erste Frage loszuwerden. Ich habe gewartet, damit er mich nicht ohne Erklärung abfertigen kann, jetzt sitzen wir hier zusammen, und er muss mir antworten. Zumindest bis zur ersten Raststätte, wo er mich wie einen Hund vor der Urlaubsreise aussetzen könnte.

»Wem gehört der Ring?«

Sebastiano beißt wie üblich auf seiner Zigarre herum, weiß aber auch, dass er mir eine Antwort schuldet. Langsam lässt er sie von einem Mundwinkel in den anderen wandern.

»Luciano Müller, dem Piloten der Rockwell, die in den Pirellone gestürzt ist.«

Ein paar Ohrfeigen rechts und links von ihm hätten mich weniger schockiert.

»Willst du damit sagen, dass dieser absurde Tod etwas mit dem Mord an Avvocato Sommese zu tun hat?«

»Seit wann duzt du mich?«

»Seit eben. Loris, wenn du mich in diese Sache hineinziehst, sind wir nicht mehr nur der Bulle und der Schreiberling. Wir ermitteln jetzt als Kollegen.«

»Kollegen, wir beide?«

»Du bist zu mir gekommen. Offenbar brauchst du mich also. Oder irre ich mich?«

Die Zigarre dreht sich langsam und wandert wieder zurück.

Er wechselt das Thema und geht zum Angriff über.

»Du führst doch selbst Recherchen zu den vermissten jungen Männern durch und suchst Ärger, oder etwa nicht?«

»Ich? Nicht mal im Traum.«

»Sicher? Im Polizeipräsidium sind Artikel von dir aufgetaucht.«

»Verfolgt ihr alles, was so im Netz erscheint?«

»Nicht nur im Netz. Wie ich hörte, schmierst du jetzt auch Papier mit deinem Zeug voll … und zu Recht, denn das Internet wird wieder verschwinden wie alle Modeerscheinungen.«

»Klar doch.«

»Im Übrigen bin natürlich nicht ich es, der dir folgt. Für die Technik ist Ispettore Lonigro zuständig. Wir interessieren uns für dich, weil du mit Molinari zusammengewohnt hast. Vielleicht hattet ihr ja Streit, und du hast ihn abgemurkst …«

»Machst du Witze?«

»Sehe ich aus wie jemand, der Witze macht?«

»Nein.«

»Gut.«

Jetzt wechsele ich das Thema.

»Haben wir einen Durchsuchungsbefehl für die Wohnung des Toten?«

»Nein.«

»Und wie willst du da reinkommen?«

»Ich habe einen Freund bei der Polizei von Bellinzona, der mir noch einen Gefallen schuldet.«

»Ein Schweizer Bulle, der das Gesetz bricht?«

»Das habe ich nicht gesagt. Mit ihm werden wir die Wohnung Müller betreten. Ein informeller Besuch. Er lebte allein mit seiner

Frau. Während wir sie befragen, kannst du die Daten von seinem Computer kopieren.«

»Was? Auf gar keinen Fall! Wenn ich erwischt werde, verhaften die mich. Und das ist kein Spaß in der Schweiz!«

»Dann lass dich eben nicht erwischen wie ein blutiger Anfänger.«

»Woher willst du wissen, dass ich das überhaupt kann?«

»Ich bin ja nicht blöd, Radeschi. Auch Lonigro und ich haben unsere Hausaufgaben gemacht. Wir wissen, wie du und dein Freund Fabio euch die Zeit vertreibt. Haschischdealer, die das Netz durchforsten und Pornoseiten knacken ... Wir wissen auch von den Videokassetten. Ich habe Mascaranti zum Polytechnikum geschickt, um ein bisschen herumzufragen, nachdem ich diese VHS-Stapel bei euch in der Wohnung gesehen habe. Und weißt du was? Eure Operation Federica, oder wie ihr das nennt, ist dort wohl bekannt. Lonigro hat euren Internetverkehr überprüfen lassen und einige interessante Dinge herausgefunden ...«

Wir sind am Arsch.

»Ich ...«

»Ganz ruhig. Das interessiert uns nicht. Bisher. Klar, wenn du dich weigerst, mit uns zusammenzuarbeiten ...«

Er hat mich am Haken.

»In Ordnung. Das ist der Deal?«

»Noch nicht ganz, es gibt noch eine Gegenleistung für dich. Wir sind uns einig, dass du hierüber niemals reden darfst. Mit niemandem. Dafür wirst du der Erste sein, der einen Tipp bekommt, wenn wir wissen, wer bei alldem die Fäden zieht.«

»Du bietest mir die Exklusivrechte?«

Die Zigarre wippt auf und ab.

»Ich biete dir an, wie du es formulierst, in dieser Ermittlung verlässlich mit mir zusammenzuarbeiten. Verläuft alles planmäßig, wird es nicht zu deinem Nachteil sein. Wenn du mich über den Tisch ziehen willst, denk immer daran, dass unsere Gefängnisse durchaus schlimmer sein können als die in der Schweiz.«

»Nett, diese versteckte Art, mir zu drohen.«
»Ich lege nur alles auf den Tisch. Also, sind wir uns einig?«
»Habe ich eine Wahl?«
»Ich denke nein.«

Diesmal hängt die Zigarre reglos da, während ein kleines Lächeln die Lippen des Bullen umspielt.

...

Lugano ist eine saubere, aufgeräumte Stadt. Alles voll mit Banken und Bänken mit Seeblick. Sebastianis Bullenfreund, ein gewisser Pierre Rochat von der Kantonspolizei Bellinzona – dem Namen nach zu urteilen aber bestimmt aus dem Kanton Waadt –, erwartete uns direkt hinter der Grenze. Wir haben ihn ins Auto geladen, und nach einer knappen Begrüßung hat er bis zu Müllers Villa nicht mehr den Mund aufgemacht. Kurz gesagt, ein Hammertyp mit durchschlagender Freundlichkeit.

»Die Witwe habe ich schon vorgewarnt«, erklärt er uns beim Einparken. »Ich habe ihr gesagt, die italienische Polizei wolle ihr ein paar Fragen stellen bezüglich des Unfalls ihres Mannes. Aber ich begleite euch nicht in offizieller Robe. Diese Unterhaltung hat es nie gegeben, klar?«

»Sicher.«
»Wer ist er?«
»Das möchtest du lieber nicht wissen.«

Rochat sieht mich an. Vielleicht hält er mich für einen Spezialagenten oder sonst was. Aber bestimmt nicht lange, schätze ich.

»In Ordnung. Gehen wir rein.«

Müllers Gattin ist eine elegante Frau um die sechzig mit schwarzen hochgesteckten Haaren und geschwollenen Augen. Sie muss viel geweint haben.

Sie führt uns ins große Wohnzimmer, durch dessen Fensterfront man einen wunderschönen Blick auf den See hat.

Sebastiani drückt ihr sein Beileid aus und beginnt sie über ihren Mann zu befragen. Die üblichen Geschichten: ob er in letzter Zeit nervös war, ob er mal davon gesprochen hat, sich umzubringen und Ähnliches mehr. Ich höre nur mit halbem Ohr zu. Ich habe einen Auftrag zu erfüllen mit einer ein Gigabyte großen Festplatte, die ich ebenfalls von Molinari geerbt habe und in der Innentasche des Jacketts verborgen halte, nicht größer als ein Zippo-Feuerzeug.

Ich stehe auf und frage, ob ich die Toilette benutzen darf.

»Bitte. Im Flur die zweite Tür rechts, nach dem Büro meines Mannes.«

Ich bedanke mich und verlasse das Zimmer.

Als ich zehn Minuten später zurückkomme, zeigt Sebastiani gerade das Foto von Müllers Ring der Witwe.

Die Frau schüttelt den Kopf.

»Den hatte er immer schon. Schon bevor wir uns kannten. Ich glaube, es ist eine Erinnerung an die Uni. Wissen Sie, mein Mann hat in Mailand studiert, und dieses Zeichen dort war das Erkennungsmerkmal seiner Clique.«

»Welcher Clique?«

»Oh, das weiß ich nicht genau. Sie waren zu sechst, aber es gibt noch viel mehr ...«

»Sechs?«

»Da, schauen Sie, über dem Kamin steht ein Foto von ihnen.«

Sebastiani und ich erheben uns synchron. Es ist ein altes Schwarz-Weiß-Bild und zeigt lächelnde junge Männer. Sie sitzen auf einer Bank vor dem Castello Sforzesco. Auf der Rückseite steht das Jahr, in dem es entstanden ist: 1956.

»Mein Mann ist der Zweite von links.«

»Und wer sind die anderen?«

»Oh, die Namen weiß ich nicht mehr. Nur Giovanni hier, der Ärmste. Luciano war vor kurzem noch auf seiner Beerdigung, Anfang des Jahres.«

»Giovanni?«, fragt Sebastiani ungläubig. »Meinen Sie etwa Giovanni Sommese? Der Anwalt, der Ende des Jahres auf der Piazza dei Mercanti ermordet wurde?«

»Genau der.«

»Dürfen wir dieses Foto mitnehmen, gnädige Frau? Sie bekommen es so bald wie möglich zurück, versprochen.«

»Ich weiß nicht, ob ...«

»Ich stehe dafür«, mischt sich Rochat ein.

»Na gut, einverstanden.«

»Und an die Namen der anderen Männer erinnern Sie sich nicht?«

»Nein, aber ich weiß, dass er sie einmal im Monat traf, in Mailand.«

»Reine Freundschaftstreffen?«

»Auch Arbeitstreffen, aber fragen Sie mich nicht nach Einzelheiten. Ich weiß nicht besonders viel über die Aktivitäten meines Mannes.«

»Womit beschäftigte er sich denn?«

»Er war Fachanwalt für Patente und Schutz des geistigen Eigentums.«

»Gut. Danke für Ihre Hilfe.«

Wie steigen ins Auto, und wie schon auf der Hinfahrt herrscht großes Schweigen.

In Bellinzona steigt Rochat aus, ohne etwas zu fragen. Er hat mitbekommen, dass ich die Zeit nicht auf der Toilette verbracht habe, und will lieber nicht wissen, was ich getan habe.

Hinter der Grenze stellt Sebastiani mir eine einzige Frage.

»Haben wir, was wir wollten?«

Ich nehme den Stick aus der Tasche des Jacketts und stecke ihn in das Laptop, das angeschaltet auf meinen Knien ruht.

»Das überprüfe ich jetzt. Ich habe alles kopiert, was auf Müllers Computer war. Er stand auf dem Schreibtisch in seinem Büro. Ich musste ihn nicht einmal hochfahren. Ein Schraubenschlüssel hat gereicht um ...«

»Erspar mir die Details. Je weniger ich weiß, desto besser.«

»Gut. Aber jetzt habe ich ein Problem.«

»Schlimm?«

»Nein. Ich brauche ein Netz, um das Werk zu vollenden. Ich muss ein bisschen Software runterladen. Wir fahren zu mir. Aber vorher halten wir an einer Raststätte und essen ein Panino. Ich sterbe vor Hunger.«

»Gut. Aber wir fahren ins Präsidium. Die Festplatte mit den Daten von Müller darf mein Büro niemals verlassen. Verstanden?«

...

Sebastiani hat zwei Zigarren heruntergekaut, während er vergeblich versuchte, auf dem Foto die übrigen vier Schweizer Männer zu identifizieren. Schwierig, denn der Schnappschuss liegt fast fünfzig Jahre zurück, und physisch haben die Abgelichteten sich sehr verändert. Vielleicht sind manche auch schon tot oder wurden ins Jenseits befördert wie Giovanni Sommese und Luciano Müller.

Denn es kann keinen Zweifel mehr geben, dass die beiden Morde zusammenhängen: Zwei getötete Männer auf ein und demselben Bild ist kein Zufall, das ist Vorsatz. Doch wer es war und warum, das wissen wir nicht.

Kurz haben wir darüber geredet, bevor der Kommissar wieder in sein hartnäckiges Schweigen versank.

»Wir sind nicht zum Quatschen hier. Du hast jetzt Netz und Strom, also alles, was du brauchst, um die Sachen von der Festplatte zu holen, okay?«

Freundlichkeit gehört einfach nicht zu Sebastianis Stärken.

Ich selbst habe die letzten Stunden auf einem der unbequemen Sessel in seinem Büro gesessen und mit einer Datei gekämpft, die scheinbar unantastbar verschlüsselt ist.

Ich seufze und klappe das Laptop zu.

Der Bulle hebt eine Augenbraue.

»Genug für heute. Ich muss mich ausruhen und meinen Mitbewohner um Rat fragen. Müller hat eine Datei codiert, und die habe ich noch nicht aufbekommen.«

»Wie lange brauchst du noch?«

»Keine Ahnung, kann ich die externe Festplatte hier mit nach Hause nehmen?«

»Auf keinen Fall.«

Ich sehe ihn an. Dann beschließe ich schweren Herzens, auf einen Rat von Fabio für solche Fälle zurückzugreifen: »Du musst ihn an der Gurgel packen. Das funktioniert bei den Frauen, das hat bei mir funktioniert. Das könnte auch bei einem Bullen klappen.«

Einen Versuch ist es wert.

»Okay, Loris, dann kommst du einfach mit dem Stick zu mir. Ich koche uns was.«

Er sieht mich schief an, und ich sehe quasi, wie sich über seinem Kopf ein Fragezeichen materialisiert.

»Ich bin aber nicht von jenem Ufer«, lässt er mich dann knapp wissen.

»Ich auch nicht.«

»Wer hätte das gedacht.«

»Sehr witzig.«

Seine Zigarre vollführt eine kleine Drehung.

»Heißt das ja?«

»Das heißt kommt ganz drauf an.«

»Worauf?«

»Ich bin ziemlich wählerisch.«

»Wer hätte das gedacht!!«

Peck ist *der* Genussstempel Mailands. Eine regelrechte Institution für Gourmets mit ausreichend Kleingeld in der Tasche. Die Qualität hat ihren Preis und verteilt sich hier über zwei Etagen plus einen gut ausgestatteten Weinkeller. Nudeln, Fleischgerichte, Fisch, Wurst, ausgewählte Tees, Gewürze. Man muss nur fragen und bekommt garantiert das, was man sich wünscht. Ich wünsche mir heute durchwachsenen Speck erster Güte.

Sebastiani hat mich vom Polizeipräsidium hierhergefahren. Dank des Polizeilichts auf dem Autodach (ohne Martinshorn), konnten wir direkt vor dem Eingang parken, quasi auf dem Domvorplatz.

Seit ein paar Monaten komme ich manchmal hierher, aus Heimweh. Heimweh nach den leckeren Sachen. Wenn ich nicht in die Poebene fahren kann, laufe ich zu Peck, die Apotheke des guten Essens, und decke mich mit Salami wie zu Hause ein, mit Brot aus Ferrara und *Tortelli di zucca*. Das ist natürlich etwas teurer als im Supermarkt, aber man lebt ja nur einmal und soll das Leben genießen, warum also nicht?

Dem Bullen scheint meine Auswahl zu gefallen, den Wellenbewegungen der Zigarre nach zu urteilen.

»Ich hole uns noch einen passenden Wein«, verkündet er und verschwindet die Treppe in den Keller hinab.

Im Auto eben habe ich noch eine Nachricht an Fabio geschrieben, dass ich den Vize-Polizeipräsidenten zum Abendessen mitbringe, woraufhin er schrieb, er werde sich in die Bierkneipe Lambrate auf eine Schweinshaxe und ein paar Pints zurückziehen.

»Nicht einmal gefesselt würde ich mit einem Bullen zu Abend essen«, kam dann eine zweite SMS.

Dann habe ich wohl ein Tête-à-tête mit einem Polizeibeamten.

»Machst du tatsächlich *Spaghetti alla gricia*?«

Wir stehen mit unseren vollgepackten Peck-Tüten und einer Flasche Sagrantino di Montefalco in meiner Küche. Mein Gast empfahl ihn als passend, weil »dicht und tanninig«, was immer das heißen soll.

»Magst du das nicht?«

»Kannst du die denn richtig zubereiten?«

»Kannst du mal aufhören, immer rumzumäkeln, sondern deinem Gegenüber einfach vertrauen?«

»Du redest wie meine Ex-Frau, weißt du das?«

»Die Ärmste. Sie hat mein ganzes Mitgefühl. Wie lange wart ihr verheiratet?«

»Das geht dich nichts an, Jüngelchen. Was ist das da?«

Er zeigt auf einen Stapel Blätter in einer Ecke des Tisches.

»Meine Klolektüre.«

»Ach ja? Ich habe deine Artikel als Klolektüre.«

»Wie nett.«

»Jetzt mal ernst, was ist das?«

»Das sind schreckliche Manuskripte, die ich gegen ein bisschen Kröten prüfe. Ich werde schließlich nicht vom Staat bezahlt.«

Er setzt sich und kaut auf seiner Zigarre.

»Kannst du gut kochen?«

»Sagen wir mal, es macht mir Spaß. Ich kann mich dabei entspannen und nachdenken. Manchmal höre ich Paolo Conte dazu. Stört es dich, wenn ich die Anlage anmache?«

»Noch was? Duftkerzen? Willst du mich nach dem ersten Schluck vielleicht küssen?«

»In Ordnung. Dann genießen wir das Schweigen, einverstanden?«

»Schweigen ist Gold.«

Wir schweigen also, bis ich die Nudeln abgieße und das Essen serviere. *Pecorino romano DOP* wie aus Eimern und der Speck so knusprig wie beim Dreisternekoch. Das habe ich so oft für Fabio gekocht, dass es zu einer meiner größten Spezialitäten geworden ist.

Der Wein ist sehr gut, und Sebastiani muss gestehen, wenn auch nur mit größter Überwindung, dass es ihm schmeckt. Er bittet sogar um einen Nachschlag.

»Und?«

»Du hast die Prüfung bestanden, Kleiner. Du hast mich nicht vergiftet, und ich muss sagen, dass das Zeug echt genießbar war.«

»Soll das ein Kompliment sein?«

»Willst du einen Stern, weil du Speck angebraten und Käse darübergerieben hast?«

Ich schüttele den Kopf.

»Ein Danke würde mir genügen.«

»Ich werde dir danken, wenn du das Geheimnis auf der Festplatte gelüftet hast.«

Er legt den Stick auf den Tisch. Das ist der Moment zu verhandeln. Endlich habe ich das Ass im Ärmel.

»Es gibt da noch etwas, das mir einfach nicht aus dem Kopf will.«

»Ich weiß: dein Freund Molinari.«

»Genau.«

Der Wein ist alle und mit dem Espresso habe ich eine Flasche Pampero Reserva auf den Tisch gestellt.

»Woher weißt du, dass das mein Lieblingsrum ist?«

»Ich wusste es nicht. Das muss ein Omen sein.«

Er nickt skeptisch, steckt sich eine Zigarre zwischen die Lippen und schenkt sich großzügig Rum ein.

»Wie laufen die Ermittlungen nach Paolos Mörder?«

»Das muss aber unter uns bleiben, verstanden?«

Mit einer Handbewegung verschließe ich symbolisch meine Lippen.

»Es gibt vielleicht einen Präzedenzfall.«

»Meinst du die vermissten jungen Männer?«

»Nein. Vergiss die mal kurz. Ich rede von einem anderen Mord, der auf die gleiche Art ausgeführt wurde, und, was wichtiger ist, mit derselben Waffe.«

»Ihr habt also eine heiße Spur?«

»Mehr oder weniger. Leicht erkaltet leider, da der Fall sechzehn Jahre zurückliegt.«

»Hier in Mailand?«

»Nein, in Padua.«

Sebastiani nimmt einen Schluck, bevor er weiterredet.

»Das Opfer war ein zwanzigjähriger Student, der mit einem Kopfschuss getötet wurde. Sein Leichnam wurde in einen Fluss geworfen und erst Tage später aufgefunden, weil die Strömung ihn ins Unterholz gespült hatte. Er war ganz aufgedunsen und von Tieren angenagt. Keine Fingerabdrücke, keine Spuren, nichts. Nur die Kugel im Kopf. Vom selben Kaliber, aus derselben Pistole wie bei Molinari, das hat die Ballistik festgestellt. Der Mörder wurde nie gefasst.«

Ich fülle unsere Gläser wieder auf und denke nach.

»In Padua, sagst du?«

»Ja. Ich werde demnächst dorthin fahren. Sobald wir den Beamten ausfindig gemacht haben, der die Ermittlungen damals leitete. Vielleicht kann er uns helfen.«

»Ich kenne die Stadt wie meine Westentasche.«

»Wieso?«

»Das erklär ich dir morgen. Ich fahre mit dir nach Padua! Aber mit dem Zug, das ist bequemer, und ich riskiere nicht bei jedem Überholmanöver mein Leben ...«

»Wir zwei fahren nirgendwohin.«

»Ich glaube, das bist du mir schuldig, Loris. Sonst werde ich vielleicht nie herausfinden, was sich hinter der verschlüsselten Datei verbirgt.«

»Willst du mich erpressen?«

»Ich passe mich nur deinen Gepflogenheiten an, lieber Vize-Oberer. Also?«

Die Zigarre senkt sich ein winziges Stück.

»Abgemacht. Dann schenk mir noch mal von dem Pampero nach!«

16

Der Hauptbahnhof wimmelt vor Menschen. Mit seinem Rücken aus Glas und Stahl sieht er aus wie Pinocchios alles verschlingender Wal.

Als wir im Zug sitzen, holt mich mein Reisegefährte sofort in die Realität zurück.

»Nur weil wir zusammen nach Padua fahren, heißt das noch lange nicht, dass wir dicke Freunde werden und zusammen Ochs am Berg spielen.«

»Was spielen?«

»Vergiss es, du kennst ja gar nichts.«

Mehr Worte verliert Sebastiani nicht, bis wir unser Ziel erreichen. Er verzeiht mir nicht, dass ich immer noch nicht Müllers Dateien entschlüsselt habe, unter anderem weil die kleine Festplatte immer noch in seinem Besitz ist. Wenn wir von dieser Dienstreise ins Veneto zurückkehren, werde ich mich ins Zeug legen müssen, bei ihm im Präsidium.

Am späten Vormittag erreichen wir Padua. Lonigro hat Sebastiani einen Termin mit Ispettore Guido Sturaro organisiert, der damals, im Jahr 1986, die Ermittlungen in dem Fall geleitet hatte.

Wir gehen in eine Bar genau gegenüber vom Bahnhof, wo

unser Mann uns erwartet. Um die sechzig, untersetzt, zwei tief liegende Augen, dunkel wie die Nacht.

»Ich bin ja bereits in Pension«, schüttelt er uns die Hand. »Ich weiß nicht, wie ich euch helfen kann.«

Sebastianis Zigarre nimmt Fahrt auf. Wir bestellen zwei Espresso, der Ex-Bulle einen »Schatten«, was hier offenbar so viel heißt wie Wein.

»Sie hatten also damals mit dem Mord an Mattia Schiavon zu tun?«

»Ja, klar. Aber wie kommen Sie darauf, dass ich mich an irgendetwas erinnern kann. Wissen Sie, wie lange das her ist?«

Die Zigarre hält inne, wie ein Gewehrlauf auf den Mann gerichtet.

»Ungelöste Fälle sind Kreuze im Gedächtnis eines Polizisten«, raunt Sebastiani. »Ich bin mir sicher, dass Sie sogar noch das Gesicht des Toten vor Augen haben.«

Der Satz erzielt den gewünschten Effekt.

»Seit wann sind Sie bei der Polizei?«, fragt Sturaro.

»Lang genug, um zu wissen, wie das ist.«

»Warum interessieren Sie sich für den alten Fall?«

»Die Pistole, mit der Mattia erschossen wurde, ist wieder aufgetaucht. In Mailand. Und mit ihr wurde erneut ein Mann umgebracht.«

Der frühere Ispettore senkt verlegen den Blick. Man merkt, dass es sich hier für ihn um eine offene Wunde handelt. Loris nutzt die Gelegenheit und hält ihm Molinaris Foto vor die Nase. Mir versetzt es einen Stich ins Herz: Das ist nicht irgendwer, das ist mein Freund. So wirkt es wie irgendein Fall, eine Akte, die abgearbeitet wird.

»Er sieht Mattia sehr ähnlich. Genauso dunkelhaarig und blauäugig.«

»Ja, wir vermuten, dass unser Mörder sich diese Opfer extra aussucht.«

»Sie glauben also, dass dieses Verbrechen mit dem in Mailand zu tun hat. Klingt das nicht eigenartig?«

»Das klingt makaber, nicht eigenartig. Mörder hören nie auf. Manchmal machen sie eine Pause, bleiben lange Zeit im Verborgenen, doch dann schlagen sie wieder zu. Immer.«

»Mag sein.«

»Was können Sie mir über das Verbrechen erzählen?«

Der alte Polizist zündet sich eine Zigarette an und blickt auf seine Armbanduhr. Eine wertlose digitale Casio. Er nimmt sie gar nicht wahr, sondern durchlebt noch einmal die Ereignisse von damals.

»Wir haben den Leichnam aus dem Piovego gezogen, dem Fluss hier in der Stadt. Es waren sechs Tage vergangen, und so sah die Leiche auch aus ... aufgedunsen, angefressen von Tieren. Ich träume bis heute davon ...«

»Irgendwelche Hinweise?«

»An der Leiche nichts. Sie hatte zu lange im Wasser gelegen.«

»Was war das Opfer für ein Typ?«

»Ein anständiger junger Mann. Aus gutem Hause. Keinerlei Schatten. Er studierte im zweiten Jahr Jura und war mit den Prüfungen im Zeitplan. Sehr gute Noten.«

»Erinnern Sie sich sonst noch an etwas, das uns nützlich sein könnte?«

Der Mann schüttelt den Kopf.

»Kommen Sie, strengen Sie sich an. Ein Mörder läuft immer noch frei herum ...«

Sturaro leert mit einem Zug sein Glas. Dann seufzt er.

»Es gibt da etwas, aber ...«

»Alles kann helfen.«

»Es war wohl so, dass Schiavon kurz vor seinem Verschwinden auf einem Fest in einer Studentenwohnung war.«

»Ja, das habe ich im Bericht gelesen.«

»Na ja, und einer der Anwesenden hat gesagt, dass er gesehen hat, dass er in Begleitung eines Mädchens gegangen ist. Einer Brünetten, sehr hübsch.«

»Sicher? Im Protokoll steht davon nichts.«

»Weil wir keinen Zeugen hatten. Es war nur ein Gerücht. Manche sagten, er sei allein gegangen, andere behaupteten gar, mit einem auffälligen Transvestiten ... Sehen Sie, bei dem Fest kursierten eine Menge Alkohol und Drogen. Als wir die Gäste vernahmen, konnten sie sich kaum mehr erinnern. Deshalb haben wir es lieber weggelassen. Es hätte nicht viel gefehlt und sie hätten behauptet, er sei von Außerirdischen entführt worden ...«

»Und warum halten Sie dann das Mädchen für eine glaubwürdige Spur?«

»Das tue ich nicht, Dottore. Ich glaube nur, dass sie unter den ganzen Phantastereien am wahrscheinlichsten ist: Seitdem hat ihn niemand mehr gesehen ...«

»Gut, danke für Ihre Zeit.«

Sturaro steht auf und entfernt sich mit gesenktem Blick. Wir haben ein Gespenst in ihm geweckt, das ihn vielleicht sein Leben lang verfolgen wird.

Auch wir müssen diesen tristen Ort verlassen, der nach Rauch und verpassten Zügen riecht. Ich zahle bei der Kellnerin, die wie ein Pekinese aussieht, aber zum Glück nicht beißt.

»Was machen wir jetzt?«, frage ich auf dem Bürgersteig. »Bis zum nächsten Zug sind es noch zwei Stunden.«

»Wir warten.«

»Dann zeige ich dir einen Ort, komm.«

»Welche Orte kennst du denn in Padua?«

»Ich sagte doch, dass ich hier viele Wochenenden verbracht habe, weil meine frühere Freundin hier studierte.«

»Na gut, aber erspar mir die tragische Liebesgeschichte. Und erspar mir bloß den heiligen Antonius, der interessiert mich nicht für zehn Penny.«

»Ganz ruhig, der Ort wird dir gefallen.«

Spritz bis zum Abwinken.

Ich kann beinah an nichts anderes denken, seit wir ausgestiegen sind. Und jetzt realisiere ich es.

Zwei hohe, bis zum Rand gefüllte Gläser, die in Mailand sofort verboten würden.

Wir sitzen an einem Tisch draußen auf der Piazza dei Signori. Und so fühlen wir uns auch, hochherrschaftlich mit dem Blick auf den berühmten Uhrturm. Unterhalten müssen wir uns nicht. Schweigen ist Gold, findet der Kommissar, und heute bin ich ganz seiner Meinung.

Loris kaut auf seiner Zigarre herum und genießt die Frühlingssonne im Gesicht, während ich eine selbstgedrehte Amsterdamer rauche.

Es ist merkwürdig, nach so langer Zeit wieder auf diesem Platz zu sein. Ich bin kein Student mehr und nicht mehr der Junge von damals. Und Cristina ist nicht mehr an meiner Seite.

»Du denkst an sie, stimmt's?«

»Was?«

Sebastiani lächelt bösartig.

»An das Mädchen, mit dem du damals zusammen warst. Himmel, ich hätte dich nicht für so rührselig gehalten, Radeschi!«

»Bin ich auch nicht. Ich genieße nur meinen Aperitif.«

»Klar, natürlich.«

»Erzähl lieber mal du: Wie war das damals mit deiner Ex-Frau?«

»So vertraut sind wir noch lange nicht, Kleiner.«

»Bestimmt ist es wegen deines sonnigen und altruistischen Charakters auseinandergegangen.«

»Das schätze ich auch.«

Natürlich denke ich an Cristina! Wie auch nicht? Tausendmal waren wir hier in der Nähe in einer Bar, auf der Piazza della Frutta, um uns mit Wermut und Weißwein zu betrinken. Ewig war ich mit diesem Mädchen zusammen, bis es dann vor sieben Jahren aus war. Warum? Einfach weil es an der Zeit war. Wir hatten einen Punkt erreicht, an dem alles zur Gewohnheit geworden war, eingefahren, bloße Wiederholung. Und mit zwanzig ist das vielleicht ein bisschen früh, oder? Das wurde mir eines Abends bewusst: Sie war zu mir nach Mailand gekommen, damals studierte ich noch an der Staatlichen Universität.

Cristina hasste den Verkehr in der Stadt, das Chaos, die Busse und Bahnen und Autoschlangen.

»Hier könnte ich niemals leben.«

Ich hatte sie schweigend umarmt. Dann hatte ich sie nach oben in das Studentenwohnheim geschleust, wir hatten das Radio eingeschaltet und angefangen, Sex zu haben.

Ich war abwesend, nicht ganz da und völlig versunken in eine Liedzeile, die sinngemäß so lautete: »Wie schmeckt die Liebe, wenn die Liebe geht?«

Wir liebten uns mechanisch wie tausend Male zuvor. Keiner von uns hatte Lust, dem anderen zu sagen, dass er eigentlich keine Lust mehr hatte. Es war ein Muss, fast eine Verpflichtung, da wir uns ein paar Wochen nicht gesehen hatten.

Da begriff ich endgültig, dass es nicht mehr funktionieren konnte.

Am nächsten Tag brachte ich Cristina zum Zug, der wie immer auf Gleis 20 in Richtung Capo di Ponte Emilia fuhr.

Wir mussten uns nicht viel sagen, wir hatten es beide kapiert, als wir uns zum letzten Mal auf die Lippen küssten.

Es war vorbei. Für immer.

Wie schmeckt die Liebe, wenn die Liebe geht? Im Abgang nach Rost und verbranntem Plastik.

17

»Wenn dein Bullenfreund dich mit dem Kif in der Hand sehen könnte, würde er dich augenblicklich verhaften.«

Ohne ein paar Joints schaffe ich es nicht. Das hier ist die totale Langeweile, obwohl es Geld bringt.

Die letzten Tage bestanden aus Warten und Monotonie. Fabio hat mir eine Software empfohlen, seiner Meinung nach das Beste, um Müllers Datei zu knacken. Aber dafür muss das Programm dummerweise eine Millionen Kombinationen ausprobieren, was viel Zeit beansprucht. Ich habe es nach unserer Rückkehr aus Padua sofort auf Sebastianis Computer im Polizeipräsidium geladen, und seitdem, also seit sechsundneunzig Stunden, versucht es sich Zugang zu verschaffen. Vergeblich.

Ich bedenke Fabio mit einem mürrischen Lächeln und zünde mir den Joint an.

»Das wird er nie erfahren. Und spar dir gefälligst die blöden Witze, sonst reiche ich ihn nicht weiter.«

Ich bin am Ende: Seit heute Mittag um eins sitzen wir in unserem Wohnzimmer und kopieren Videokassetten mit Pornofilmen für unsere »Kunden«. Wir mussten uns ein paar Aufnahmegeräte mit doppelten VHS-Laufwerken zulegen, um schneller zu werden. Ich will mich nicht beklagen, im Bergwerk oder in der Gießerei wär's schlimmer. Unser Kundenstamm ist jetzt relativ stabil: Wir haben etwa fünfzig Abonnenten. Das macht fünfzig Kassetten pro Woche für vier Wochen. Zweitausend Euro. Tausend für die Miete und für uns jeweils fünfhundert.

Fabio legt zwei weitere Kassetten ein und drückt auf REC. Heute kopieren wir Filme, deren Titel mehr als ein Augenzwinkern sind: *Spiel mir das Lied vom Po* und *Der große Ficktator*. Die Beschriftung der Kassetten lautet jedoch ganz anders – um keinen Verdacht zu erregen, sollten sie mal in falsche Hände geraten. Nicht besonders kreativ: wir sind mittlerweile bei *Rocky XIV* und *Rambo IX* angekommen, oder auch *Indiana Jones und das geheimnisvolle schwarze Loch*, das mir in einem besonders lichten Moment eingefallen ist.

Ich stoße eine Rauchwolke aus und reiche ihm den Joint.

»Man wird nicht reich, aber sterben tut man auch nicht mit unserem kleinen Geschäft, was?«

»Zur Zeit noch«, seufzt er.

»Was meinst du damit?«

»Irgendwann wird es im Internet nicht nur Fotos geben wie jetzt, sondern komplette Videos zum Downloaden. Millionen Filme!«

»Klar, aber mit einem 56-k-Modem braucht es eine Ewigkeit, sie herunterzuladen.«

»Sei nicht so naiv: Die Übertragungsrate wird sich fortlaufend verbessern. Und dann müssen wir den Laden dichtmachen. Dann gibt es kostenlos Pornos für jedermann.«

»Du machst mir Angst, wenn du diese Vorträge hältst.«

»Ich werde dir noch was sagen. Wir müssen den Support ändern, wenn wir nicht aussterben wollen wie die Dinosaurier.«

»Hä?«

»Videokassetten sind ein Auslaufmodell! Wir müssen auf CDs und DVDs übergehen. Bei unserem jetzigen Erfolg müssen wir uns entwickeln. VHS-Kassetten werden bald ausrangiert, dann bekommt der Porno neue digitale Grenzzäune. Außerdem sind die Videokassetten viel zu auffällig. Du hast doch gesagt, dass die Polizei Bescheid weiß, wir müssen unsere Strategie ändern ...«

»Wie Ihr wünscht, Vater Bill Gates unser, der du vertreibst die Fleischeslust.«

Endlich entspannt er sich mit einem Lächeln.

Während ich darauf warte, neue Kassetten einlegen zu können, vertiefe ich mich in die Manuskripte von Kaliber 9.

Sechzehn davon habe ich mir bisher schon reingezogen. Unnennbarer Schund bis auf einen, der mich eine ganze Nacht wachgehalten hat. Bemerkenswerter Plot. Ich habe ein so begeistertes Gutachten geschrieben, wenn Giuffrida das nicht veröffentlicht, hat er den Beruf verfehlt ...

Um acht Uhr abends sind wir endlich fertig. Ich bin erschöpft und reichlich belämmert von dem ganzen Marihuana.

»Jetzt ist Entspannung angesagt, das haben wir uns verdient«, sage ich und nehme die Joysticks aus der Spielkonsole. »Wir lassen zwei Pizzen vom Ägypter kommen und hängen uns richtig rein und bringen ein paar Hundert Böse um.«

»Wir sind doch in Trauer.«

Ich drehe mich um und sehe Fabio ins Gesicht: Das muss am Joint liegen.

»Wir sind doch keine Betschwestern. Und *Halo* zu spielen, hätte Paolo auch gefallen.«

»Wenn du es genau wissen willst, gefällt mir auch nicht, dass du in seinen Kleidern rumläufst. Ich finde das nicht angemessen.«

Er schaut mich an. Mit erloschenem Blick, stoned vom Pakistaner, den wir bis eben fröhlich konsumiert haben. Nicht angemessen, das habe ich in Bezug auf Kleidung seit meiner Erstkommunion nicht mehr gehört.

»Interessiert mich nicht«, gebe ich zurück.

Er schiebt die Konsole heftig weg.

»Zugzwang!«, sagt er.

»Hast du sie noch alle?«

»Aber ja! Ich dachte gerade an den Typen, der deine Seite lahmgelegt hat. Und Zugzwang nennt sich ein Spielzug im Schach.«

Er redet irre, so viel ist klar. Aber ich beschließe mitzuspielen.

»Aha, sehr interessant. Wirklich, nicht dass es mich nicht die allerkleinste Bohne interessieren würde, aber diese Information löst in mir die gleiche Begeisterung aus wie die Mitteilung, dass gerade der dritte Mond des Orion entdeckt wurde.«

»Orion hat keine Monde, Orion ist ein Sternbild.«

Wenn er so ist, möchte ich mit der Vespa über ihn drüberdonnern. Und es geht noch weiter.

»Zugzwang bezeichnet beim Schach einen Zug, der durchgeführt werden muss. Unter bestimmten Umständen hat man keine andere Wahl.«

»Nämlich?«

»Jetzt interessiert es dich doch, was?«

»Was soll die Polemik?«

»Also, der Begriff bezeichnet eine Situation, in der der Spieler in der Klemme sitzt, weil jeder mögliche Zug zum Schachmatt führt.«

»Und daher, jetzt mal jenseits der Metapher …«

»Das ist keine Metapher.«

Ich hasse ihn.

»Wie du willst. Aber red weiter!«

»Das scheint mir offensichtlich: Wir müssen handeln. Der Minotaurus, wie du ihn phantasievoll getauft hast, wartet nur auf unseren Zug. Wir haben keine Wahl.«

»Ich kann dir nicht folgen.«

»Einverstanden«, seufzt Fabio. »Erstens: Als du deine Manuskripte gelesen hast, habe ich mich mit dem Server von *Milanonera* verbunden. Wo du deinen Köder ausgeworfen hast.«

»Willst du damit sagen, der Fisch hat angebissen?«

»Genau. Vor zwanzig Minuten. Der Feigling wollte uns wieder sabotieren und das Symbol löschen. Nur dass er dieses Mal ...«

»Nur dass ich dieses Mal vorbeugende Maßnahmen getroffen habe«, unterbreche ich ihn. »Ich habe ihn drangekriegt!«

»Genau. Sein Computer ist jetzt mit unserem Virus infiziert. Wir müssen nur entscheiden, wann wir ihn aktivieren, dann führt er uns wie die Brotkrümel den kleinen *Däumling* direkt zu ihm. Sollen wir es gleich tun?«

Ich schüttele den Kopf.

»Nein, wir warten lieber noch. Wie war das Wort?«

»Zugzwang.«

»Eben: Ich will den Zug erst gehen, wenn ich hart genug treffen kann. Der Zug ist verpflichtend, aber es gibt keine feste Frist, oder? Wir lassen ihn erst mal im Ungewissen.«

»Du bist klug geworden Radeschi.«

»Ich weiß. Wollen wir jetzt eine Partie *Halo* spielen?«

...

Sebastiani hat beschlossen, die Marke zu wechseln. Er möchte die Zigarren der Konkurrenz ausprobieren. Natürlich nicht um sie zu rauchen, sondern um sie zu schmecken, da er sie am Ende ohnehin immer zerkaut.

Das Telefon klingelt und reißt ihn aus der Idylle seiner Nikotinsucht.

»Keinen Brückentag, wenn man an einem Fall dran ist?«

»Seit wann verstehen Schweizer Spaß?«

Sebastiani ist doppelt überrascht: Rochat hat noch nie angerufen, und dann spielt er auch noch den Witzbold. Am Vortag war der 25. April, Nationalfeiertag der Befreiung, und da er auf einen Donnerstag fiel, blieb halb Italien am Freitag für einen Brückentag zu Hause.

Nicht so der Vize-Polizeipräsident.

»Ich wollte dich zum Lachen bringen, bevor du weinen musst.«

»Weinen?«

»Noch so eine Redensart, Loris. Jemand hat in Lugano das Büro von Luciano Müller auf den Kopf gestellt und auch sein Haus, als die Frau schlafend im Bett lag. Es wurden Unterlagen und der Computer gestohlen. Auch das Laptop, das in seinem Büro zu Hause stand ...«

Sebastiani sagt nichts. Ihm ist klar, dass der Kollege Bescheid weiß, was Radeschi getan hat.

»Wann?«, fragt er dann.

»Kurz nachdem wir bei Signora Müller waren. Aber ich habe es jetzt erst von einem Kollegen erfahren. Es gehört nicht in meine Zuständigkeit, ich beschäftige mich mit ganz anderen Sachen.«

»Ich weiß, dass du öfter den Kittel trägst als die Uniform. Danke für die Information.«

Doch Rochat lässt sich nicht so einfach abfertigen.

»In welche Scheiße hast du mich da hineingezogen, Loris?«

»In gar keine Scheiße. Dieser Müller hatte Geheimnisse.«

»War er deswegen immer mit einem Sicherheitsmann unterwegs, der ihm gleichzeitig als Chauffeur diente?«

»War das so? Und wo ist dieser Mann jetzt?«

»Nach dem Tod wurde er logischerweise entlassen, und die Büros wurden nicht länger bewacht.«

»Woher hast du diese Informationen?«

»Von immer demselben Kollegen in Lugano. Unter der Hand.«

»Warum hat die Frau uns nichts von dem Begleitschutz erzählt?«

»Du hast sie nicht danach gefragt, oder? Hier bei uns sind wir diskret.«

»Das scheint mir auch so.«

»Noch ein Letztes: Die Signora will das Foto zurückhaben, das ihr mitgenommen habt.«

»Wir haben uns Abzüge machen lassen. Montag stecke ich es in die Post. Danke für die Hinweise. Ich schulde dir was.«

Er hat noch nicht aufgelegt, als Lonigro in der Tür steht.

»Darf ich?«

»Herein, Ispettore. Auch kein langes Wochenende?«

»Nein, ich arbeite auch morgen und am Sonntag. Die Urlaubstage spare ich mir für den Sommer auf. Will meine Frau so …«

»Irgendwas Neues?«

»Nur ein paar Überlegungen meinerseits, mehr nicht.«

Sebastianis Zigarre dreht als Anerkennung eine komplette Runde.

»Dann nimm Platz und schieß los.«

»Der zeitliche Abstand zwischen den zwei Morden macht mich wahnsinnig: Ich verstehe das nicht!«, seufzt der Polizeibeamte. »Ich meine, warum sollte die Gottesanbeterin vor sechzehn Jahren einen Mord begehen und sich dann so lange ruhig halten.«

»Vielleicht war sie es damals nicht.«

»Also zwei unterschiedliche Fälle?«

»Das habe ich nicht gesagt: Vielleicht stehen wir vor ein und demselben Fall, haben es aber mit zwei Vollstreckern zu tun.«

»Ein Meister und ein Schüler?«

»Etwas in der Art.«

»Wo mögen die jungen Männer hingekommen sein?«

»Du meinst, wo sind ihre Leichen?«

»Genau.«

»Drei Vermisste und ein Mord in weniger als einem Jahr. Es scheint mir unwahrscheinlich, dass wir sie nicht finden.«

»Wir haben noch keine Idee, wie wir die Gottesanbeterin aus dem Teich von Corvetto fischen können ...«

»Stimmt, und leider handelt es sich um einen Teich mit hunderttausend Fischen.«

Sebastiani sieht Lonigro an, dann senkt er den Blick und betrachtet das Ding, das auf seinem Schreibtisch steht, seit er denken kann. Ein Aschenbecher aus den Siebzigern, mit einem Drücker in der Mitte, bei dessen Betätigung sich eine Scheibe dreht und die Kippe im Innern verglüht. Dieses Ding steht dort in voller Pracht seit mindestens zehn Jahren, und niemand käme je auf die Idee hineinzuschauen, da Sebastiani nicht mehr raucht und in seinem Büro auch nicht geraucht werden darf.

»Vielleicht suchen wir nicht dort, wo wir müssten, Ispettore. Oder genau dort, wo wir nicht dürfen ...«

»Ist das ein Ratespiel?«

Aufgeregt springt Sebastiani auf.

»Wo ist der letzte Ort, wo wir einen Verdächtigen suchen würden?«

»Ist das eine rhetorische Frage?«

»Nein, ganz im Ernst. Los, spuck aus, was dir einfällt.«

»Soll ich etwas Reales oder etwas Paradoxes sagen?«

»Je paradoxer, desto besser passt es zu unserem Fall.«

»Tja, dann lassen Sie mich mal nachdenken. Also, im Dom würde ich unseren Mann nie suchen.«

»In Ordnung. Weiter, nenn mir noch mehr Orte, los!«

»Tja, auf dem Hauptfriedhof. Im Museum. Auf den Polizeiwachen. Hier in der *Questura*. Reicht das?«

Loris senkt den Kopf und bewegt die Zigarre.

»Weißt du, wo ich niemals jemanden suchen würde?«

»Wo?«

»Im Gefängnis San Vittore.«

»Natürlich nicht.«

»Ich meine es ernst. Wenn unser Mörder aufgehört hat, weil er nicht weitermachen *konnte* ...«

»Das würde jedenfalls das Blackout die ganzen Jahre erklären.«

»Genau. Er hat nicht gemordet, weil er im Knast saß.«

»Das wäre eine Idee.«

»Dann wagen wir den Versuch, was haben wir schon groß zu verlieren?«

Lonigro reißt die Augen auf.

»Welchen Versuch?«

»Erinnerst du dich an die Lippenstiftspuren an Molinaris Boxershorts?«

»Ja.«

»Wo Lippenstift ist, ist auch Speichel, oder? Die Spurensicherung hat ihn analysiert, und heute sind die DNA-Analysen gekommen.«

»Die habe ich auch bekommen. Aber was sollen wir damit anfangen? Es existiert keine DNA-Datenbank ...«

»Außer für die forensischen Proben ... Was ich sagen will, wenn bei einem Prozess DNA-Spuren als Beweismittel benutzt werden, haben wir sie in unseren elektronischen Archiven, stimmt's?«

»Ja, aber dabei handelt es sich um wenige Einzelfälle.«

»Stimmt. Gehen wir in mein Büro, dort kann ich auf unser Computerarchiv zugreifen.«

Eine halbe Stunde später geht ein Leuchten über Lonigros Gesicht.

»Ich habe einen Treffer.«

Sebastiani steht aus seinem Stuhl auf, wo er geduldig gewartet hat, nähert sich dem Computerbildschirm.

»Hier. Die DNA gehört zu einem weiblichen Häftling: Dania Méndez, gebürtig aus Santo Domingo. Sie sitzt zehn Jahre und acht Monate wegen Mordes an ihrem Mann ab. Hier steht, der Mann hat sie geschlagen, und sie musste sich wehren ...«

Die Zigarre in Sebastianis Mundwinkeln tanzt Rumba.

»Wieso haben wir ihre DNA?«

»Sie wurde unter den Fingernägeln des Mannes gefunden. Er hat sie gekratzt, als er ihre Messerstiche abzuwehren versuchte. Dadurch wurde sie überführt.«

»Eins ist mir aber noch unklar: Du sagtest, sie sitzt immer noch ihre Strafe ab?«

»Das scheint unmöglich, ist aber so: Ihr fehlen noch fünf Jahre.«

Die Zigarre zuckt, bevor Sebastiani heftig zubeißt.
»Aber wenn sie im Gefängnis sitzt, wie zum Teufel kommt dann ihre DNA auf die Boxershorts des Opfers?«

18

»Heute ist der ideale Gottesanbeterinnentag.«

»Du hast wohl zu viel gekifft, Fabio.«

Wir liegen beide auf dem Sofa. Völlig fertig von einer mörderischen Session *Halo* und Cannabis. Schauen an die Decke.

»Nein, das meine ich ernst.«

»Und woran machst du das fest?«

»In Mailand wird doch samstags gemordet, oder?«

»Genau, an den anderen Tagen wird ja gearbeitet.«

»Ich habe ja schließlich auch meinen Scerbanenco gelesen, weißt du?«

»Ich wusste gar nicht, dass du ein Krimileser bist, Fabio.«

»Du unterschätzt mich halt immer wieder.«

»Ach ja?«

»Ja. Wusstest du zum Beispiel, dass ich zwei Jahre in Folge der italienische Meister in der Matheolympiade war und Rubiks Zauberwürfel in zwanzig Sekunden lösen konnte?«

Ich nicke ermattet.

»Lieber bist du mir mit einem Krimi in der Hand.«

»Na gut, vergiss es.«

»Nein, jetzt bin ich neugierig geworden: Warum glaubst du, dass heute ein Gottesanbeterinnentag ist?«

»Wegen dem Brückentag, also dem Feiertag. In den vorigen Fällen hat sie immer an freien Tagen zugeschlagen.«

»Und woher weißt du das?«

»Ich habe gestern deinen Artikel auf *Milanonera* gelesen. Da gibt es doch diese Tabelle mit den Namen und Daten der vermissten Männer. Und das war eben immer an Feiertagen oder Ähnlichem. Wenn die Leute nicht arbeiten. Deshalb glaube ich, dass heute ein guter Tag für die Gottesanbeterin ist. Gestern war der 25. April, Tag der Befreiung, und bis zum 1. Mai, dem Tag der Arbeit, nimmt sich Italien frei. Sechs Tage.«

»Und das wird die Gottesanbeterin nutzen«, schließe ich.

Ich bin verblüfft über Fabios analytische Fähigkeiten. Und gleichzeitig sauer, weil ich nicht selbst darauf gekommen bin. Da stelle ich für meine Leser diese dumme Tabelle zusammen und ziehe selbst keine Schlüsse daraus. Dieser kalabresische Nerd erstaunt mich jeden Tag mehr.

»Nicht schlecht, deine Theorie, Fabio. Aber es geht noch besser, meinst du nicht?«

»In welcher Hinsicht?«

Ich schnappe mir das Laptop und öffne die Datei mit dem modifizierten Stadtplan von Mailand.

»Schau mal hier, das habe ich vor ein paar Tagen entworfen: Die roten Punkte sind die Orte, wo die jungen Männer das letzte Mal vor ihrem Verschwinden gesehen wurden.«

»Was waren das für Orte?«

»Alles In-Lokale.«

»Und was noch?«

»Alle im Stadtzentrum, wo es keine Parkplätze gibt«, füge ich hinzu. »Verstehst du?«

»Worauf willst du hinaus?«

»Wie hat die Gottesanbeterin sie zu sich nach Hause gebracht?«

»Was weiß ich? Mit dem Bus?«

»Das dachte ich auch. Also bin ich per Ausschlussverfahren vorgegangen. Die letzte U-Bahn fährt kurz nach Mitternacht, und der Bus kommt nicht oft genug für zwei, die scharf aufeinander sind. Bleibt also nur ...«

»Das Taxi. Molinari wäre nie in etwas anderes eingestiegen.«

»Genau.«

»Gut. Dann wissen wir jetzt, wie sie nach Hause gekommen sind. Und was bringt uns das?«

»Viel, mein Teuerster. Wir müssen nur noch herausfinden, wo sich dieses Zuhause befindet.«

Endlich versteht Fabio trotz seines Drogenschleiers, worauf ich hinaus will.

»Oh nein! Auf gar keinen Fall.«

»Oh doch, Fabio. Wir werden jetzt etwas Illegales tun.«

Nach fünf Minuten erstirbt seine Gegenwehr. Die Herausforderung als Informatiker ist stärker als seine moralischen Vorbehalte.

»Gib mir die Tastatur«, befiehlt er. »Da muss ein Profi ran, sonst werden wir am Ende noch entdeckt!«

Erleichtert über sein Angebot, überlasse ich ihm das Kommando.

»Wo fangen wir an?«

»Es gibt zwei große Taxiunternehmen in Mailand. Und soweit ich weiß, waren sie mit bei den Betrieben, die ins Internet gegangen sind. Die zu knacken dürfte nicht allzu schwer sein. Dort greifen wir an, im wahrsten Sinne des Wortes. Hier, das sind sie.«

Fabio schaut auf den Zettel, den ich ihm reiche, und versinkt im Tunnel, wie er den tranceartigen Zustand nennt, wenn er nichts mehr um sich herum wahrnimmt. Seine ganze Aufmerksamkeit konzentriert sich auf den Code, der aus seinen Fingern fließt. Eine Art Matrix in 'Nduja-Soße.

Ich setze mich etwas abseits und rauche eine Selbstgedrehte.

»Ich bin drin«, verkündet er nach etwa zehn Minuten, als sei es das Natürlichste auf der Welt, sich in die Server von Taxiunternehmen reinzuhacken.

»Jetzt gleiche ich die Anrufe mit den Daten der Vermissten ab, und dann sehen wir mal, was herauskommt.«

»Sei ehrlich, es macht dir Spaß, oder?«

Der Kalabrier antwortet nicht. Er steckt schon wieder im Tunnel.

»Ich habe etwas gefunden.«

Ich trete zu ihm und schaue mir die Liste mit den Fahrten und Zeiten an, die auf dem Bildschirm erscheint.

»Ich habe die Daten mit den Taxirufen abgeglichen, die aus Telefonzellen in unmittelbarer Nähe zu den Lokalen kamen, wo die verschwundenen Männer zuletzt waren.«

»Und?«

»Durchschnittlich dreißig Treffer für jedes Datum.«

»Die du untereinander verglichen hast, um nach Analogien zu suchen, stimmt's?«

Er wirft mir einen mitleidigen Blick zu.

»Selbstverständlich.«

»Dann spann mich nicht länger auf die Folter.«

»Beim Datenabgleich fällt eins überraschend auf: Jedes Mal hat ein Taxi jemanden zu einer bestimmten Adresse im Viertel Corvetto gefahren.«

»Genau da, wo Paolos Leichnam gefunden wurde!«

»Das habe ich auch gedacht. Aber das beweist noch gar nichts. Es könnte sich auch um jemanden handeln, der sich gerne betrinkt und dann nicht mehr fahren möchte.«

»Klar, ein simpler Zufall«, sage ich und stehe auf. »Gib mir trotzdem mal die Adresse.«

»Piazzale Gabrio Rosa 7.«

Noch im Sprechen verändert sich plötzlich seine Miene. Er wird bleich.

»Was ist los? Du wirkst, als hättest du ein Gespenst gesehen.«

»Kein Gespenst.«

»Was dann?«

»Die Gottesanbeterin: Gerade hat jemand ein Taxi bestellt, um zur Piazza Gabrio Rosa gefahren zu werden.«

»Wann?«

»Vor neun Minuten.«

...

Die Stadt ist menschenleer. Wie immer an Brückenwochenenden. Wenig Autos, ein paar Motorroller und leere Busse. Die Mailänder fliegen aus, wann immer sie können.

Ich mache den Motor der Vespa aus und gehe zu Fuß zum Haus der Gottesanbeterin.

Als ich die kleine Villa fast erreicht habe, beschließe ich, mir Rat zu holen.

»Hallo.«

»Guten Abend, entschuldigen Sie die späte Störung. Hier ist Radeschi.«

Ich höre ein Zögern in der Stimme der Haushälterin.

»Sind Sie Verwandtschaft?«

Wie immer.

»Nein, Signora. Radeschi, nicht Radetzky. Ich bin Italiener aus Capo di Ponte Emilia, kein Österreicher.«

»Was wünschen Sie um diese Uhrzeit?«

»Ich würde gerne mit dem Monsignore sprechen. Es geht um etwas Dringendes, das keinen Aufschub duldet.«

»Wie dringend?«

»Sie kennen Kapitel 7, Vers 82 aus dem vierten Buch Mose?«

»Nicht auswendig, nein.«

Ein Glück, denn das war aus der Hüfte geschossen.

»Oh, wenn Sie wüssten! Sehr, sehr dringend!«

»Einen Moment.«

Ich warte. Man hört, wie der Hörer abgelegt wird und das Schlurfen von Hausschuhen.

Nach fünf Minuten ertönt die schrille Stimme Don Linos durch den Apparat.

»Enrico, mein Bester! Wie geht es dir? Ich wollte gerade ins Bett gehen.«

»Gut, Don, bitte entschuldigen Sie die späte Störung.«

»Ach, so spät ist es doch gar nicht, aber die Feuchtigkeit macht meinen Gelenken zu schaffen. Weißt du, das Alter und dieser Nebel ...«

»Klar.«

»Aber du rufst nicht um diese Uhrzeit an, um nach meinen Gebrechen zu fragen.«

»Das stimmt. Also, ich ...«

»Sprich.«

»Erinnern Sie sich an den Fall der vermissten Männer in Mailand?«

Don Lino ist ein Mensch, der Berichte über Verbrechen liebt.

Er liest jeden Tag drei Zeitungen und sieht sich im Fernsehen alle Sendungen über Vermisste, ungelöste Fälle und den ganzen Rest an. Das alles, um »den Teufel besser bekämpfen zu können, wenn ich weiß, wo er sich versteckt.«

Mag ja sein.

»Vage.« Eine offensichtliche Lüge. Aber wer behauptet, dass Geistliche immer die Wahrheit sagen müssen?

»Schade, ich hatte gehofft ...«

Sofort beißt er an.

»Komm schon, ich weiß immer noch genug darüber, um dir zu antworten.«

»Seit vierzig Jahren hören Sie die Beichte von Männern und Frauen, Ehebrechern, Dieben, vielleicht sogar Mördern, keine Ahnung. Sie kennen sich also aus. Haben eine innere Statistik. Und können mir vielleicht eine Theorie bestätigen, ohne Namen zu nennen. Mich interessiert das Verhalten der Menschen im Allgemeinen, nicht das einzelne Individuum.«

»Klingt ganz vernünftig. Was willst du wissen?«

»Ob das Bild, das ich mir gemacht habe, stimmt.«

»Welches?«

»Der Mörder ist eine Frau.«

»Das ist jetzt keine besonders neue Erkenntnis, das steht in allen Zeitungen ...«

»Ich weiß. Was ich noch nicht gesagt habe, ist, dass ich ihr eine Falle stellen will. Und dafür muss ich wissen, ob sie alleine agiert oder mit anderen zusammen.«

»Du willst was?«

»Ich kann das jetzt nicht besprechen. Ich brauche nur Ihr Plazet.«

»Das bekommst du nicht.«

»Was sagt Ihnen Ihre Erfahrung?«

»Von meinen Gemeindemitgliedern höre ich solche Geschichten nicht! Hier wird höchstens Mal ein Ehemann geohrfeigt, der betrunken aus der Kneipe kommt ...«

»Okay. Entschuldigen Sie die Störung.«

»Enrico?«

Den Tonfall kenne ich: Er will mich davon abbringen. Und das darf ich nicht zulassen. Ich lege auf und schalte das Handy ab, damit es nicht in der Hitze des Gefechts zu klingeln anfängt.

Jetzt bin ich hier, und es gibt kein Zurück.

...

Gedämpftes Licht, Patschuliduft im Raum, eisgekühlter Champagner im Kübel. Alles perfekt. Fast zumindest. Die Frau ist ein wenig unruhig, das Jaulen des Hundes am Fußende des Bettes stört sie. Etwas, das sie nicht unter Kontrolle hat, das aus dem Schema herausfällt. Der Welpe setzt sich auf die Hinterfüße, um zu ihnen auf die Matratze zu springen, und winselt.

Als sie anfangs den kleinen Hund gesehen hat, wollte sie es eigentlich lassen, doch angesichts der Schönheit seines Herrchens dachte sie, dass so ein Flohbündel doch nicht viel Ärger machen kann.

»Ich weiß nicht, bei wem ich ihn lassen soll«, hatte der junge Mann mit dem ausgeprägten britischen Akzent sich entschuldigt. »Er ist noch so klein! Gerade mal drei Monate alt. Außerdem kann man Frauen mit so etwas beeindrucken, oder?«

Sie hatte gelächelt und ihren Verehrer spontan auf den Mund geküsst. Ohne Vorankündigung.

»Mich hast du längst beeindruckt, Süßer. Wollen wir zu mir gehen und uns ein bisschen entspannen?«

Er hatte freudig zugestimmt, und so waren sie jetzt hier, sie und ihr junger Liebhaber nackt auf den roten Bettlaken.

»Hast du was dagegen, wenn ich den Welpen nach drüben bringe? Er muss ja nicht alle Spielchen sehen ...«

»Sicher doch«, lacht er. »Mach nur.«

Die Frau nimmt den Labrador auf und trägt ihn in die Küche. Dann stöckelt sie auf ihren Pfennigabsätzen zurück zu ihrem Opfer.

Sie nimmt die Kerze vom Nachttisch und zündet sie an.

»Wir beginnen mit dem Spiel mit heißem Wachs, in Ordnung, *old boy*?«

»*Wonderful.*«

»Zum Sterben schön.«

...

Der Dietrich in meiner Jackentasche ist ein Souvenir von Sciamanna. So ein Metallteil mit Zähnchen dran, wie man sie aus Filmen kennt. Das war natürlich kein Geschenk, nein, der Fiesling würde sich eher die Fingernägel rausreißen, als einem etwas umsonst zu geben. Fünfzig Euro habe ich dafür gelatzt und dafür, dass er mir die Grundzüge dieses Metiers beibringt. Ich bin nicht stolz darauf, aber wenn man einmal den Kolbenmechanismus begriffen hat, der die Schlösser blockiert, und in welche Richtung man drehen muss, ist es keine große Kunst, eins zu öffnen. Er wollte mir unbedingt noch ein praktisches Beispiel geben und hat die Klotüren in der Bierbrauerei Lambrate geknackt. Der Typ auf dem Klo sah aus, als wolle er uns umbringen, doch als er begriff, wen er vor sich hatte, senkte er den Kopf und schloss schnell den Hosenschlitz.

Jetzt ist der Moment gekommen, den Dietrich auszuprobieren an der Tür zu dieser kleinen, zweistöckigen Villa an der Piazza Gabrio Rosa direkt gegenüber vom Kinderspielplatz. Von innen ist nichts zu hören, die Lichter sind aus.

Ich stülpe mir eine alte Mütze über und zücke mein Werkzeug. Das mag vielleicht nicht mein bester Einfall gewesen sein, aber schon drehen sich die Kolben, und innerhalb von fünf Sekunden stehe ich im Haus, wie es Arsène Lupin nicht besser hingekriegt hätte!

Drinnen ist alles dunkel und stumm. Vorsichtig tappe ich voran. Ich glaube, ein Kläffen zu hören, gefolgt von einem fürchterlichen Schlag in den Nacken. Alles wird dunkel.

Als ich die Augen wieder aufmache, vergehe ich fast vor Gestank. Ein brutaler, scharfer Geruch. Ich kriege kaum Luft, denn ein Stück Paketklebeband verschließt meinen Mund. Ich kann weder schreien noch um Hilfe rufen.

Mein Kopf tut weh, aber ich will nicht klagen. Der Schlag geschieht mir ganz recht. Für wen halte ich mich, wollte ich einfach so in das Haus einer Mörderin reinspazieren und sie mit bloßen Händen überwältigen? Was mich dann wirklich in die Realität zurückholt, ist die Nässe an meinen Wangen; ein Labradorwelpe leckt mir über das Gesicht. Er ist an einen der Betonpfeiler im Raum festgebunden. Offenbar ein Keller.

Ein Lichtstrahl fällt durch das kleine Fenster, langsam gewöhnen sich meine Augen an die Dunkelheit, und ich erkenne ein paar Leinensäcke. Von ihnen rührt der Gestank.

Ich versuche mich zu befreien, aber keine Chance. Meine

Hände und Füße sind mit Kabelbindern gefesselt, und selbst wenn ich auf die Beine käme, würde ich es niemals die lange Treppe hinauf schaffen, die nach oben führt.

Ich versuche es auf alle Arten. Der Hund zerrt an seiner Leine, zuckt aber gleich winselnd zurück. Wenn er zu sehr zieht, zieht sich das Band zusammen und erwürgt ihn. Ich lasse mich zurücksinken.

Ich bin am Arsch. Ein Gefangener am Tag der Befreiung, Ironie des Schicksals.

Ich seufze und spüre erst jetzt, dass da jemand hinter mir ist. Der sich im Dunkeln bewegt, ganz nah.

Der Hund bellt, und ich will mich umdrehen, da trifft mich wieder etwas Hartes auf den Kopf und die Lichter gehen aus.

...

»Wer zum Teufel ist der mit dem Hütchen?«, fragt Sovrintendente Sciacchitano.

Er sitzt mit Ispettore Lonigro und Vice Questore Sebastiani in einem grauen Fiat Tipo und wartet. Eine Zivilstreife, die nicht weiter auffällt. Seit einigen Minuten observieren sie das Haus, als sie einen Schatten vor die Tür huschen sehen.

»Was der da in der Hand hält, sieht mir nicht nach einem Schlüssel aus«, kommentiert der Vize.

»Er knackt das Türschloss.«

»Was jetzt, sollen wir eingreifen?«

Sebastianis Zigarre wandert langsam von einem Mundwinkel zum anderen. Er wägt das Für und Wider ab.

Ohne Durchsuchungsbefehl in das Haus eines Verdächtigen

einzufallen ist nie eine gute Idee, außer man hat unschlagbare Beweise. Was hier nicht der Fall ist.

»Wir warten. Wenn er wieder herauskommt, schnappen wir ihn uns.«

»Und wenn er nicht wieder herauskommt?«, fragt Lonigro.

Loris bearbeitet die Zigarre mit den Zähnen.

»Wir geben ihm zehn Minuten. Wenn er dann nicht da ist, gehen wir rein.«

Die Zeit vergeht im Schneckentempo auf Sebastianis Armbanduhr. Träge und endlos, wie immer in angespannten Situationen.

Lonigro und Sciacchitano stellen sich ungeduldig auf den Zugriff ein.

Als der Sekundenzeiger in die elfte Minute geht, gibt der Vize-Chef auf.

»Los geht's. Gebt aber vorher an die Zentrale durch, dass wir jemanden zur Verstärkung brauchen.«

Mit gezückten Dienstwaffen steigen die drei aus dem Wagen und überqueren die Straße.

»Ich gehe zuerst rein, dann Lonigro. Du, Sciacchitano, gibst uns Deckung.«

Die Nacht ist ruhig, niemand auf der Straße.

In gebeugtem Lauf nähern sie sich der Tür, die nur angelehnt ist. Das Schloss ist kaputt und schließt nicht mehr.

Sebastiani drückt sie langsam auf, setzt einen Fuß hinein und ruft laut: »Polizei!«

Aus einem Zimmer am Ende des Ganges erklingen Kampfgeräusche, der Polizist eilt dorthin gefolgt von Lonigro.

»Stehen bleiben!«

Mit einem Tritt stößt er die Tür auf und blickt verblüfft auf die

Szene vor ihm. Die Gottesanbeterin ist noch schöner, als er erwartet hatte. Volle Lippen, Wolfsaugen, wilde Frisur, durchdringendes Parfüm. Doch das ist nicht alles, was den Bullen umhaut. Auf dem Bett liegt blutverschmiert der Leichnam eines jungen Mannes, dem ein Dolch in der Brust steckt, während Radeschi – »Was zum Teufel tut der hier?« – an Händen und Füßen gefesselt vor der Frau kniet.

Sebastiani befiehlt der Gottesanbeterin, die Hände zu heben, zögert aber ein wenig zu lang, sodass sie unter ihrem Morgenrock eine kleine Pistole hervorziehen und das Feuer eröffnen kann.

Radeschi lässt sich nicht von der Frau einschüchtern, stößt sich mit seinen gefesselten Füßen ab und schnellt in die Luft, um seinen Bullenfreund zu beschützen. Die Kugel geht fehl und verpasst ihm einen Streifschuss an der rechten Gesäßhälfte.

Das Projektil bohrt sich einen Meter neben Sebastianis Kopf in den Türpfosten. Der Kommissar ist wie erstarrt. Lonigro hingegen stürzt sich mit gesenktem Kopf auf die Frau, damit sie kein zweites Mal schießt. Er stößt sie zu Boden wie eine Hyäne, die sich über einen Kadaver hermacht. Er entwaffnet sie und legt ihr nicht gerade zimperlich Handschellen an, während sie ununterbrochen kreischt wie ein Adler. Nun erst erwacht Sebastiani aus seiner Schreckstarre und beugt sich über Radeschi, der sich am Boden windet.

»Danke«, murmelt er.

Der junge Journalist stöhnt, weil sein Mund immer noch mit einem Streifen Paketband verklebt ist.

Sebastiani zieht ihn mit einer schnellen Bewegung ab, als sie unter sich das Geräusch einer zerbrechenden Fensterscheibe hören.

»Sie hat einen Komplizen!«, schreit Radeschi, als er wieder

reden kann. »Und der flieht gerade aus dem Fenster im Souterrain!«

...

»Weg. Ich hab noch versucht, ihm zu folgen, aber der ist gerannt wie ein Hase. Einfach verduftet.«

Sovrintendente Sciacchitano sieht aus wie ein geprügelter Hund und keucht wie ein Marathonläufer, der nach seiner Rückkehr Bericht erstattet.

Ich liege bäuchlings auf dem Boden mit einem Handtuch über dem Po, das Sebastiani irgendwoher geholt hat, um mein Blut zu stillen.

Die Gottesanbeterin wurde von zwei Beamten in Gewahrsam genommen, während der Krankenwagen noch auf sich warten lässt. Aus den Augenwinkeln sehe ich eine Hand, die vom Bett herabbaumelt. Von dem Mann, den die Frau ermordet hat.

Das Zimmer gleicht einem Schlachthof: auf die Liebe folgt der Tod. Durch die angelehnte Schranktür sehe ich die Hilfsmittel der Verführung: Perücken, Kleider, Pailletten, exotische Düfte, die einer alten Truhe entsteigen.

»Der Krankenwagen ist da«, verkündet Sebastiani, dem man den Schock noch deutlich ansieht. »Daran stirbt man nicht, Radeschi, keine Sorge.«

Ich lächele bitter, während Lonigro nach einer kurzen Inspektion aus dem Untergeschoss hochkommt.

»Eine totale Sauerei, da unten. Alles voll mit einbalsamierten Leichen.«

»Leichen?«, fragt Sebastiani.

»Positiv. Wir haben wohl das Versteck gefunden, wo sie ihre Opfer aufbewahrt hat ...«

»Und der Welpe?«, frage ich.

Der Inspektor beachtet mich nicht und tritt zur Seite, um die Sanitäter mit der Krankentrage durchzulassen.

»Du hast mich gerettet, danke«, flüstert Sebastiani, während sie mich hochheben.

»Bitte.«

Um nicht in Gefühlsduselei zu verfallen, kehrt der Bulle zu seinem üblichen, rauen Tonfall zurück.

»Damit das klar ist: in der offiziellen Version hat dich die Kugel erwischt, während du mit wehenden Fahnen den Klauen der Frau entkommen wolltest.«

»Sehr heldenhaft, finde ich.«

»Du wirst eine blendende Figur machen.«

»Wie habt ihr mich gefunden?«, frage ich. »Hat Fabio euch angerufen? Oder mein Priester-Freund?«

»Du hast einen Priester-Freund?«

Ohne auf ihn einzugehen, wiederhole ich: »Also, wie seid ihr hergekommen?«

»Nichts von dem, was du denkst. In Wahrheit hast du einfach nur ein Schweineglück gehabt. Nicht wir haben dich gefunden, sondern sie. Wir haben das Haus observiert und beobachtet, wie du ein Einbruchsdelikt begangen hast ... Wir wollten die Mörderin festnehmen und da bist du uns dazwischengekommen. Zum Glück, würde ich sagen.«

»Kollateralschaden.«

»Genau.«

»Wir müssen ihn ins Krankenhaus bringen«, mischt sich der Notarzt ein.

»Eine Sekunde noch.« Ich wende mich an Sebastiani. Er bedeutet den Trägern, kurz zu warten: An einem Streifschuss am Hinterteil stirbt man schließlich nicht.

»Willst du mir deinen letzten Willen mitteilen?«

»Du hast mir immer noch nicht gesagt, wie ihr auf die Villa gekommen seid. Fabio und ich haben die Taxianrufe zurückverfolgt. Und ihr?«

»Ich sollte euch beide festnehmen.«

Ich bleibe hartnäckig: »Wie seid ihr hierhergekommen?«

Die Zigarre des Bullen schiebt sich langsam durch den Mund.

»Wegen des Sonderurlaubs.«

»Stopp. Meinst du Ferientage?«

»Ich meine die Ausgangserlaubnis, die man im Gefängnis für gute Führung bekommt.«

Mein Kopf pulsiert mit einem Mal.

»Willst du damit sagen, dass diese Wahnsinnige in Wirklichkeit im Gefängnis sitzt und hin und wieder Ausgang bekommt, um Leute umzubringen?«

»Mehr oder weniger.«

»Wie kann das sein?«

»Wenn ein Häftling mindestens die Hälfte seiner Strafe abgesessen hat, darf er das beantragen.«

»Wie lange hat sie bekommen?«

»Zehn Jahre wegen Mordes.«

»Das kommt mir nicht viel vor ...«

»Sie hatte einen guten Anwalt: den Aasgeier Manfredi Visconti ...«

»Und er hat das Bestmögliche rausgeholt.«

Die Zigarre wird schneller.

»Lonigro hat ihre Akte ausgegraben. Sie heißt Dania Méndez,

ist achtunddreißig Jahre alt und wurde im Schnellverfahren verurteilt, wodurch sich das Strafmaß um ein Drittel verringern lässt. Wegen allgemeiner mildernder Umstände zu zwölf Jahren verurteilt, wurde die Strafe in der Berufung auf zehn Jahre und acht Monate reduziert. Letztes Jahr im Juni hatte sie ihren ersten Sonderurlaub ...«

»Genau als die ersten jungen Männer verschwanden ...«

»Genau.«

»Wir haben die Ausgangszeiten überprüft und mit denen der Vermisstenanzeigen abgeglichen. Fünf Tage vom 31. Mai bis zum 5. Juni.«

»Als Giorgio Conti verschwunden ist.«

»Sehr gut. Die zweite Sondererlaubnis, immer noch 2001, bekam sie für vier Tage vom 31. Oktober bis zum 3. November. Das Brückenwochenende über Allerheiligen ...«

»Als Ivan Gasparini dran war!«

»Und dann wieder drei Tage über Silvester.«

»Dann sind wir bei Davide Mari. Und dieses Jahr?«

»Fünf Tage an Ostern, 31. März bis 4. April ...«

»Als Molinari ermordet wurde!«

»Ja, sie hat deinen Freund umgebracht.«

»Verflucht soll sie sein. Und warum seid ihr dann ausgerechnet heute hierhergekommen?«

»Sie kam gestern raus für das Brückenwochenende des 25. April. Fünf Tage. Also haben wir den Vollzugsrichter angerufen; wenn ein Häftling das Gefängnis verlässt, und sei es nur für einen Tag, muss er eine Adresse angeben, wo er sich aufhält ...«

»Und die Méndez hat diese Adresse angegeben.«

»Zu deinem Glück.«

19

»Du hast also den Helden gespielt und dafür eine Kugel kassiert, in den …«

»Ja.«

»Das ist mal eine tolle Geschichte!«

»Die du aber für dich behalten musst. Ermittlungsgeheimnis.«

Er sieht mich belustigt an: »Liegst du auch bequem?«

»Hau ab!«

Fabio verzieht sich feixend.

Nach der Behandlung im Krankenhaus musste ich einige Stunden zur Beobachtung dableiben, dann durfte ich nach Hause. Davon mal abgesehen hat die Erfahrung mit der Kugel im Gesäß, so schmerzhaft sie auch ist, viele Neuigkeiten gebracht.

Vor allem wäre da mal meine erste echte Story. Die ganze Nacht habe ich geschrieben – bäuchlings auf dem Bett liegend, damit es nicht so brennt, die Finger auf der Tastatur – und zwei, drei Artikel verfasst, die in der ganzen Stadt Aufsehen erregt haben. Einer erschien bei *Milano (e hinterland) Oggi* auf Seite eins und der andere auf *Milanonera*. Beide mit derselben Schlagzeile »Gefasst: die Gottesanbeterin von Corvetto«.

In aller Bescheidenheit beanspruche ich das Copyright für diesen Spitznamen für mich, den mittlerweile alle übernommen haben. Selbst im Ausland, das über den Fall berichtete, weil das letzte Opfer ein Engländer war: Michael Taylor aus Manchester.

In den Artikeln erzähle ich die Geschichte der Gottesanbeterin, die sich junge Männer schnappte, sie missbrauchte und umbrachte, um ihre Leichen dann im Keller aufzubewahren. Die Polizei hat mir aufgetragen, den Komplizen nicht zu erwähnen, woran ich mich gehalten habe. Letztlich bin ich mir gar nicht mehr ganz sicher, ob es ihn gibt. Ich habe ihm nicht ins Gesicht gesehen, und die Frau schwört Stein und Bein, dass sie alleine gearbeitet hat. Sie behauptet, nicht zu wissen, wer das Fenster im Souterrain zerschlagen hat. Vielleicht ein Dieb. Auf jeden Fall kein Komplize, sagt sie.

Worüber noch zu sprechen sein wird, wenn oder falls er festgenommen wird.

Mein Motorola gibt keine Sekunde Ruhe. Ich muss es permanent in der Steckdose lassen, weil es sonst immer ausgeht, sobald ich antworte. Endlich sind den Zeitungen wieder meine Bewerbungen eingefallen, die ich ihnen vor Monaten geschickt habe, und plötzlich bekomme ich Angebote für bezahlte Mitarbeit.

Die zweite Neuigkeit ist, dass ich den kleinen Labradorwelpen mit nach Hause genommen habe. Ganz unbürokratisch. Die *Questura* hat mir einen Schein gegeben und damit bin ich direkt vom Krankenhaus aus in das Tierheim gegangen. Jetzt muss ich noch beim Tierarzt vorbei, um ihn registrieren zu lassen. Und ich bereue es nicht: Wenn ein kleines Herz dich findet, können keine Ämter es aufhalten. Sein Herrchen wurde umgebracht und der Kleine hätte wer weiß wie lange im Käfig leben müssen. Vielleicht für immer.

Sebastiani hatte nichts einzuwenden, als ich ihm meine Idee

unterbreitete: Er kann mir nur schwer was abschlagen, seit ich ihm das Leben gerettet habe.

Wer es nicht so gerne sieht, ist Fabio; vielleicht ist er deshalb auch so fies zu mir, obwohl ich krank bin.

»Haustiere sind in der Wohnung nicht erlaubt!«

»Wo steht das denn? Und was ist mit dir?«

Ich hatte noch nicht ausgesprochen, als das Hündchen schon auf seine Schuhe gepinkelt hatte, aber zum Glück hinter seinem Rücken, sodass er es nicht sehen konnte. Später werde ich versuchen, sie mit dem Fön zu trocknen, aber ich weiß nicht, ob das was bringt. Ich versuche ihm beizubringen, das sein zu lassen. Vielleicht sollte ich es mal auf Englisch versuchen, vielleicht versteht er das eher. Wer weiß.

Dummerweise hat mein Mitbewohner einen Hygienefimmel. Nicht dass ich auf einer Müllkippe leben möchte, um das mal klarzustellen, aber für alles gibt es ein rechtes Maß. Margot wiederum ist ganz versessen auf den kleinen Doggy.

»Ist der süß«, sagt sie immer wieder und lässt sich von ihm das Gesicht abschlecken.

Ach, und nicht zu vergessen: die dritte große Neuigkeit: Seit heute wohnt ein bezauberndes Mädchen bei uns. Sie bleibt für drei Monate, und wenn alles gut geht, habe ich eine liebevolle Rotkreuzschwester zu meiner Verfügung.

...

»Gibt es diesen Flüchtigen wirklich, oder habt ihr den nur geträumt?«

Die herrische Stimme des Polizeipräsidenten Lamberto Duca. Der Verlauf der Dinge hat ihm überhaupt nicht gefallen: wie grob die Polizisten in die Villa eingefallen sind, dieser Reporter dazwischen, die Flucht des Komplizen. Wenn es denn einen gab, denn Indizien dafür wurden nicht gefunden.

Sebastiani sitzt verlegen vor seinem Vorgesetzten, kaut wild auf seiner Zigarre herum und lässt sich ausfragen. Nach der Festnahme der Gottesanbeterin hat das halbe Präsidium gefeiert. Die Presse verkündete lautstark, dass der Albtraum nun ein Ende hat und junge Männer jetzt wieder ruhigen Gewissens ausgehen können. Sie wissen nicht – da die Ermittler es nicht publik gemacht haben –, dass die Méndez vielleicht einen Komplizen hatte. Das bringt den Polizeichef auf die Palme, er schlägt mit der Faust auf den Tisch.

»Wer ist es?«

»Das wissen wir noch nicht«, sagt Sebastiani kleinlaut. »Zweifellos ein Mann: Sovrintendente Sciacchitano hat ihn von hinten gesehen, als er floh. Soweit wir die Sache rekonstruiert haben, hat er den Reporter, Radeschi, huckepack genommen und in den Keller geschleppt. Dort hat er ihn gefesselt, vielleicht um ihn zu missbrauchen, wenn er genug Zeit gehabt hätte. Wir nehmen an, dass er ihn auch wieder hochgetragen hat in das obere Stockwerk. Doch als er gemerkt hat, dass Polizei im Haus war, ist er geflohen.«

»Und Sie haben ihn laufen lassen. Ich weiß. Dann beruht also alles auf der Aussage dieses Radeschi, er sei weggetragen worden, richtig?«

»Richtig.«

»Die Méndez kann es nicht gewesen sein?«

»Unwahrscheinlich: Sie wiegt wahrscheinlich keine fünfzig Kilo ...«

»Kann sie oder kann sie nicht?«

»Theoretisch ja.«

»Und der, der geflohen ist, könnte auch ein Einbrecher gewesen sein?«

»Das behauptet zumindest die Frau ...«

»Antworten Sie mit ja oder nein.«

»Ja«, seufzt Sebastiani.

»Gut. Dann gibt es vielleicht gar keinen Komplizen ...«

»Die Spurensicherung hat zahlreiche Fingerabdrücke gefunden, im Schlafzimmer und im Keller, vielleicht ...«

»Vielleicht wäre das eine Spur. Erzählen Sie mir was Neues, Sebastiani! Zum Beispiel, was die Leichen betrifft.«

»Vier. Drei lagen im Keller – Conti, Mari und Gasparini –, in mit Kampfer ausgestopften Jutesäcken, um die Zersetzung zu verzögern, und einer auf dem Bett. Ganz frisch ermordet: Michael Taylor, ein zweiundzwanzigjähriger Engländer, der seinen Master hier an der Bocconi machte.«

»Damit ist der Fall europäisch.«

»Ich wurde auf einen Artikel aufmerksam gemacht, der heute in der *Daily Mail* erschienen ist: ›English student killed by Mantis in Milan‹.«

»Und was wissen Sie über das Haus? Gehörte es der Méndez?«

Die Zigarre bebt.

»Nein, laut Grundbuch gehört sie einem gewissen Pasquale Esposito.«

»Und wo ist dieser Esposito?«

»In Poggio Reale.«

»Auch im Knast?«

Sebastiani hebt ergeben die Arme.

»Ja, wir klären gerade, woher die Méndez die Schlüssel hatte und warum ...«

Duca war sichtlich verärgert.

»Haben die Autopsien etwas ergeben?«

»Dottor Ambrosio ist noch dabei, bisher wissen wir nur, dass der Modus Operandi immer derselbe war. Die jungen Männer wurden verführt und ans Bett gefesselt, dann mittels eines Anglermessers mit Einstichen an ungefährlichen Stellen verletzt, um am Ende mit einem Stich ins Herz hingerichtet zu werden.«

»Schrecklich.«

»Das ist noch nicht alles. Anscheinend wurden sie auch anal missbraucht. Außer Taylor, da hatte der Mann vielleicht nicht genug Zeit ...«

»Der Mann? Sie denken also, der Komplize hat die jungen Männer vergewaltigt?«

»Das ist eine Möglichkeit.«

»Was sagt die Frau dazu?«

»Gar nichts. Außer immer wieder abzustreiten, dass es überhaupt einen Zweiten gab. Sie hat um ihren Anwalt gebeten – diese Schlange Visconti – und hüllt sich seitdem in beharrliches Schweigen. Sie weiß, dass sie nichts zu verlieren hat. Ich glaube nicht, dass sie mit dem Namen des Komplizen herausrücken wird.«

Duca seufzt und blättert nervös den Bericht vor sich durch.

»Hier lese ich, dass Sie auch eine Pistole im Keller gefunden haben.«

»Eine alte Glock mit Schalldämpfer. Sie lag gut geölt und gesäubert in einem Kästchen. Ohne Fingerabdrücke.«

»Unser flüchtiger Unbekannter versteht sein Handwerk.«

»Sieht so aus.«

»Wissen wir, wem die Waffe gehört?«

»Nein. Die Seriennummer ist weggekratzt. Und wie gesagt, sie ist sehr alt, eine Art Kriegsrelikt.«

»Wir haben also nichts in der Hand.«

»Eins immerhin wissen wir, Signore: Es gibt eine Verbindung. Aus den Untersuchungen der Nut vom Pistolenlauf und der Projektile geht klar hervor, dass mit dieser Glock am Ostermontag Molinari erschossen wurde und vor sechzehn Jahren Mattia Schiavon in Padua. Was bisher nur ein Verdacht war, ist nun Gewissheit: Alle diese Verbrechen hängen zusammen, und jetzt müssen wir herausfinden, ob die Méndez die Vollstreckerin sämtlicher Morde ist oder nur der letzten.«

20

Um diese Uhrzeit am Morgen sollte es Leuten, die erst vor Kurzem ins Bett gekommen sind, verboten sein, die Augen aufzuschlagen. Nach einem rekordverdächtigen Bierbesäufnis, mit dem wir meine komplette Genesung gefeiert haben. Meine B-Seite ist wieder heile bis auf eine kleine Narbe.

Stattdessen lassen uns wahre Beduinenschreie aus den Laken hochfahren.

»Das darf doch nicht wahr sein! Welche Wildsau war das!«

Fabio und ich reiben uns die Augen und stolpern ins Bad, wo eine stämmige Blondine mit einem Wischmopp herumfuchtelt und mit flammenden Blicken angewidert auf Urintropfen zeigt.

Zu Beginn unseres WG-Lebens, als wir noch kein Geld hatten, also vor dem Pornogeschäft, war das Putzen ein wahrer Albtraum. Ich musste die Kloschüssel polieren wie eine Mingvase, mindestens dreimal die Woche, damit Fabio zufrieden war. Aus dieser Schüssel hätte man essen können!

Jetzt können wir uns dank Margots Finanzspritze, die drei Monatsmieten im Voraus bezahlt hat – und nach etwa zehn Tagen des gemeinsamen Wohnens darauf bestanden hat –, eine Frau aus der Ukraine leisten, die ein paar Arbeiten im Haushalt übernimmt.

Heute ist ihr erster Tag, und der Schrei verheißt nichts Gutes. Margot hat sie eingestellt, die sich noch in ihrem Bett suhlt und nichts von dem Drama mitbekommt.

»Ich geh wieder schlafen«, verkündet Fabio ungerührt.

Ich bleibe also mit Tatiana allein, so heißt sie, glaube ich, die mir drohend ihren Zeigefinger in die Brust stößt.

In ihrem Vorleben hatte sie wahrscheinlich einen ganz anderen Job, und weil ihr Körper nun nicht mehr mitmacht, putzt sie nun eben Böden und bügelt Hemden – wahrscheinlich schlecht.

»Das war der Hund. Der muss manchmal.«

Der kleine Labrador liegt zusammengerollt unter dem Waschbecken, in seinen Augen die pure Angst.

»Das ist zu vill Haar!«, sagt sie anklagend.

»Wenn's nur das wäre! Manchmal kackt er auch in die Wohnung. Aber jetzt bringe ich ihm ja bei, dass er sein Geschäft unten im Park macht und nicht mehr hier. Wegen der Haare kann ich aber leider nichts machen.«

Sie schüttelt den Kopf und beginnt, wild mit dem Mop den Boden zu wischen.

»Du hier nicht laufen, alles dreckig!«

»In Ordnung. Dann gehe ich mit dem Hund raus, o.k.?«

»Wie heißt Viech?«

»Ich habe noch keinen passenden Namen für ihn gefunden, und er ist kein Viech!«

Er springt an mir hoch und leckt mir durchs Gesicht. Die Vorderpfoten auf meine Brust gestützt. Er wird groß. Und hat immer noch keinen Namen. Stimmt schon, ich hätte das längst regeln sollen, aber die Wahl ist nicht leicht.

Wie bei allen wichtigen Sachen im Leben kommt die Lösung des Dilemmas, wenn man sie am wenigsten erwartet, fast beiläufig. Es ist am selben Abend, als Fabio und ich mit zwei Bier in der Hand vor die Tür der Bierbrauerei Lambrate wanken. Die Eingebung kommt mir auf der Via Adelchi, zwischen einem Weißbier und einem Joint, wie es sich an diesen warmen Frühlingsabenden gehört. Ich habe mein Domm-Glas auf ein Mäuerchen gestellt, und in einem unbeobachteten Moment springt der Welpe hoch und schleckt das Glas leer. Einen Rest Bier.

»Jetzt weiß ich, wie ich dich nenne, Kleiner, wie meinen Lieblingsschriftsteller. Ich habe all seine Romane nach Mailand mitgebracht. Ich taufe dich Buk.«

»Wie der aus Ruf der Wildnis?«

»Ach was, das war Buck! Das finde ich ja toll, du hast als Kind nicht nur auf dem Commodore 64 gespielt, sondern auch noch Bücher gelesen.«

»Kalabrien war in den Achtzigern ja nicht gerade Las Vegas. Aber egal, wofür steht denn jetzt Buk?«

»Für Bukowski, klar?«

»Sehr passender Name für einen Hund.«

»Willst du mich veräppeln?«

»Fällt dir echt nichts Besseres ein?«

Der Welpe leckt sich immer noch genussvoll die Schnauze.

»Ich glaube nicht. Buk ist der perfekte Name für dieses Hündchen.«

...

In der Poebene gibt es Chinesen nur in Restaurants mit roten Lampions davor. In Mailand aber sind sie überall, vor allem wenn du in bestimmte Viertel gehst, wo man sich nach Peking oder Shanghai versetzt fühlt: Via Paolo Sarpi, Mailands Chinatown.

Ich komme her, um Computerkram zweifelhafter Herkunft zu kaufen, dafür billig und funktional, außerdem um ein paar Lebensmittel zu besorgen, die es anderswo nicht gibt. Heute habe ich meine heißgeliebte scharfe Sauce gekauft – woraus die gemacht ist, will ich gar nicht wissen! –, in einer Art Supermarkt-Bazar. Mit dem Wechselgeld hat der Händler mir ein paar Lebensweisheiten mit auf den Weg gegeben; von Gott und der Welt redend kam heraus, dass ich im Jahr des Hasen geboren bin.

»Das merk ich mir und werde keinen Hasen mehr essen«, habe ich erwidert. »Von heute an steht er bei mir unter Tierschutz. Hasen sollen nur noch Haustiere sein.«

Ich werde noch mehr tun, denke ich dann, ich werde dem Tierschutzverein beitreten und pro veröffentlichtem (und bezahltem) Artikel einen Euro spenden. Das ist zwar nicht viel, aber mehr kann ich mir im Moment nicht leisten. Wenn die Zeiten dann besser werden, kann ich aufstocken. Heute habe ich immerhin schon ein bisschen was eingenommen: Buk bringt mir Glück. Seit ich ihn habe, bin ich ein besserer Mensch. Zumindest gegenüber Tieren.

Den Geldsegen bescherte mir ein Artikel, mit dem mich die Wochenzeitschrift *Panorama* beauftragt hatte, unter der Überschrift »Der Tag der Gottesanbeterin«, auf dem Cover ein sinnliches Bild von ihr, das sie wer weiß woher hatten. Das wird gut laufen, vor allem seitdem die *Daily Mail*, wie sie mir sagten, meinen Spitznamen »Gottesanbeterin« auf Englisch übernommen hat, *Mantis*.

Das habe ich natürlich nicht alles alleine gemacht: Sebastiani hat mir geholfen, indem er mir die Erlaubnis verschaffte, mit der Frau zu reden. Ein Interview in San Vittore unter Anwesenheit von Anwalt Visconti, ein großer Fisch am Mailänder Gericht, ganz Nadelstreifen und Goldmanschettenknöpfe.

»Wir haben diesem Interview zugestimmt, weil meine Mandantin ihre Version der Dinge darlegen möchte ohne Entstellungen durch Dritte«, hat der Staranwalt klargestellt. »Allem voran weist sie entschieden zurück, mit irgendwelchen Leuten zusammengearbeitet zu haben.«

Schlicht gesagt schlüpfte die Méndez in die Opferrolle: die vom Ehemann unterdrückte und missbrauchte Frau. Kaum aus dem Gefängnis raus, überkam sie dieses schreckliche Verlangen, junge Männer zu verführen und zu töten. Wie es mit ihr in der Zeit des Missbrauchs geschehen war, eine Art Projektion.

Keine Erwähnung des Komplizen und eine klare Botschaft: Die öffentliche Meinung sollte die Umstände erfahren, um eventuell Strafnachlass zu fordern und auf eingeschränkt zurechnungsfähig zu plädieren. Spielchen eines Winkeladvokaten, die mich nicht interessieren.

Diesen Gefallen hat mir der Vicequestor im Übrigen nicht einfach so getan, er hat die sprichwörtlichen zwei Fliegen mit einer Klappe geschlagen: Im Gegenzug möchte er nämlich von mir, dass ich verdeckt in Viscontis Leben forsche. Da habe ich grundsätzlich nichts dagegen einzuwenden, aber ein paar Erklärungen bräuchte ich vorher doch.

»Verdächtigst du den Avvocato denn?«

»Ich verdächtige jeden«, hatte der Mann mit der ewigen Zigarre geantwortet.

»Aber es muss doch einen Grund geben ...«

»Dieser Visconti ist ein hohes Tier. Ich habe große Zweifel, dass die Méndez sich sein Honorar leisten kann, es sei denn, sie profitiert ebenfalls von Prozesskostenhilfe ...«

»Das verstehe ich nicht.«

»Visconti ist ja auch der Anwalt von Guido Bellantuono, dem Typen, der Sommese umgebracht hat. Als Erklärung hat er die Prozesskostenhilfe genannt. Bei beiden handelt es sich um Leute, die sich seine Dienste eigentlich nicht leisten können.«

»Die Welt wimmelt nur so von Outlaws und korrupten Anwälten.«

»Schon, aber das Verhältnis zwischen ihm und der Méndez kommt mir komisch vor. Er hat sie schon vor fünf Jahren in dem Prozess vertreten, als sie dafür verurteilt wurde, ihren Mann mit Messerstichen getötet zu haben. Seitdem war er regelmäßig mindestens einmal im Monat bei ihr im Gefängnis. Merkwürdig, oder? In letzter Zeit hat er die Besuche noch intensiviert: manchmal mehr als einmal pro Woche.«

»Glaubst du, er ist der Komplize?«

»Ich weiß es nicht, schließe es aber nicht aus. Aber allein kann ich das nicht herausfinden.«

»Was meinst du damit?«

Sebastiani zögert einen Moment.

»Er ist ein wichtiger Mann mit tausend Verbindungen in die Staatsanwaltschaft. Wenn du einen Löwen erlegen willst, musst du ihn mit dem ersten Schuss töten, sonst zerreißt er dich! Wir brauchen also unwiderlegbare Anhaltspunkte, bevor wir irgendwelchen Staub aufwirbeln. Bereits jetzt habe ich klare Signale aus dem Gerichtsgebäude bekommen, mir die Sache aus dem Kopf zu schlagen ...«

»Mal abgesehen davon, dass ich gegen die Jagd bin und das Beispiel verabscheue, das du gerade gebracht hast – was soll ich tun?«

»Ich will alles über ihn wissen. Wo er wohnt, wo er arbeitet, woher er kommt, mit wem er zu tun hat. Aber sei vorsichtig: er darf keinen Wind davon bekommen. Er hat Beziehungen bis in die höchsten Ebenen.«

»Ich weiß. Das sagtest du schon!«

In dem Interview hatte die Frau erwartungsgemäß ihre eigene Version des Bösen erzählt. Die Geschichte von einem viel älteren Ehemann, der sie schlug und zur Prostitution zwang. Und den sie mit Messerstichen tötete.

Ich habe mich schlau gemacht: Kriminologen nennen das den Auslöser. Seitdem suchte die Méndez nach Ersatz. Aber in vertauschten Rollen: Sie gab nun die Regeln vor, mit wesentlich jüngeren Partnern als sie.

Ich weiß nicht, ob ich das glauben soll. Ist auch egal: Die Wahrheit steht nicht in der Zeitung.

»Lust auf einen Aperitif?«, frage ich Margot.

»Hier in Chinatown?«

»Du wirst staunen. Ich kenne eine wunderschöne Vinothek, die von Italienern geführt wird. Keiner von diesen coolen Orten, wo die ganzen Mailänder hinrennen. Die Typen hinter dem Tresen verstehen sich auf das, was sie ausschenken.«

Sie stimmt lächelnd zu.

Die Atmosphäre in dem Laden ist fröhlich, und niemand stört sich daran, dass wir Buk dabeihaben. Es gibt viele Wirte, die die Nase rümpfen, wenn man den Hund mitbringt. Hier nicht, und hier gibt es den ursprünglichen Mailänder Aperitif, die sogenannten *Nervetti*, ein Fleischsalat mit Weißbrot, hausgemachten Soßen und hartgekochten Eiern. Kleine Portionen, weil man später ja noch essen geht. Das ist doch der Sinn des Antipasto: den Magen zu öffnen vor der Pasta, anstelle des schrecklichen *Apericena* (allein von dem Wort bekomme ich schon Krätze), das gerade en vogue ist und bei dem man sich mit irgendwelchem Dreck vollstopft.

Margot lächelt, lässt ihr Glas leicht gegen meins klirren und sieht mich mit feuchtem Blick an. Unsere Lippen nähern sich wie von selbst. Wie wenn die graue Wolkendecke vor dem blauen Himmel aufreißt, fast ohne dass du es mitbekommst. Doch kurz vor dem Ziel zieht sie sich zurück.

»Dein Telefon klingelt.«

»Vergiss es.«

»Oh nein! Vielleicht ist es wichtig. Vielleicht will dir eine Zeitung einen festen Job anbieten!«

Der magische Moment ist vorbei. Dann kann ich auch drangehen.

»Ich habe gelesen, dass auf dich geschossen wurde. In der *Panorama*!«

Keine neue Stelle, stattdessen Unbehagen. Cristina, meine Ex, trifft mich wie immer unvorbereitet.

»Glaube nie, was in der Zeitung steht.«

»Das hast du aber selbst geschrieben! Wie geht es dir?«

»Gut. Ich habe nur eine kleine Narbe am ...«

»Schon gut. Genauer brauche ich es nicht.«

»Und ich habe jetzt einen Hund.«

Mir fiel nichts anderes ein.

»Du? Um den du dich kümmern musst?«

»Ist das so überraschend?«

»Wie heißt er?«

Nicht, dass sie mich fragt, ob er brav ist, verspielt, hübsch, mit langem Fell, wo er herkommt. Sie fragt nach seinem Namen. Die Menschen beschränken sich allzu oft auf die Oberflächlichkeiten.

»Ich habe ihn Buk genannt.«

»Wie?«

»Buk.«

»Das ist doch kein Hundename.«

»Ihm gefällt er!«

»Etwa nach diesem versauten Schriftsteller? Ich fasse es nicht.«

»Ihm gefällt er«, wiederhole ich stumpf. »Und mir auch.«

»Na gut. Ich freue mich, dass es dir gut geht. Ciao.«

Als ich auflege, schaut Margot mich an.

»Du hast mir gar nicht erzählt, dass du eine Freundin hast.«

»Wir sind seit Jahren nicht mehr zusammen«, stammle ich.

»Aber sie ruft dich noch an.«

»Ja.«

An ihrem Blick erkenne ich, dass wir heute nicht mehr fummeln werden wie die Teenager.

»Ich bin müde, Enrico. Bitte bring mich nach Hause.«

...

Zu volle Bars mag ich nicht. Wenn zu den Stoßzeiten alle einen Espresso wollen und einander anrempeln und herumschreien. Frühstücken kann man am besten in einem leeren Lokal. Buk und ich gehen häufiger in die alte Pasticceria in der Via Pacini, quasi vor dem Haus. Wir kommen selten vor halb elf. Eine halbe Brioche für jeden und für mich einen Kaffee. In aller Ruhe. Das ist der wahre Bargenuss. Heute Morgen musste unser kleines Ritual allerdings ausfallen, weil ich einen Anruf bekam, auf den ich seit Monaten warte. Vielleicht seit jeher.

»Morgen Nachmittag um drei stehst du in meinem Büro mit einem schriftlichen Vorschlag«, lautete der Auftrag durchs Telefon. Am anderen Ende der Leitung saß Beppe Calzolari, der Chefredakteur des Mailänder Lokalteils vom *Corriere*. Ein großer, hagerer Mann mit hervorspringenden Augen hinter dicken Brillengläsern, die wenigen verbleibenden Haare sorgfältig über die kahlen Stellen gekämmt; ich hatte ihn damals schon einmal von Ferne am Tatort des Sommese-Mordes gesehen.

Seitdem habe ich oft versucht, ihn telefonisch oder per E-Mail zu kontaktieren, ohne jeden Erfolg.

Bis heute Morgen, als die wenigen Worte mich in Panik versetzten. Ich verbrachte die gesamte Zeit über dem Laptop und suchte nach der zündenden Idee, was ich Sinnvolles schreiben könnte: meine erste Arbeitsprobe für den *Corriere della Sera*!

Um halb drei stehe ich in der Via Solferino mit ein paar ausgedruckten Seiten in der Hand.

Calzolari holt mich am Empfang ab.

»Gehen wir einen Kaffee trinken«, sagt er, nachdem er mir zerstreut die Hand geschüttelt hat. »Hier drinnen gibt es eine Bar.«

Ich folge ihm durch die Flure der Zeitung bis zum Tresen.

»Zwei Espresso«, bestellt er.

»Für mich mit etwas Milch.«

»Du bist 'ne echte Knalltüte«, sagt er im tiefstem Mailändisch.

»Wie bitte?«

»Den Espresso trinkt man schwarz oder gar nicht, wenn du Milch reinkippst, ist er sofort kalt.«

»Dann will ich doch einen normalen«, sage ich zum Barista.

»*Bravo fioeu*«, nickt der Chefredakteur.

Wir trinken schweigend unseren Kaffee, dann gehen wir – immer noch schweigend – in sein Büro.

»Und, was hast du mir mitgebracht?«

Ich reiche ihm die Zettel.

»Was ist das?«

»Ein Artikel über den Pirellone-Mord.«

Eine Falte erscheint auf seiner Stirn.

»Mord?«

»Na ja, das ist zumindest eine Theorie. Steht alles da drin.«

»Dann halt den Mund und lass mich lesen.«

Das sind die längsten fünf Minuten meines Lebens. In den Zeilen, die er in den Händen hält, gehe ich der Frage nach, ob es sich um Selbstmord, um einen Unfall oder eben um Mord gehandelt hat. Ich wage sogar die Hypothese einer Sabotage am Steuerknüppel ... alles basierend auf Gerüchten und Luftnummern. Aber ich brauchte etwas, um ihn zu beeindrucken.

»Okay, das ist totaler Dreck. Lauter Unsinn. Dazu noch Schnee von gestern. Aber gut geschrieben.«

Da mir keine Antwort einfällt, halte ich die Luft an.

»Ich nehme dich auf Probe«, fährt Calzolari fort. »Ich habe auch in deinen Blog hineingelesen, wie heißt er noch, *Milanonera*. Gefällt mir, wenn du keinen Quatsch machst, könnte das eine wöchentliche Kolumne werden, vielleicht samstags. Aber bild dir bloß nichts ein. Zwanzig Zeilen als Lückenfüller, wenn wir nicht genug Stoff haben. Und der Lohn genauso, den Champagner kannst du im Regal lassen: du wirst pro Artikel bezahlt. Standardtarif, *té cepì*? Ich weiß nicht mal, wie viel das ist, du kannst dich in der Redaktion erkundigen. Hier ist die Nummer der Sekretärin. Und jetzt verzieh dich, ich habe zu tun.«

21

Die Großstadt um sieben Uhr morgens ist eine mystische Erfahrung.

Licht und Stille. Keine Autos, keine Pendler, kein Hupen, keine Fußgänger, kaum Busse.

Nur Menschen und Hunde, die Gassi gehen. Die Herrchen mit schlaftrunkenen Gesichtern grüßen, lächeln und wechseln gern ein paar Worte, während die Vierbeiner sich gegenseitig beschnüffeln.

So sollten wir sein. Tiere machen uns zu besseren Menschen, ob wir wollen oder nicht. Das ist einfach so. Toleranter, geduldiger, weniger faul.

Und Buk ist ein echtes Energiebündel. Er kann unermüdlich traben, ist immer am Schnüffeln, wedelt wild mit dem Schwanz, begeistert sich für ein dreckiges Taschentuch oder ein weggeworfenes halbes Brötchen.

Die Spaziergänge mit Buk haben mir eine neue Welt eröffnet. Ich glaube fast, sie haben mich geselliger gemacht. Die Leute kommen näher, lächeln, streicheln ihn und fragen nach ihm. Vor allem Frauen. Wenn ein Mann das macht, gucke ich ihn böse an, und wir gehen weiter. So gesellig muss ich nun auch nicht werden.

Nach einem Recherchevormittag zum Thema Anwalt komme

ich nach Hause. Der Fernseher läuft, und über den Bildschirm flimmern die bunten Bilder des Radler-Reigens.

»Der Spanier Juan Carlos Domínguez hat in Groningen das Zeitfahren des 85. Giro d'Italia gewonnen und trägt nun das erste rosa Trikot der Tour.«

Fabio schimpft anstelle einer Begrüßung los: »Findest du das logisch, dass der Giro d'Italia in Belgien beginnt?«

»Groningen ist in Holland.«

»Mag sein, auf jeden Fall Flamen.«

»Vergiss es, Fabio, Geographie ist nicht deine Stärke.«

Ich lasse mich in einen Sessel fallen.

»Was zieht dich denn so runter?«, fragt er mich. »Dein Gesicht ist ja länger als das deines Hundes.«

»Das Symbol.«

»Mal wieder?«

»Ja. Ich will endlich wissen, was es bedeutet. Sonst kriege ich das nie aus dem Hirn.«

»Dann geh und frag einen Experten. Der etwas davon versteht.«

»Schon, aber wen? Ich bräuchte einen Professor für ...«

»Für?«

»Für Semiotik, oder?«

»Keine Ahnung, was das ist. In unserem Studium haben Fächer verständliche Namen ...«

»Das ist die Wissenschaft von den sprachlichen Zeichen und wie sie funktionieren. An der Uni hatte ich einen Dozenten. Einen dicken Mann. Warte ... Ferraro. Genau: Alberto Ferraro hieß er.«

»War das nicht der dauergeile Typ, von dem du mir erzählt hast?«

»Genau.«

»Der, der nur Studentinnen im Kopf hatte?«

»Er hat mehr gevögelt als Kennedy.«

»Nun übertreib mal nicht.«

»Ich schwöre es. Er war ein Genie und hatte eine große akademische Laufbahn vor sich, mit Publikationen und allem drum und dran. Aber sein Ding hat ihn reingerissen, aufgerieben.«

»Sein Ding?«

»Ja, du weißt schon, das immer so schön steht.«

»Bitte keine Scharaden, ich hab's ja verstanden …«

...

»Lass uns rausgehen«, sagt Sebastiani trocken.

Die Zigarre rührt sich nicht, ein ganz schlechtes Zeichen. Ispettore Lonigro folgt seinem Vorgesetzten widerstandslos die Treppe hinunter.

Sie treten auf die Via Fatebenefratelli hinaus und gehen zu Fuß in Richtung Brera, dem Szeneviertel mit seinen Lokalen, Antiquariaten, Restaurants und Kartenlegerinnen, die dir gegen ein großzügiges Entgelt eine phantasiereiche Zukunft vorhersagen.

Lonigro hält sich zurück, bis sie an einem Tischchen in einem Café auf der Piazza Carmine sitzen. Ein Touristenort, das bessere Mailand. Bestimmt kein Ort für Bullen. Was wohl auch der Grund ist, warum sie hier sind: um sicher zu sein, dass keine unerwünschten Ohren lauschen.

»Sie haben ihn zu den Akten gelegt.«

»Was haben sie zu den Akten gelegt, Dottore?«

»Den Fall Müller. In den vergangenen Tagen hat die Nationale Agentur für Flugsicherheit ihr vorläufiges Gutachten vorgelegt.

Darin steht, dass es sich um einen Unfall gehandelt hat. Nicht mehr.«

»Aber hatte dieser Kriminaltechniker nicht gesagt, dass ...«

»Doch. Aber er konnte es nicht beweisen. Aus den Trümmern war nicht zu erkennen, ob das Fahrgestell manipuliert war oder nicht.«

»Verstehe.«

»Bei Gericht haben sie keine Zeit verloren und beantragt, die Ermittlungen abzuschließen. Unterzeichnet von Staatsanwalt Antonio Testori höchstpersönlich.«

»Wo habe ich diesen Namen schon einmal gehört?«

»Testori ist derselbe, der uns unter der Hand zu verstehen gegeben hat, Visconti in Ruhe zu lassen, erinnerst du dich?«

»Aber wenn wir den Anwalt der Gottesanbeterin in Ruhe lassen, haben wir nichts mehr: Sie redet nicht und zu ihrem unauffindbaren Komplizen gibt es keine Indizien.«

»Vielleicht doch«, gibt Sebastiani geheimnisvoll zurück und rührt in seinem Espresso.

»Etwas Offizielles?«

»Nein, Ispettore. Inoffiziell. Und wenn ich dich einweihen soll, musst du das Risiko kennen ...«

Die Zigarre bebt.

»Sagen Sie es mir«, fällt ihm Lonigro ins Wort.

»Ich habe Radeschi gebeten, einige Nachforschungen über unseren Anwalt anzustellen.«

»Was?«

»Ich weiß, ich weiß. Nur ein paar Informationen sammeln, damit wir weitermachen können. Schließlich haben wir nichts in der Hand, oder?«

»Und hat er etwas gefunden?«

»Ich denke, ja: Visconti hat eine Frau, zwei Kinder, eine Tätowierung auf der rechten Schulter und liebt Sadomaso-Praktiken, den Seiten nach zu urteilen, die er im Netz aufsucht.«

Lonigro ist verblüfft.

»Nun sagen Sie bloß nicht, dass Radeschi ...«

»Das sage ich nicht, nicht dir. Je weniger du weißt, umso besser.«

»Gut. Und was sonst darf ich nicht wissen? Bisher kommt mir das wenig handfest vor.«

»Auf der Liste von Viscontis Mandanten tauchen oder tauchten auch Dottor Fabris, Guglielmo Branca und Luciano Müller auf.«

»Moment, wollen Sie mir damit sagen, dass der Anwalt das Bindeglied zwischen dem toten Herzspezialisten, dem toten Bänker, dem scheinbar durch Selbstmord umgekommenen Piloten und vielleicht der Gottesanbeterin ist?«

»Ich sage dir noch mehr: Diese Sache hängt auch mit dem Fall Sommese zusammen – dessen Mörder von Visconti vertreten wird – und mit dem geheimnisvollen Symbol. Welches dasselbe ist wie auf Müllers Ring.«

»Unglaublich, aber wir haben keinerlei Beweise. Lauter Zufälle.«

»Ich weiß. Allein beweist das nichts, außer dass Manfredi Visconti ein sehr bekannter Anwalt mit wichtigen Mandanten ist ... Aber das ist noch nicht alles.«

»Was denn noch?«

»Der gute Manfredi studierte Jura an der Universität Padua, und zwar ausgerechnet in der Zeit, als Mattia Schiavon ermordet wurde.«

»Der wievielte Zufall wäre das?«

...

Noch einmal mit demselben Staunen wie damals durch den Kreuzgang der Staatlichen Universität zu gehen, ist wie eine Zeitreise in die Vergangenheit. Wie auch die mächtige Gestalt des Professors Alberto Ferraro, der wie ein Buddha hinter seinem Schreibtisch thront. Römer und genusssüchtig bis ins Mark. Sei es bei Tisch oder im Bett, am liebsten mit jungen Studentinnen. Vielleicht hat er es deshalb nie ins Fernsehen geschafft oder wichtige Studien veröffentlicht, weil er lieber seinen kleinen Nutzgarten pflegte.

Wie vermutet hat sich niemand in seinen Sprechstundenplan eingetragen. Die Frauen wissen, dass er seine Finger nicht bei sich lassen kann, und bleiben fern. Und die Männer, tja, ich spüre seinen rauen Empfang am eigenen Leib.

»Reicht es dir nicht, mich in der Vorlesung zu sehen? Musst du mich noch in meinem Büro nerven?«

Beißend wie Insektengift.

Ich betrachte ihn: Er könnte als gutmütiger Bär durchgehen, wenn er nicht so reden würde. Aus Ariccia gebürtig, hat er trotz seiner unzählbaren Jahre in Mailand weder die dialektale Einfärbung noch sein Gewicht verringert. Prominenter Bauch, schwarze Locken und blaue Augen, denen er vielleicht manchen Treffer bei unerfahrenen jungen Mädchen verdankt.

»Ich bin kein Student von Ihnen, nicht mehr. Das ist lange her, und jetzt arbeite ich als Journalist.«

»Ja? Dann hau erst recht ab, das sind Sprechstunden für Studenten, nicht für die Presse.«

Mit diesem widerspenstigen Dickwanst kann man nicht plaudern, also komme ich gleich zur Sache. Ich ziehe einen Ausdruck der berühmten Zeichnung aus der Jackentasche und lege ihn vor ihn auf den Schreibtisch. Ferraro will sich schon erheben und mich gewaltsam vor die Tür setzen, da leuchten beim Blick auf das Papier seine Augen auf.

»Was ist das?«

»Ich habe keine Ahnung. Deshalb bin ich hier. Ich kann Ihnen nur sagen, dass irgendjemand meinen Blog gehackt hat, weil er dieses Symbol nicht im Netz haben wollte.«

»Also mal schön der Reihe nach«, fällt er mir ins Wort. »Ist diese Zeichnung von dir?«

»Ja.«

Der Professor setzt sich wieder und studiert aufmerksam das Bild.

»Wo hast du das Original gesehen?«

»Das darf ich Ihnen nicht sagen.«

»Wie heißt du noch mal?«

»Enrico Radeschi.«

»Gut, Enrico, wenn ich dir helfen soll, musst du jetzt mit der Sprache herausrücken.«

Er sieht mir direkt in die Augen.

»Einverstanden. Das hat ein Mann kurz vor seinem Tod gezeichnet. Mit seinem eigenen Blut.« Ferraro stöhnt, obwohl die Information ihn nicht weiter zu erschüttern scheint.

»Und warum kommst du damit ausgerechnet zu mir?«

»Im Internet ist das Symbol nicht zu finden. Ich habe alles versucht. Überall. Jetzt müsste ich auf traditionelle Weise weitermachen, in den Büchern der Bibliothek, aber ich brauche mehr Informationen darüber, sonst ist es wie mit der Nadel im Heuhaufen. Oder …«

»Oder man fragt einen Semiotik-Professor. Verstehe. Setz dich.«

Folgsam nehme ich Platz, während er immer noch meine Zeichnung studiert.

»Dieses Symbol habe ich seit Jahren nicht mehr gesehen.«

»Wofür steht es?«

»Für die *disciplina*.«

»Für was?«

»Die Disziplin. Es ist eine Art Peitsche. Sie besteht aus drei Kordeln mit Knoten und Holzkugeln am Ende, manchmal mit eingearbeiteten Metallteilen.«

»Wozu dient sie?«

»Ach du liebe Güte, um sich zu geißeln, wozu sonst? Mit diesem Gerät peitschte man sich über die Brust, den Rücken und die Gliedmaßen, und zwar bis aufs Blut. Du hast keinen meiner Kurse auch nur von Ferne besucht, stimmt's?«

»Stimmt. Aber ich schätze Sie.«

»Schmeichler.«

»Können Sie mir noch mehr dazu sagen, zum Beispiel wer sich damit auspeitschte?«

»Sie ließen sich die Disziplinierten nennen. Eine Bruderschaft für Totenkult und Buße, mit dem Mittel der Selbstgeißelung und

Kasteiung des Fleisches. Die Leute hatten meiner Meinung nach nicht alle Tassen im Schrank. Darüber ließe sich gut ein Buch schreiben. Am besten ein Thriller.«

»Vielleicht findet sich ja jemand. Können wir jetzt zu uns zurückkehren?«

»Natürlich. Die Disziplinierten waren eine Laienbewegung, die im zwölften Jahrhundert gegründet wurde. Sie beriefen sich auf die erste Apostelgemeinschaft, deshalb bestand ihr Rat aus zwölf Personen, man erkannte sie an ihren langen Wollkutten, der geschlossenen Kapuze mit zwei Augenschlitzen, und um die Hüfte trugen sie eine Kordel mit einem Totenkopf daran. Wie gesagt, sie widmeten sich dem Totenkult und der Disziplin, der Buße durch die Geißel, die hier stilisiert dargestellt ist.«

»Gibt es sie noch?«

Ferraro schüttelt den Kopf.

»Soweit ich weiß, haben sie sich vor Jahrhunderten aufgelöst.«

»Sind Sie sich sicher?«

»Hör zu, mein Junge: Selbst völliger Unfug verwandelt sich im Laufe der Zeit manchmal in Perlen der Weisheit. Wenn du also willst, dass es sie gibt, dann glaub das ruhig. Mich stört das nicht. Aber jetzt tu mir den Gefallen und zisch ab, vielleicht steht eine Kleine vor der Tür und ...«

»Auf dem Flur wartet niemand. Weit und breit keiner zu sehen.«

Der Professor seufzt.

»Ich mache die Kurzfassung. Die Disziplinierten waren Teil einer größeren Bewegung, der Flagellanten. Wie du vielleicht weißt, zumindest wenn du in der Schule aufgepasst hättest, wurde Europa im Jahre 1347 von der Pest heimgesucht, dem Schwarzen Tod, wie man sie nannte, die die Bevölkerung in nur zwei Jahren um mehr als ein Drittel dezimierte. Und da ein Unglück selten allein kommt, wüteten in diesen Jahren in Italien, Frankreich und Osteuropa furchtbare Erdbeben, sodass viele Menschen dachten, das Jüngste Gericht stände vor der Tür, also die erneute Wiederkehr Christi auf Erden. Und zur Buße entstanden daher die Gemeinschaften der Flagellanten oder Geißler, darunter eben auch die Disziplinierten. Sie peitschten sich aus und sangen dabei Lobgesänge. Man schätzt, dass es mindestens fünfzigtausend waren. Die Bewegung verbreitete sich über Italien, Ungarn, die Schweiz, Holland, Böhmen, Polen bis nach Dänemark. Die Kirche sah die Sache allerdings nicht so gern, sodass Papst Clemens VI., der anfangs einige Geißelungsprozessionen erlaubt hatte, 1349 schließlich diese häretischen Bewegungen in einer Bulle verurteilte, die er den Bischöfen Frankreichs, Deutschlands, Polens, Schwedens und Englands zukommen ließ. Die Repression traf die Geißler hart und setzte sich bis ins vierzehnte und fünfzehnte Jahrhundert fort, in denen Prozesse geführt wurden und zu Dutzenden, manchmal Hunderten Verurteilungen zum Tode auf dem Scheiterhaufen führte. Und so kam es zur Auslöschung unserer disziplinierten Freunde. Und auch zum Ende unserer Unterhaltung.«

Ich verabschiede mich vom Professor mit einem Händedruck und kehre durch den Kreuzgang zum Ausgang zurück.

Diese Entdeckung verändert alles: die Disziplinierten. Wo kommen die nun wieder her? Kann es sein, dass sie nach so langer Zeit wieder auftauchen?

Wenn ein solches Symbol überliefert und beschützt wird, selbst wenn dafür Morde geschehen, würde ich auf Ja tippen.

Das muss ich Sebastiani erzählen.

Ich setze den Helm auf und betätige den Kickstarter der

Vespa. Beim dritten Versuch springt der Motor endlich an, und ich fädele mich in den Verkehr der Via Larga ein.

Als ich den Dom passiere, sehe ich zur Madonnina hinauf, die über alles wacht.

Doch als ich wieder hinabschaue, begegne ich meinem Albtraum: einem schwarzen SUV, der wie aus dem Nichts aufgetaucht ist und direkt auf mich zuhält.

Ich versuche auszuweichen und reiße den Lenker zur Seite, doch das Monstrum hat mich schon erwischt.

Um mich herum wird es schwarz.

22

Süß. Feucht. Minzgeschmack.

Wenn das der Tod ist, ist er gar nicht so schlimm.

Ich schlage die Augen auf und spüre zwei weiche Lippen auf meinem Mund. Margot!

»Bin ich im Paradies?«

Sie lacht, und dann holt mich Fabios Stimme auf die Erde zurück.

»Klar doch«, meint er und taucht hinter ihr auf. »Da kommt jemand wie du doch eh nicht hin!«

»Wo bin ich dann?«

»Im Niguarda-Krankenhaus. Ganz ruhig, du stirbst auch dieses Mal nicht. Aber lass dir das nicht zur Gewohnheit werden: erst lässt du dich ins Hinterteil schießen und dann von einem Verkehrsrowdy überfahren …«

Ich spüre einen schlimmen Stich in der Brust.

»Das war kein Rowdy: der wollte mich umbringen. Der ist direkt auf mich zugefahren.«

»Das kannst du deinen Bullenfreunden erzählen. Vor der Tür wartet schon dieser Vize-Typ darauf, dass du zu Bewusstsein kommst. Soll ich ihn reinrufen?«

»Nein, warte, ich brauche noch ein bisschen Pflege von Margot.«

Sie lächelt und beugt sich wieder über mich, um mich zu küssen. Diesmal ist es ein echter Kuss, lang und intensiv.

»Hätte ich das gewusst, hätte ich mich schon viel früher überfahren lassen ...«

»Zum Glück bist du nicht gegen eine Mauer geflogen«, seufzt Margot.

»Nein?«, frage ich.

»Nein, du Genie«, erwidert Fabio, »sonst könntest du uns nicht mehr davon erzählen. Der Zusammenstoß hat dich weggeschleudert und du bist glücklicherweise in einem Blumenbeet gelandet. In einem Kirchhof.«

»Was, auf einem Friedhof?«

»Nein! Ein Flecken mit Tulpen, Nelken, Chrysanthemen. Du hast das Gärtchen der Kirche San Bernardino alle Ossa zerstört, aber immerhin kannst du davon erzählen. Du hast dir nur ein paar Rippen gebrochen ... Zum Glück hattest du diesen preußischen Feldwebelhelm auf! Aber du wirst tief in die Tasche greifen müssen, um der Diözese den Schaden zu ersetzen!«

»Das macht mir die geringste Sorge.«

»Und was macht dir Sorgen?«

»Die Vespa.«

»Die *Giallo* hatte weniger Glück als du. Sie ist gegen eine Zementmauer geknallt und hat sich komplett zusammengefaltet, während du wie ein Spatz durch die Luft gesegelt bist. Sie wurde schon abgeschleppt.«

Ich schweige einen Moment. Eine Minute, um das Geschehene sacken zu lassen.

»Buk?« Ich fahre hoch, als mein Welpe mir einfällt.

»Ganz ruhig, er ist zu Hause bei Tatiana«, antwortet Margot und streichelt meine Hand.

»Dann solltet ihr schnell nach Hause fahren. Die macht doch Hackfleisch aus ihm, wenn er wieder in die Gegend pinkelt.«

Margot lacht, schenkt mir noch einen Kuss und verlässt das Zimmer.

Fabio zögert noch.

»Soll ich dem Bullen sagen, dass er reindarf?«

»Ja, aber du musst mir noch einen Gefallen tun.«

»Einem Sterbenden verwehrt man nicht den letzten Willen. Zumal ich eh schon gerade die Etappe Verviers verpasse, so sehr hänge ich an dir, alter Stinkstiefel!«

»Wo ist Verviers?«

»In Belgien, glaube ich. Was wolltest du mir sagen?«

»Zugzwang.«

»Wie bitte?«

»Du hast mich genau verstanden. Es ist Zeit, die Karten auf den Tisch zu legen. Du musst den Trojaner aktivieren und herausfinden, wer mich angegriffen hat. Ich bin mir sicher, dass die mich umbringen wollten, und zwar dieselben, die nicht wollten, dass ich das Symbol veröffentliche.«

Der Kalabrier nickt und verlässt mit todernster Miene das Krankenzimmer.

...

»Du bist also wieder mal davongekommen.«

»Sieht ganz so aus, Loris. Danke, dass du gekommen bist, um nach mir zu schauen.«

»Ich bin offiziell hier.«

»Ach ja?«, frage ich mich und schiebe mir das Kissen in den Rücken.

»Wir wissen, dass du von einem schwarzen SUV angefahren wurdest, der Fahrerflucht begangen hat. Erinnerst du dich an irgendwas, das uns helfen könnte, ihn zu finden?«

»Der wollte mich umbringen.«

»Tatsächlich?«

»Was denkst du denn? Einen Geländewagen mit hundert Stundenkilometern mitten in der Innenstadt kann man ja wohl nicht als normal bezeichnen. Und ich weiß auch, warum. Ihr müsst unbedingt herausfinden, wer das war!«

»Deshalb bin ich hier.«

»Wie spät ist es?«

»Gleich acht Uhr am Abend. Warum?«

»Ich habe einen Wahnsinnshunger.«

»Reg dich nicht auf: Gleich bekommst du dein Süppchen und eine gekochte Birne. Jetzt red schon ...«

»Nein, Loris«, falle ich ihm ins Wort. »Ich brauche etwas Richtiges zu essen. Bist du mit dem Auto hier?«

Ich setze mich auf und stöhne vor Schmerz. Als steckten tausend glühende Nägel in meinen Rippen.

»Du kannst nicht aufstehen.«

»Doch, das kann ich. Ich werde jetzt einen Wisch unterschreiben, dass du mich zum Essen in ein ordentliches Lokal ausführst. Ich wäre beinahe abgekratzt!«

»Du unterschreibst gar nichts.«

»Oh doch! Ich habe mir selbst geschworen, nie mehr die Nacht in einem Krankenhaus zu verbringen. Vielleicht stirbt gerade dein Bettnachbar, während du einschläfst, und dann liegst du die ganze Nacht neben einer Leiche. Das ist doch nicht gesund. Von manchen Orten sollte man sich lieber fernhalten, solange man noch auf eigenen Beinen stehen kann. Also los, hilf mir hoch.«

»Vergiss es!«

»Weißt du noch, was ich dir damals bezüglich des Serienmörders gesagt habe?«

»Nein.«

»Dass ein Großteil von ihnen Ärzte und Pfleger sind. Und du hattest geantwortet, dass du dich deshalb von Krankenhäusern fernhältst ...«

Schließlich gibt Sebastiani nach und hilft mir, mich anzuziehen.

»Das Restaurant wähle ich aus«, verkündet er, als ich an seiner Seite zum Aufzug humpele. Dagegen habe ich keine Einwände.

Der Bulle trifft eine optimale Wahl: ein Argentinier in Porta Venezia, El Paso de los Toros: eine echte Entdeckung für jemanden aus der Poebene, dem Grillfleisch in der DNA steckt. Wir bestellen eine *Parrillada* mit ein paar Extra-Würstchen, alles übergossen mit argentinischem Malbec. Wenn ich heute sterbe, sterbe ich als glücklicher Mensch.

Sebastiani isst langsam, ohne zu reden. Ich genieße jedes einzelne Stück Fleisch – das *lomo*, das *bife de chorizo*, das *Aguja*-Steak und alles andere – und vergesse darüber fast meine kaputten Rippen, obwohl es sich bei jeder Bewegung anfühlt, als würden mir Glasscherben in den Brustkorb gedrückt.

Am Ende liegen noch ein paar Stückchen Fleisch auf der Platte, die der Besitzer uns gerne einpackt.

»Buk wird sich freuen«, meine ich.

»Dein Mitbewohner? Dein Bruder?«

»Mein Hund.«

»Oh, das glaube ich.«

Als wir endlich bei Kaffee und Rum angelangt sind, setzt Loris wieder seine Amtsmiene auf.

»Du bist nicht tot und hast einen vollen Magen: Jetzt musst du mir erzählen, was du herausgefunden hast und wer dich deiner Meinung nach umbringen will.«

Ich räuspere mich und berichte Sebastiani haarklein meine Unterhaltung mit Professor Ferraro über das geheimnisvolle Symbol und die Disziplinierten.

»Dann waren Sommese und Müller Mitglieder einer Bruderschaft?«

»Sieht so aus.«

Die Zigarre, die er sich gerade in den Mund gesteckt hat, beginnt hin und her zu wandern.

»Was du da sagst, passt zu den Wunden auf Sommeses Rücken: Er hat sich zur Strafe ausgepeitscht. Aber warum sollten sie sich die Mühe machen, dich umzubringen?«

»Tja, das weiß ich auch nicht ... Aber ich kann dir versichern, dass dieser SUV nicht versehentlich ins Schlingern geriet: Der Fahrer wollte mich überfahren. Vielleicht gefiel ihnen nicht, dass ich das Symbol wieder veröffentlicht habe, nachdem sie es schon einmal haben verschwinden lassen ...«

»Vielleicht«, meint der Polizist nachdenklich. »Aber warum in der Via Larga? Ich meine, zwei Schritte von der örtlichen Wache auf der Piazza Fontana entfernt. Das war das größtmögliche Risiko.«

»Vielleicht ist auch das symbolisch zu verstehen. Wie Sommeses Ermordung unter der halbwollenen Sau ...«

»Ja, wer weiß«, seufzt er und leert sein Glas. Dann steht er auf.

»Komm, Enrico. Ich bringe dich nach Hause, damit du dich ausruhen kannst. Morgen früh sehen wir uns für das Protokoll im

Präsidium, verstanden? Und ruf deinen Professor an. Wir brauchen seinen Rat.«

»Da wird Ferraro nicht besonders glücklich sein, nehme ich an.«

Sebastiani lächelt schelmisch.

»Ach, mach dir keine Sorgen. Sag ihm, wenn er nicht von selbst kommt, schicke ich ihm eine Streife vorbei, die ihn an der Universität abholt. Coram publico. Das wird ihn überzeugen.«

...

»Es wurden zu viele Fehler begangen! Viel zu viele! Das darf uns nicht noch einmal passieren, denn dann sind wir dran.«

Noch nie ist der Meister so deutlich geworden, und die Mitbrüder nicken mit gesenktem Kopf.

Unter der Kapuze läuft Bruder Ottaviano der Schweiß über die Stirn. Vielleicht reagiert sein Körper auf die Anspannung, unter der er die letzten Tage gestanden hat. In der Krypta ist es frisch wie immer, fast kalt, trotzdem schwitzt er. Auch er hat Fehler gemacht. Schwere Fehler, Sünden des Fleisches, des Lasters. Er würde sich später geißeln, um Vergebung bitten für seine Verfehlungen ...

Acht Kapuzenmänner stehen im Kreis in der Mitte der Krypta. Bis vor Kurzem waren sie zwölf, die Auserwählten des Rates, wie die zwölf Apostel. Doch nun, nach der Ermordung von Sommese, Müller und den anderen zwei Mitbrüdern, sind nur noch sie übrig geblieben. »Die Besten«, so nennt sie der Meister und spornt sie nun an, nicht nachzulassen.

»Ihr müsst Vertrauen haben und die Zähne zusammenbeißen: die Schwarze Pest ist nahe, sie wird das gerechte Gleichgewicht zwischen den Menschen wiederherstellen. Lasst uns festen Glaubens sein, denn nur wer glaubt, wird überleben.«

Alle nicken. Auch der Mann, der als Einziger auf einem Thron etwas abseits sitzt: der Höchste.

»Nun kommt heran, liebe Brüder, ich möchte mich von jedem von euch verabschieden.«

Der Erste ist Bruder Gaspari. Er kniet vor dem Meister nieder und senkt den Kopf.

»Dummkopf.«

Die Mitbrüder wagen kaum aufzuschauen.

»Du warst ein Dummkopf«, wiederholt der Meister, doch dieses Mal begleitet seine Worte eine kurze Bewegung: Eine Spritze bohrt sich in das Jugulum des Mitbruders.

Der Mann stürzt zu Boden und stirbt innerhalb weniger Sekunden.

Bruder Ottaviano weiß, was ihn getötet hat: Kaliumchlorid. Eine Injektion, und du gehst auf direktem Weg zum Schöpfer, ohne dass jemand Verdacht schöpft. Herzinfarkt, so sieht es aus, wenn der Leichnam keiner Obduktion unterzogen wird. Doch die Gefahr besteht ohnehin nicht, da die Leiche genauso wie viele andere vorher niemals gefunden werden wird.

Bruder Ottaviano schluckt: Im Laufe der Jahre – und mittlerweile gehört er fast zehn Jahre der Bruderschaft an – hat er viele Männer sterben sehen. Der Meister nennt das natürliche Auslese. Nicht alle können zu den Auserwählten gehören. Ein Sozialdarwinismus, der nicht so gut mit der Religion einhergeht, dafür umso besser mit der Bruderschaft. In den letzten Monaten ist die Sache dann ausgeartet: so viele Morde in nur einem Jahr! Das ist schon beunruhigend, könnte verdächtig werden.

»Der Nächste.«

Bruder Ottaviano kniet nieder. Er zittert.

Als könne sein Gegenüber seine Gedanken lesen, legt er ihm eine Hand auf die rechte Schulter.

»Was bedrückt dich, Bruder?«

»Ich habe Angst, gesündigt zu haben, Meister.«

»Hast du bereut?«

»Ja.«

»Hast du Buße getan durch die Disziplin?«

»Ja, Meister. Fast bis zur Ohnmacht.«

»Dann hast du nichts zu befürchten. Schau, es gibt bei uns immer jemanden, der das Handeln der Mitbrüder überwacht. Deshalb ist Bruder Gaspare gefallen. Die Polizei war ihm auf den Fersen.«

»Überwacht ihr mich auch?«

Der Meister lacht.

»Natürlich, Bruder. Aber du bist noch bei uns und bei guter Gesundheit. Also hast du nichts zu befürchten. Obwohl ...«

»Obwohl was?«

»Die Polizei hat nach dir gefragt. Du musst aufpassen. Du beschützt die falschen Leute, und dein Laster wird unkontrollierbar.«

Für den Bruchteil einer Sekunde hebt Bruder Ottaviano den Kopf, und sein Blick kreuzt sich mit dem des Meisters. Tief liegende Augen, die er schon einmal irgendwo gesehen zu haben glaubt.

Er senkt wieder den Kopf als Zeichen der Demut, und der Meister geht zum nächsten Mitbruder über. Als er mit allen gesprochen hat, zeigt jemand auf den Leichnam auf dem eisigen Steinboden.

»Was machen wir mit ihm?«

»Befreit euch von ihm auf dieselbe Art wie von den anderen.«

»Wie Ihr wünscht, Meister.«

Zwei Mitbrüder heben den Toten auf und schleppen ihn in die geheime Kammer.

»Und nun seid fröhlich, Brüder«, verkündet der Meister und wirft eine Sporttasche auf den Boden. Darin befinden sich acht Säckchen. Für jeden eins.

Bruder Ottaviano öffnet es und traut seinen Augen nicht.

»Falls ihr euch fragt, liebe Mitbrüder: es sind hunderttausend Euro in Scheinen zu fünfhundert.«

Alle geraten in Begeisterung.

Da erhebt sich der Höchste von seinem Thron.

»Dies ist erst der Anfang«, verkündet er mit fester Stimme. »Wenn das Vorhaben sich endlich erfüllt hat, wird das Geld für alle in Strömen fließen. Und die Ungläubigen werden für immer vom Angesicht der Erde getilgt sein.«

23

»Vorsicht, Stufen.«

Ich lächele Margot an, die mich stützt, als sei ich schwerstbehindert. Noch nie habe ich die *Questura* in Begleitung einer Frau betreten, und obwohl ich auch problemlos alleine gehen kann, wollte sie mich unbedingt begleiten. Was mir nur recht ist. Denn obwohl ich so zugerichtet bin, hat sich die Sache am Ende doch gegen mich gewandt. Als ich gestern nach dem großen Fressen mit Sebastiani nämlich ganz aufgedreht nach Hause komme – und das trotz brennender Rippen –, ging gar nichts.

»Du bist krank, wir warten besser«, war ihre Reaktion.

Also ist zwischen uns nichts gelaufen. Küsse, ja. Aber weiter wollte sie nicht gehen. Und heute stehen wir wie ein Teenagerpärchen im Büro des stellvertretenden Polizeipräsidenten.

Der Polizeibeamte lässt uns Platz nehmen und hebt bei Margots Anblick eine Augenbraue. Er kennt sie ja durch die Ermittlungen zu dem Mord an ihrem Bruder.

»Sie hat mich begleitet, du weißt ja, in meinem Zustand …«

»Geisteszustand?«

»Auch«, bestätigt sie und lächelt.

»Tut mir leid, Signorina, dass Sie Mühe mit ihm haben.«

»Das kostet mich keine Mühe.«

»Radeschi kostet immer Mühe, glauben Sie mir.«

Das Geplänkel würde sicher noch so weitergehen, wenn nicht in diesem Augenblick der krebsrote Professor Ferraro auf der Türschwelle auftauchen würde, vor Wut schäumend.

»Darf man mal wissen, was Sie wollen? Das war Freiheitsberaubung, mich hierherzuschleppen.«

Hinter ihm schiebt sich die massige Gestalt von Ispettore Mascaranti ins Bild, der bei seiner »Überzeugungsarbeit« sicher nicht mit Samthandschuhen vorgegangen ist. Nachdem er auf meine telefonische Bitte hin nicht hatte kommen wollen, war die Polizei zu Plan B übergegangen.

Als Sebastiani ihm dann mit inquisitorisch aufgerichteter Zigarre ins Gesicht sieht, schmilzt die Polemik des Semiotikers dahin und verstummt schließlich ganz.

»Danke, dass Sie uns ein wenig Ihrer Zeit schenken«, empfängt er ihn wie der perfekte Judas. Er erinnert ihn tatsächlich kein bisschen an den Semiotik-Professor aus seiner eigenen Studienzeit in Bologna ...

Der Dicke brummelt etwas Unverständliches vor sich hin und lässt sich dann auf den letzten freien Stuhl fallen.

»Darf man erfahren, warum ihr mich habt kommen lassen?«, fragt er mit finsterem Seitenblick auf mich.

Er ahnt, dass ich der Grund seiner Vorladung bin. Als er das Mädchen neben mir sieht, wird sein Blick sanfter. Ich glaube sogar, dass er ihr kurz zuzwinkert.

»Wir haben Sie kommen lassen, weil wir weitere Informationen zu den Disziplinierten benötigen.«

»Schon wieder diese Geschichte?«, stößt er aus. »Ich habe doch dem Kleinen hier bereits gesagt, dass es sie nicht mehr gibt. Wie oft soll ich das wiederholen?«

Sebastiano lässt die Zigarre langsam in den anderen Mundwinkel wandern.

»Und wenn es doch so wäre? Sehen Sie, wir haben Grund zu der Annahme, dass irgendjemand, vielleicht ein Nachahmer oder so, sich wieder die Kapuze dieser antiken Bruderschaft übergezogen hat.«

»Und was lässt Sie annehmen, dass es sie noch gibt?«

Diesmal antworte ich spontan.

»Weil sie zum Beispiel gestern, als ich aus Ihrem Büro kam, versucht haben mich umzubringen.« Plötzlich verändert sich Ferraros Gesichtsausdruck. Er wirkt echt erstaunt.

»Das tut mir leid«, murmelt er.

»Sind Sie jetzt bereit, uns zu helfen?«, fragt Sebastiani erneut.

»Aber sicher, sicher doch.«

»Können Sie uns sagen, wer die Auserwählten sind oder wie die heißen, die dieser Sekte angehören?«

»Das ist keine Sekte, sondern eine Bruderschaft. Was das Phantombild des perfekten Gläubigen angeht, kann ich sagen, dass das Dekret zu den Disziplinierten, das vom Zweiten Mailänder Provinzkonzil herausgegeben wurde, eine Perle der Weisheit und Vollkommenheit ist. Es weist aus, wer aufgenommen werden kann; wie die Neulinge empfangen werden; welche Kleider zu tragen sind; welche Gebete, spirituellen Übungen, Sakramente, Bußen und fromme Werke zu praktizieren sind. Schlussendlich zählt es die notwendigen Ämter auf, um ein perfektes Funktionieren der Gemeinschaft ...«

»Fassen Sie sich kurz«, unterbricht ihn der Vice Questore.

»Dann verpassen Sie aber das Beste!«

»Wir werden es überleben.«

»Nun gut«, seufzt Ferraro. »Sie müssen wissen, dass ihre

Struktur in vielem auf die zwölf Apostel rekurriert, das Symbolhafte spielt bei den Disziplinierten eine große Rolle: Jede Geste, jede Handlung ist auch als Symbol zu verstehen, das auf verschiedenen Ebenen gelesen werden kann, und ...«

»Kommen Sie zum Punkt.«

»An ihrer Spitze steht der Höchste, was mehr Ehre bedeutet als Macht. Sagen wir mal eine Art nobler Vater. Den Posten besetzt derjenige mit dem höchsten Alter und dem größten Einfluss. Unter ihm steht der Meister, der die Bruderschaft lenkt.«

»Um mal einen vielleicht nicht ganz passenden Vergleich zu wagen, wären das der Vorstand und der Geschäftsführer einer Firma?«

»So in etwa.«

»Waren die auch hier in Mailand verbreitet?«

»Machen Sie Witze? Hier gab es die bedeutendste Bruderschaft überhaupt, dank dem heiligen Karl Borromäus.«

»Im Ernst?«

»Würde ich jemals die Polizei veräppeln? Karl Borromäus spielte als Bischof von Mailand seit 1565 eine fundamentale Rolle in der Geschichte der Disziplinierten. Als er mit sechsundvierzig Jahren das Zeitliche segnete, entdeckten seine Leichenwäscher, mit welcher Inbrunst und Härte er sich der Buße unterzogen hatte. Seine Schultern und der Rücken waren mit Narben übersät von der Disziplin, seine Hüften vom Büßerstrick gezeichnet.«

»Er war also einer von ihnen?«

»Klar! Aber Sie dürfen jetzt nicht glauben, dass das ein Skandal war, im Gegenteil. Buße tun gehörte zu einem guten, gottesfürchtigen Christen dazu. Borromäus tat sogar noch mehr: Bevor er starb, ernannte er einen Erben, der die Bruderschaft der Mailänder Disziplinierten fortführen sollte. Soweit wir wissen, taugte der Erbe nicht für das ihm auferlegte Amt, und die Bruderschaft löste sich bald darauf auf, als die Kirche begann, die Flagellanten zu verfolgen.«

Der Computer auf dem Schreibtisch gibt einen Ton von sich, eine Art Läuten.

Sebastiani sieht mich verwirrt an.

»Was zum Teufel war das?«

Mühsam stehe ich auf und trete unter Schmerzen zur Tastatur.

»Das ist die Entschlüsselungssoftware, die wir vor Tagen installiert haben: Das Programm hat endlich den Code für den Zugang zu Müllers Datei gefunden.«

Loris beugt sich über den Bildschirm.

»Und, was steht drin?«

»Es ist nur ein Dokument. Hier.«

»Allein der Name klingt beängstigend.«

»Nämlich?«

»Schwarze Pest. Und der Inhalt, das sieht aus wie ...«

»Eine chemische Formel.«

Die Zigarre des Vice Questore dreht sich.

»Das erscheint mir logisch«, überlegt er. »Müller hatte mit internationalen Patenten für Pharmaunternehmen zu tun.«

»Stimmt. Der Beschreibung zufolge, die hier auf Englisch bei der Formel steht, handelt es sich um einen Impfstoff.«

»Wie bitte?«

»Ja, eine Art Antidot. Aber gegen was?«

»Ich werde meinem Schweizer Kollegen Rochat die Formel schicken und ihn fragen, was er davon hält: weißt du, er gehört zu einer antibakteriologischen Einheit oder wie so was heißt ... Was ist los, Professor, fühlen Sie sich nicht wohl?« Ferraro ist plötzlich blass geworden.

»Nein, nur ... Ich habe gerade eine schreckliche Vorahnung.«

»Wegen der Formel?«

»Wegen der Disziplinierten. Sehen Sie, diese Gruppe, wie alle anderen Bruderschaften der Flagellanten, wurde gegründet, um den Herrn um Vergebung zu bitten, der den Menschen als Strafe für ihre Sünden die Schwarze Pest geschickt hat.«

»Sie denken also, dass ...«

»Dass diese Irren eine neue Pest verbreiten wollen!«

»Unsinn! Wie kommen Sie denn auf so eine Idee?«

Doch der Professor sieht nicht danach aus, als sei ihm zum Scherzen zumute.

»Ich erinnere mich, einmal von einer Legende gelesen zu haben, dass der heilige Karl Borromäus ›mit seinem Geheimnis begraben‹ wurde. Niemand hat je erfahren, was genau es war. Man ging davon aus, es handele sich um ein Schriftstück mit dem Namen ›Brief des Engels‹, eine Art Gebet. Aber angesichts dieser Entdeckungen würde ich jetzt eine andere These wagen wollen.«

»Sie meinen das ›Rezept‹ für die Schwarze Pest?«

»Wollen diese Wahnsinnigen wirklich die Pest in die Welt setzen?«, fragt Margot fassungslos.

»Und die Formel, die wir hier gefunden haben, könnte ein Impfstoff sein.«

Auf den Raum senkt sich die Stille böser Vorahnungen herab.

»Das sind bloße Hypothesen«, urteilt Sebastiani dann, »für die wir keinerlei reale Beweise haben.«

»Dann müssen wir sie finden!«, verkündet Ferraro und erhebt sich.

»Wie bitte?«

»Wir müssen nur eine Sache tun, um jeden Zweifel zu beseitigen.«

»Und das wäre?«

Doch der Professor ist schon durch die Tür, und wir springen schnell auf, um ihm zu folgen.

...

Der Mailänder Dom ist ein magischer, imposanter Ort. Im Laufe mehrerer Jahrhunderte erbaut, ist er der Santa Maria Nascente geweiht. Steht man vor ihm, beeindruckt die großartige Fassade aus Fialen und Wasserspeiern, gotisch, über hundert Meter hoch, aus weißem und rosa Marmor aus Candoglia, und an seiner Erbauung haben unter anderem so bedeutende Architekten wie Leonardo da Vinci und Bramante mitgewirkt.

Meine drei Begleiter scheint die ganze Pracht jedoch wenig zu interessieren.

Sebastiani hat im Gehen den Kopf gesenkt und kaut auf seiner Zigarre herum, Margot hält sich neben mir und achtet mehr darauf, ob ich mit den anderen Schritt halten kann, als auf die majestätischen Marmorsäulen, und schließlich Professor Ferraro, na ja, er hat uns ja hierhergeschleppt und legt nun einen Spurt vor, als führe er den Giro d'Italia.

»Was tun wir hier?«, stößt Sebastiani hervor, als wir am Zugang zur Krypta stehen.

»Pscht! Leise«, ermahnt ihn Ferraro. »Wir sind in einer Kirche!«

»Das weiß ich. Nun sagen Sie uns bitte, warum? Um zu beten, dass die Disziplinierten sich der Polizei stellen mögen?«

»Um Beweise für ihre Existenz zu suchen, wenn schon.«

Die Zigarre vollführt eine komplette Kür.

»Wie meinen Sie das?«

»Hier befindet sich das Grab des Karl Borromäus. Genau unter unseren Füßen. Er hat mehr als alle anderen den Disziplinierten geholfen und ist hier ›mit seinem Geheimnis begraben‹, erinnern Sie sich?«

Sebastiani schnaubt.

»Dann wollen Sie den Sarkophag entweihen, um darin herumzuwühlen?«

»Es gibt keinen Sarkophag.«

Nach diesen Worten steigt Ferraro die Treppenstufen hinab, die ins Untergeschoss führen.

Wir folgen ihm schweigend. Tatsächlich sind wir jetzt ziemlich neugierig geworden, vor allem, als wir in einer Art achteckigen Kapelle herauskommen. In ihrer Mitte steht ein vergoldeter Altar, darauf eine Kristallurne.

»Das ist die Grabstätte des Heiligen Karl, der sogenannte Scurolo«, erläutert Ferraro. »Es befindet sich exakt unter dem großen Altar. In der Urne dort liegen die sterblichen Überreste von Bischof Karl Borromäus.«

»Oh, phantastisch«, stöhnt Sebastiani, der die ganze Aktion für eine kolossale Zeitverschwendung hält. »Und warum sollte uns das weiterhelfen?«

»Die Überlieferung, Borromäus sei mit seinem Geheimnis begraben, ist natürlich nicht wörtlich zu verstehen.«

»Nein?«

»Nichts ist wie es scheint. Und jede Handlung ...«

»Das sagten Sie schon! Jede Handlung hat eine symbolische Bedeutung ...«

»Moment, was ist das?«

Der Professor geht näher und schnappt nach Atem.

»Wenn man bedenkt, dass ich schon dutzendmal hier war und das nie bemerkt habe ...«

»Weil Sie nicht danach gesucht haben.«

Der fleischige Zeigefinger des Professors weist auf einen Punkt unter der Urne.

Dort sieht man eine lange lateinische Inschrift mit Ornamenten aus dem Symbol der Disziplinierten.

Wir erkennen es alle und halten die Luft an.

»Das glaube ich nicht«, stößt Sebastiani schließlich aus.

»Was steht da?«, fragt Margot mit plötzlichem Interesse.

»Sieht nach Zahlen aus und vielleicht ein Namenskürzel?«

»266, IV. Wer weiß, das kann alles Mögliche heißen.«

»Zum Beispiel?«

Der Professor zuckt die Achseln.

»Vielleicht irgendwelche Koordinaten?«, schlage ich vor.

»Die Seite in einem Buch!«, fällt Margot ein.

Wir drehen uns zu ihr um.

»Stellt euch die Bibel vor. Jeder weiß, dass es nicht ein einziger Text ist, sondern aus vielen Büchern besteht, die sich in Thema und Genre unterscheiden. Manche sind Geschichtsbücher, Prophetentexte, andere sind Gebote und Lehren.«

Wir sehen sie erstaunt an.

»Was ist? Ich habe schließlich nicht immer Wirtschaft studiert. Davor war ich dreizehn Jahre auf einer Ursulinenschule!«

»Das mit den Büchern ist uns bekannt«, mischt sich Ferraro ein. »Zumindest den Gebildeteren unter uns. Worauf willst du hinaus?«

»Na ja, die Zahlen könnten Seite 266 im vierten Buch bedeuten, oder?« Ferraro runzelt die Stirn.

»Möglich, überzeugt mich aber nicht. Wenn schon, stünde dort IV, 266 und nicht umgekehrt.«

»Es könnte auch Seite 266 in einem bestimmten Buch sein und dann Abschnitt oder Paragraf IV oder so was?«, schlage ich vor.

»Vielleicht, aber in welchem Buch?«

Der Semiotiker schüttelt den Kopf.

»Das könnte jedes sein ...«

»Haben die Disziplinierten denn nicht irgendeinen heiligen Text oder Ähnliches«, unterbricht ihn Sebastiani. »Außer der Bibel, meine ich?«

»Vielleicht gibt es so etwas. Ich denke an den *Hirtenbrief über das Gebet* vom heiligen Karl Borromäus. Er wurde vollständig zum ersten Mal 1582 in den Acta Ecclesiae Mediolanensis veröffentlicht, die Ausgabe wurde noch von Borromäus selbst betreut, der damals Erzbischof von Mailand war.«

»Dieses Acta oder was auch immer, wo steht das?«

»Es müsste eine Originalausgabe in der Bibliothek geben ...«

Der Professor unterbricht sich, als hätte er eine Erleuchtung.

»Wo?«

Als Antwort rennt Ferraro wieder los, wir hinterher.

»Oh nein, nicht schon wieder!«, stöhnt Sebastiani resigniert.

...

»Ist der Vize zurück?«, erkundigt sich Lonigro beim Wachposten.

»Noch nicht.«

Der Inspektor hat in der Frühe beobachtet, wie Sebastiani das Präsidium verließ, seitdem wartet er.

In der Zwischenzeit hatte er Zeit genug, über das nachzudenken, was Radeschi über Avvocato Visconti herausgefunden hat, und ihm ist eine Idee gekommen. Vielleicht nicht weltbewegend, aber doch immerhin etwas, dem man nachgehen könnte.

Die möchte er seinem Vorgesetzten mitteilen, seine Meinung dazu hören, doch der geht nicht ans Telefon.

Er betritt Mascarantis Büro, der gerade die Radioberichterstattung über den Giro d'Italia verfolgt.

»Pantani schwächelt«, wird er empfangen.

»Ja?«

»Ja, ist wohl nicht sein Jahr …«

Lonigro nickt.

»Kannst du dem Chef etwas ausrichten?«

»Klar.«

»Sag ihm, dass ich heute wahrscheinlich den ganzen Tag für Recherchen außer Haus bin.«

»Mach ich. Wo kann er dich im Fall der Fälle finden?«

»In der Via Saint Bon.«

Sein Gegenüber macht große Augen.

»Im Militärhospital?«

»Ja, im Wehrbezirksamt. Hast du dort auch nach der Musterung deine drei Tage abgeleistet?«

»Wie alle.«

»Vielleicht ja auch einer unserer Verdächtigen.«

...

Die Bibliothek des Erzbischöflichen Domkapitels im Palazzo dei Canonici befindet sich direkt neben dem Dom. Sie zählt zu den ältesten Bibliotheken Mailands, die heute der Öffentlichkeit zugänglich sind. Dieses Wissen verdanke ich natürlich dem Professor, ebenso wie die Information, dass dort rund fünfhundert

Handschriften und über fünfundvierzigtausend gedruckte Bücher aufbewahrt werden.

Wir erreichen sie im Laufschritt, Ferraro platzt fast vor Anstrengung. Unglaublich, dass er mit seiner Masse überhaupt noch so beweglich ist.

»Und hier finden wir das besagte Buch?«, fragt Sebastiani, der wie immer seine Zigarre bearbeitet.

»Das wünsche ich mir sehnlichst«, erwidert der Professor keuchend. »Wenn sie es hier nicht haben, wüsste ich nicht, wo wir sonst suchen sollten. Der Schwerpunkt dieser Bibliothek liegt nämlich auf der Liturgie, mit besonderem Interesse am Ambrosiusritus.«

»Schon gut, schon gut. Fangen wir an zu suchen.«

»Wir müssen jemanden fragen ...«

»Wir benutzen den hier!«, bestimmt Sebastiani, wedelt mit seinem Dienstausweis und ruft laut: »Achtung, Achtung: das ist eine polizeiliche Ermittlung. Es ist offiziell erforderlich, dass wir sofort ein bestimmtes antikes Buch einsehen können.«

»Dieses Clint-Eastwood-Getue geht mir echt auf den Senkel«, sage ich zu ihm und ernte dafür einen Blick, der mich am liebsten töten würde.

Die wenigen Besucher heben gelangweilt den Blick, während uns ein Geistlicher entgegeneilt und uns bittet, leiser zu sein.

»Willkommen«, begrüßt er uns dann und wendet sich an den Vice Questore: »Ganz ruhig, Sie brauchen keine Waffe, um unsere Bücher einzusehen. Ein Personalausweis und der Titel des Buches reichen vollkommen aus. Bitte, nehmen Sie in dem Raum dort Platz.«

Zehn Minuten später, in einer Blase aus kirchlicher Stille, schlägt Professor Ferraro mit Seidenhandschuhen und ekstatisch leuchtender Miene ganz langsam die Seiten einer Ausgabe der *Acta Ecclesiae Mediolanensis* aus dem neunzehnten Jahrhundert um. Bei über zweihundertundsechzig Seiten dauert das eine Weile, doch wir warten geduldig, außer Sebastiani, der vor Nervosität wie ein tollwütiger Hund knurrt und auf dem Tabak seiner kaputten Zigarre herumkaut.

Margot nutzt die Gelegenheit, um die Frage zu stellen, die uns alle beschäftigt.

»Was hoffen Sie denn zu finden, Professor? Etwa wirklich das ›Rezept‹ für die Pest?«

Angesichts des Interesses eines hübschen Mädchens nutzt Ferraro gerne die Gelegenheit, mit seiner Gelehrtheit zu prahlen.

»Nun, es wird sich nicht um ein Rezept für *Spaghetti Carbonara* handeln, mein Herzchen. Die Schwarze Pest war eine Pandemie, die aus einer abgelegenen Region Zentralasiens nach Europa kam. Auslösendes Moment muss wohl das Massensterben von Nagern in diesen Regionen gewesen sein, aufgrund von Nahrungsmangel durch ein Absinken der Temperaturen. Weil es keine Nagetiere mehr gab, sprangen die Flöhe, die den Pestbazillus übertragen, auf den Menschen und andere Säugetiere über. Den Rest besorgte das gut funktionierende Kommunikationssystem des Mongolenreiches, das die Ansteckung in kurzer Zeit von einem Ende Asiens zum anderen transportierte, bis zu uns.«

»Das haben wir verstanden«, mischt Sebastiani sich ein. »Die Pest kam aus Asien.« Ferraro beachtet ihn nicht, schlägt wieder eine Seite um und ruft dann aus: »Da, das ist sie, Seite 266.«

Wir treten näher.

»Die IV steht für den Paragrafen und ... Unglaublich.«

»Der lautet: *Pestis*«, liest Margot.

»Ja, und die Beschreibung enthält nur zwei Wörter.«

»*Pestis* ist das lateinische Wort für die Schwarze Pest«, bestätigt Ferraro. »Und die zwei folgenden Wörter kommen mir auch bekannt vor *Yersinia pestis*.«

»Heißt?«

»Sehen Sie, Sebastiani, wie ich eben bereits erklären wollte, ist die Pest eine Infektionskrankheit bakteriellen Ursprungs, die noch heute in vielen Teilen der Welt verbreitet ist. Dank der Wissenschaft wissen wir, dass sie von einem bestimmten Bakterium verursacht wird, das als Wirt normalerweise die Parasiten von Nagetieren benutzt.«

»Und wie heißt dieses Bakterium?«

»*Yersinia pestis*.«

»Dann wusste Karl Borromäus, dass es der Verursacher der Pandemie war?«, fragt Margot.

»Oh, das glaube ich nicht! Bakterien wurden erst 1685 von der Wissenschaft entdeckt, also etwas über hundert Jahre nach dem Tod des Heiligen. Er kann es daher nicht gewesen sein, der dies in das Buch geschrieben hat.«

»Das verstehe ich nicht. Woher kommt dann diese Information?«

Ferraro lächelt. Jetzt hat er unsere uneingeschränkte Aufmerksamkeit, auch Sebastianis.

»Das ist doch offensichtlich, oder? Sie wurde später eingefügt. Von jemand anderem.«

»Wollen Sie damit sagen, dass die Disziplinierten dieses Geheimnis überliefern wollten ...«

»Indem sie es offen zur Schau stellten, genau. Noch so eins ihrer Symbole. Sehen Sie, wir haben es hier mit einer Buchausgabe aus dem neunzehnten Jahrhundert zu tun, und von den symbolhaften Gravuren ausgehend, die wir in dem Scurolo im Dom gesehen haben, ist es naheliegend, dass es dasselbe Buch im siebzehnten Jahrhundert gab, sodass ich die These wagen würde, dass die Disziplinierten beginnend von sechzehnhundertfünfzig an dafür gesorgt haben, in den nachfolgenden Editionen des Buches dieselbe Information über die Pest einzufügen.«

»Mit welchem Ziel?«

»Sie in Notfällen zu benutzen, vermute ich.«

»Also das Bakterium willentlich zu verbreiten?«, fragt Sebastiani ungläubig. »Um erneut eine Pandemie zum Ausbruch zu bringen?«

»Vielleicht«, bestätigt der Professor. »Aber das sind lediglich Hypothesen. Nichts davon können wir beweisen.«

»Was ist los, Enrico, glaubst du das nicht?«, fragt mich Margot.

»Na ja, ich bin kein Arzt, aber ich denke, dieses Bakterium passte in die Zeit, in der das Buch verfasst wurde. Ich meine, damals musste man sich einen Rattenfloh besorgen und konnte eine ganze Population vernichten, aber heute ist die Medizin da doch entschieden weiter. Ich glaube nicht, dass das noch funktionieren würde. Aber da brauchen wir wohl die Meinung eines Experten.«

»Die haben wir. Meinen alten Freund Rochat«, verkündet Sebastiani und sucht in der Jackentasche nach seinem Handy. »Ich werde ihn fragen. Und danach schulde ich ihm dann wirklich was.«

24

Ich konnte es kaum glauben, als ich die Adresse las.

»Gehört das noch zur Stadt?«

»*Mailand ist ein großes Mailand!*«

Da ist er, der hässliche Mailänder, der in abgedroschenen Phrasen aus irgendwelchen Uraltschlagern redet.

Mailand kann so groß sein, wie es will, aber für mich liegt die Werkstatt, in die ich meine *Giallo* zur Reparatur gebracht habe, quasi auf dem Mond, so weit weg ist sie.

Meinen Rippen geht es besser, deshalb gehe ich alleine los und überlasse Buk Margots liebevoller Pflege, mit der es gestern Nacht endlich passiert ist. Und da ich meine Beschwerden nicht mehr erwähnt habe, hat sie mich aus ihrer Pflege entlassen. Man muss sich entscheiden im Leben. Wie Fabio, der sich während des Giro nicht vom Sofa wegbewegt. Obwohl er heute traurig ist, weil Pantani ausgestiegen ist.

Ich bin also allein in die Bahn rein. Für jemanden, der wie ich in der Poebene geboren und aufgewachsen ist, ist der Zug da, um zu verreisen. Eine kleine Zubringerbahn wie der *Passante* in Mailand ist für ihn ein echtes Wunder. So heißt eine Bahn, die sowohl unterirdisch als auch überirdisch fährt und sich mit der richtigen U-Bahn verbindet. Die Züge sehen aus wie die, die von

Erba, Como oder Varese aus fahren. Du steigst an einer Haltestelle in der Stadt ein, und wenn du nach zwei oder drei Haltestellen aussteigst, bis du immer noch in derselben Stadt. Die Metropole wuchert, wie Yoan sagen würde.

Wie der übergriffige Chefredakteur des *Corriere*, Calzolari, der mir ständig in den Ohren liegt, ich solle ihm einen Artikel über »die da von der Symbolsekte« schreiben. Ich habe ihn vertröstet mit den Worten, dass die versucht hätten, mich umzubringen, und ich mich ein paar Tage schonen müsste. Er tat so, als glaubte er mir, drohte aber unterschwellig, ich zitiere: »Wenn du nicht bald was lieferst, kannst du wieder zu deinen lumpigen Armleuchtern von *Milano (e hinterland) Oggi* zurück.«

Fürs Erste macht mir das keine Sorgen. Ich habe den Kopf noch voll von heute Nacht, von Margots glatter Haut, ihrem Muttermal am Bauchnabel, dem kleinen Tattoo am Rücken ...

Und noch etwas will mir nicht aus dem Hirn: Seit dem Radiowecker heute Morgen habe ich einen Ohrwurm.

Das Lied heißt *Aserejé*, was vielleicht eine Redensart oder eine Wortschöpfung ist. Und die Sängerinnen selbst haben einen eingängigen, würzigen Namen: Las Ketchup.

Ich wette, es wird der Sommerhit des Jahres. Und gleichzeitig denke ich, dass ich ein Vollidiot bin, der sich um ganz andere Dinge kümmern müsste als um ein albernes Lied. Wir haben gerade entdeckt, dass die Welt vielleicht direkt auf eine Katastrophe zusteuert, eine neue, fürchterliche Pestilenz. Und ich höre mir dieses sinnlose Gesinge an. Die Kraft der Musik. Sie lässt dich auch die schlimmsten Dinge vergessen. Zumindest einen Moment lang. Danach sind deine Sorgen noch schwärzer als zuvor.

Zum Beispiel die Rechnung, die der Mechaniker von Villapizzone mir für die Reparatur der Vespa unter die Nase hält. Achthundert Euro. Acht mal so viel, wie der Roller gekostet hat.

»Sie ist wieder wie neu«, erklärt er. »Alles Originalteile. Die läuft wieder Bombe!«

Und ist Napalm für meine knappen Finanzen. Doch ich kann meine Vespa nicht zurücklassen, ich habe sie lieb gewonnen, außerdem zahlen letztlich die Studenten die Reparatur, die auf die Videos geil sind, auch wenn wir jetzt zu DVDs übergegangen sind.

Ich schreibe dem Halsabschneider von Mechaniker einen Scheck aus und steige auf. Der wiederauferstandene Bolide springt beim ersten Versuch an, und das Motorengeräusch tröstet mich: ran-tan-tan-tan-tan.

Wer einmal auf einer Vespa sitzt, möchte nie mehr absteigen. Das muss mit den Vibrationen zusammenhängen, die irgendetwas Sexuelles auslösen. Wer weiß.

Die Rückfahrt ist die reinste Freude. Die Luft ist mild, aber nicht zu warm, das ideale Scooter-Klima, nur meine Rippen schmerzen noch leicht beim Lenken.

Als ich die Wohnung betrete, erwartet mich außer Buk, der an mir hochspringt und mein Gesicht abschleckt, auch Fabio mit einer Ausgabe des *Corriere* in der Hand.

»Hast du das gelesen?«

Er zeigt auf eine Randnotiz tief im Mailänder Lokalteil.

»Ingenieur vermisst«, lautet die Überschrift. Calzolari ist sich für nichts zu schade.

»Kennen wir den?«

Er nickt.

Wie ich dem Artikel entnehme, handelt es sich bei dem Mann um Roberto Diamanti, zweiundfünfzig, der als Informatiker in einer Firma an der Porta Garibaldi arbeitete und seit Tagen verschwunden ist. Seine Frau ist verzweifelt.

»Meinst du, das ist unser Spion? Der Milanonera gehackt hat?«

»Höchstpersönlich. Ich hatte ja, während du im Krankenhaus warst, den Trojaner aktiviert, und heute habe ich es endlich geschafft, mich in sein E-Mail-Postfach einzuloggen. Es gibt keinen Zweifel: Er ist es. Dumm ist nur, dass wir ihn damit zum Tode verurteilt haben.«

»Was meinst du?«

»Als ich den Virus aktiviert habe, hat der Minotaurus entdeckt, dass wir ihn ausspionieren, und versucht, unseren Angriff abzuwehren. Erfolglos.«

»Du glaubst also, die Disziplinierten könnten ihn ermordet haben, um sich selbst zu schützen? Damit wir nicht auf sie kommen?«

»Möglich ist alles.«

»Ich muss Sebastiani anrufen.«

Ich tippe seine Nummer ins Motorola, das sofort den Geist aufgibt.

»Wann kaufst du dir endlich ein neues?«

Ich schüttele den Kopf, schließe das Handy an die Steckdose an und wähle erneut.

»Keine Zeit«, begrüßt mich Sebastiani.

Vor meinem inneren Auge sehe ich seine gerunzelte Stirn und die rotierende Zigarre.

»Warte. Hast du von dem vermissten Ingenieur gehört?«

»Nein.«

Ich seufze.

»Das steht heute in der Zeitung. Frag deine Kollegen im Präsidium. Ein gewisser Roberto Diamanti ist seit ein paar Tagen verschollen.«

»Warum sollte mich das interessieren?«

»Weil er zu den Disziplinierten gehörte. Fabio und ich haben herausgefunden, dass er es war, der meinen Blog gehackt hat.«

»Bist du dir da sicher?«

»Ganz sicher! Beim zweiten Mal waren Fabio und ich nämlich schlauer: Als er es noch einmal versucht hat, haben wir seine Attacke abgewehrt. Ab diesem Punkt fliegen aber die Identitäten der Mitspieler auf. Und wir vermuten, dass sie ihn deshalb aus dem Spiel genommen haben.«

»Für so eine Erklärung muss man ganz schön viel Phantasie haben.«

»Mag sein. Aber ich glaube, dass es sich um einen Mitbruder handelte, der dafür sorgen sollte, dass das Symbol sich nicht im Netz verbreitet. Wenn es erst einmal drin ist, wie jetzt, bekommt man es nie mehr heraus. Das Netz vergisst nichts. Damit war sein Schicksal besiegelt.«

»Nichts von dem, was du und dein kalabresischer Freund da getan habt, ist legal, hab ich recht?«

»Ja.«

»Perfekt. Dann auf Wiederhören.«

»Warte: Was sagt unser Experte in der Schweiz zu dem Pestis-Bakterium?«

»Dass es heute wie ein Schnupfen behandelt wird.«

»Und zu Müllers Formel?«

»Hat er bestätigt, dass es sich um einen Impfstoff handelt.«

»Wogegen?«

»Gegen ein unbekanntes tödliches Virus.«

...

»Ihr seid also in der Krypta des Doms auf Jagd gegangen?!«

Lonigros Spruch verpufft bei seinem Vorgesetzten, der nicht zu Späßen aufgelegt ist. Seit dem frühen Morgen sitzt er zurückgezogen in seinem Büro und wühlt frenetisch irgendwelche Akten durch.

Der Ispettore will sich schon wieder auf der Schwelle umdrehen, als Sebastiani ihn zurückruft.

»Was hast du beim Wehrbezirksamt gemacht?«

»Das spricht sich aber schnell rum.«

»Scheint so. Also?«

»Ich habe ein paar Ermittlungen zu unserem Avvocato angestellt. Inoffiziell, natürlich, damit niemand Verdacht schöpft.«

»Hast du etwas herausgefunden?«

»Visconti hat seine drei Tage in Mailand abgeleistet und war mit achtzehn als Wehrdienstleistender bei der Luftwaffe in Aviano.«

»Vor dem Studium?«

»Ja. Als er dann fertig war, hat er sich an der Universität Padua für Jura eingeschrieben.«

»Welchen Sinn hat das? Warum nicht hier in Mailand?«

»Das habe ich mich auch gefragt und die Antwort im Archiv des Militärgerichts gefunden.«

»Weiter.«

»Dort fand ich eine Anzeige wegen Belästigung. Ohne Folgen.«

»Du meinst, die Sache wurde vertuscht?«

»Das glaube ich nicht. Vermutlich wurde die Anzeige fallen gelassen, als Übergriff eines Dienstälteren abgetan.«

»Gut, aber was war daran so interessant?«

»Der Name des Angreifers, eines jungen Mannes, der ein Jahr älter als Visconti war und ihn angeblich sexuell missbraucht hat. Die Anklage wurde niemals bewiesen.«

»Wie hieß er?«

»Mattia Schiavon.«

Die Zigarre tanzt.

»Unser erstes Opfer?«

»Genau der. Vielleicht hat Visconti, nachdem das Militärgericht ihn ignoriert hat, beschlossen, Selbstjustiz zu üben.«

»Also schreibt er sich in Jura ein, in denselben Kurs wie sein Schänder, und bringt ihn bei der erstbesten Gelegenheit um. Ganz schön kaltblütig.«

»Beantragen wir Haftbefehl?«

»Auf Grundlage von was? Wir haben keine Beweise.«

»Und die Anzeige?«

»Von vor sechzehn Jahren? Als er seinen Wehrdienst leistete? Das reicht nicht. Wir brauchen Querverbindungen. Etwas Handfestes.«

»Aber …«

»Kein Aber«, brummt Sebastiani und schiebt die Papiere von sich weg. »In diesem Berg von Unterlagen habe ich eine Sensation gefunden. Und um sie zu beweisen, musst du mich jetzt begleiten.«

»Wieder in eine Kirche?«

»Nein, Ispettore, zu einem höheren Semester, das noch am Leben ist. Jedenfalls hatte ich ihn vor Kurzem noch am Telefon.«

...

»Sind Sie ein Verwandter?«

»Nein, Signora, das sagte ich doch schon letztes Mal. Mein Name ist Radeschi, nicht Radetzky. Ich stamme aus Capo di Ponte Emilie, nicht aus Österreich.«

»Ist ja schon gut, regen Sie sich nicht auf.«

»Entschuldigung. Könnten Sie jetzt bitte schauen, ob der Monsignore gerade pässlich ist?«

Wie beim letzten Mal legt die Haushälterin den Telefonhörer auf die Tischplatte und entfernt sich mit schlurfenden Schritten.

»Enrico, rufst du wegen etwas Bestimmtem an?«

Don Linos Stimme klingt nervös.

»Sind Sie in Eile?«

»Ich muss gleich die Messe lesen.«

»Entschuldigen Sie, es dauert ...«

»Ich entschuldige nichts mehr: Beim letzten Mal hast du nicht auf mich gehört und eine Kugel abbekommen!«

»Erinnern Sie mich nicht daran: Die Wunde ist immer noch nicht verheilt und brennt ganz schön, wenn das Wetter wechselt. Und vor ein paar Tagen wollte mich auch noch ein SUV überfahren!«

Diese Nachricht scheint den Kirchenmann wenig zu rühren. Er hat es wohl in der Zeitung gelesen und keine weiteren Fragen dazu.

»Was willst du von mir?«

»Um Vergebung bitten. Nicht für das, was ich getan habe, sondern für das, was ich tun werde.«

»Planst du jemanden umzubringen, Enrico?«

»Oh nein, das nicht!«

»Dann gibt es nichts, was du nicht später mit einer schönen Reihe Ave-Maria und Vaterunser beichten und verzeihen lassen könntest.«

»Sind alle Priester so entgegenkommend?«

»Das meinst du jetzt nicht im doppelten Wortsinne, um dann den billigen Witz zu machen, wie entgegenkommend die Priester mit ihren Messdienern sind, oder?«

»Natürlich nicht! Für wen halten Sie mich?«

»Für den, der du bist. Denk immer daran, dass deine Bekenntnisse unter das Beichtgeheimnis fallen, ich sie aber nicht sofort vergesse, sobald du aufstehst, ja?«

»Dann bin ich losgesprochen?«

»Nein. Du hast bloß die Erlaubnis zu gehen und deine Dummheiten zu begehen, wenn du danach zu mir zum Beichten kommst, verstanden?«

»Amen!«

...

»Halten Sie an, Ispettore, wir sind da.«

Lonigro parkt den Wagen, und die beiden steigen aus. Sie sind in einer der besten Gegenden der Stadt, Via Mozart, genau neben einer der Villen mit rosa Flamingos im Garten.

»Mailand ist eine permanente Entdeckung«, kommentiert Sebastiani den Anblick der Vögel.

»Sind wir wegen denen hier?«, fragt Lonigro leicht sarkastisch. Er mag es nicht, wenn er über die Motive ihres Handelns im Dunkeln gelassen wird, und rächt sich auf seine Art.

Der Vice Questore schüttelt den Kopf.

»Nein, wir statten einer Witwe unseren Besuch ab.«

»So wichtig?«

»Als du heute Morgen in mein Büro kamst, habe ich gerade in den Akten über die Toten danach geforscht, ob es irgendeine Verbindung zu den Disziplinierten gibt. Also zwischen Avvocato Sommese, Müller und den anderen zwei, die vor Monaten unter ungeklärten Umständen gestorben sind und bei denen das Gericht keinesfalls einer Exhumierung zustimmen wird, ohne dass wir handfeste Beweise liefern. Also habe ich mir eine andere Strategie zurechtgelegt.«

»Sie meinen Denis Fabbris und Guglielmo Branca?«

»Genau die. Ich bin fast verrückt geworden über der Suche nach Verbindungen, nach einer inneren Logik.«

»Und zu welchem Schluss sind Sie gekommen?«

»Ach, Ispettore, du solltest wissen, dass in unserem Job jede Schlussfolgerung ein Wagnis ist. Sagen wir, ich habe eine These aufgestellt, auf Grundlage der einzigen Übereinstimmung zwischen allen vier Fällen.«

»Die da wäre?«

»Sie sind gleich alt. Jahrgang 1936.«

»Und da es bei einem Mordfall keine Zufälle gibt ...«

»Du sagst es, Ispettore. Jetzt stehen wir vor dem Haus von Denis Fabbris. Die Witwe Branca hält sich zur Zeit in ihrem Feriendomizil in Ligurien auf. Und da ihr Mann zwischen den Schenkeln eines Callgirls gestorben ist, fand ich es nicht angemessen ... Signora Fabbris hingegen erwartet uns. Ich habe sie eben angerufen.«

»Was wollen Sie wissen? Ob ihr Mann Mitglied einer Sekte war?«

»Nein, ich will sie nicht aufregen. Außerdem wusste sie wahrscheinlich ohnehin von nichts. Ich will ihr nur das hier zeigen.«

Die Zigarre tanzt, während der Vice Questore das Foto aus Müllers Haus aus der Tasche fischt. Sechs junge Männer vor dem Castello Sforzesco.

»Glauben Sie, sie kannten sich?«

»Das nehme ich an. Sie waren ein Jahrgang. Müller hat in Mailand studiert und hatte laut seiner Frau hier seinen alten Freundeskreis. Und wenn nichts dabei herauskommt, war die halbe Stunde umsonst. Einen Versuch ist es trotzdem wert.«

»Oh, natürlich erkenne ich die wieder!«

Denis Fabbris' Witwe ist eine rundliche Frau mit freundlichem Gesicht. Sie hält sich das Bild vor die dicken Brillengläser, als wolle sie es verschlucken.

»Wen erkennen Sie denn?«, fragt Sebastiani.

Sie sitzen in dem hellen Wohnzimmer mit Blick in den mit prächtigen Bäumen bewachsenen Hof und dem Efeubewuchs am Nachbarhaus.

»Also, natürlich meinen Ehemann, den Dritten von links. Und das hier ist sein ältester Freund, Guglielmo.«

»Sie meinen Guglielmo Branca, den Herzchirurgen?«

»Ja, der Ärmste. Sie verstarben nur wenige Monate nacheinander. Sie kannten sich schon immer, wissen Sie?«

»Tut mir leid. Und die anderen auf dem Foto? Der in der Mitte hier heißt Luciano Müller.«

»Natürlich weiß ich, wer die sind! Ich bin zwar alt, aber der Kopf ist noch da, verstehen Sie?«

»Daran hege ich nicht den geringsten Zweifel, Signora.«

»Also, dann will ich mich mal an die Namen erinnern. Ja, also der hier ist natürlich Luciano, er kam einmal im Monat zu uns zum Mittagessen ... Dann ist Denis gestorben, und ihm hier ist diese schlimme Sache mit dem Pirelli-Hochhaus passiert.«

Der Polizeichef wartet kurz, bis die Frau sich wieder gefasst hat, dann zeigt er auf ein weiteres Gesicht.

»Wissen Sie, wie der hier heißt?«

»Oh, das ist doch Cavalier Bressan.«

Sebastianis Zigarre bebt.

»Sie meinen Riccardo Bressan? Der mit dem Pharmaunternehmen?«

»Genau der.«

Die zwei Bullen wechseln einen Blick.

Die Signora kichert.

»Sie sagten doch, Sie sind von der Polizei, oder?«

»Ja, warum?«

Die Augen der Frau scheinen hinter den dicken Brillengläsern zu lachen.

»Weil ich mich wundere, dass Sie Ihren Chef gar nicht erkennen: Der hier, der mit dem Lächeln und dieser Schmachttolle, ist der derzeitige Polizeipräsident von Mailand, Lamberto Duca.«

Heftiger hätten auch Stockschläge nicht wirken können. Die Zigarre rutscht aus Sebastianis Mund und landet auf der Tischplatte. Der Vice Questore murmelt eine Entschuldigung und fragt, während er sie aufhebt: »Sind Sie sich ganz sicher?«

»Natürlich! Lamberto war viele Jahre regelmäßig zum Abendessen bei uns. Und mit seiner Frau Rosanna bin ich gut befreundet.«

»Gut«, stöhnt der völlig ins Schleudern geratene Vize. »Und wer ist der Letzte?«

Die Signora runzelt die Stirn, dann schüttelt sie den Kopf.

»An seinen Namen kann ich mich beim besten Willen nicht

erinnern. Aber Sie müssten ihn eigentlich kennen. Er arbeitet mit Duca, glaube ich. Vielleicht auch ein Kollege von Ihnen.«

Mit fahlem Gesicht bedankt sich Sebastiani bei der Frau und geht mit festen Schritten die Treppe hinunter.

Erst im Auto findet Lonigro den Mut für seine Frage: »Entschuldigen Sie, Dottore, aber wer ist denn nun der sechste Mann?«

»Das weiß ich auch noch nicht sicher«, brummelt Sebastiani und bearbeitet die Zigarre. »Aber ich habe einen Verdacht.«

25

Knochen hängen an den Wänden, stapeln sich in den Mauernischen, verkleiden als Schmuck die Altäre. Von den Türrahmen und Simsen schauen Totenköpfe herab. Überall Reste menschlichen Lebens.

»Dieser Ort ist mir unheimlich«, seufzt Margot und umklammert meinen Arm.

Dabei befinden wir uns nicht an einem Filmset oder auf einem Friedhof, sondern in der Kapelle der Kirche San Bernardino alle Ossa. Genau vor dieser Kirche haben sie versucht, mich umzubringen, und ich habe mir in den Kopf gesetzt, dass auch darin ein Symbol verborgen liegt, das mit diesem Ort zu tun hat.

Begleitet werden wir von dem modernen Vergil in Gestalt Professor Ferraros, der angesichts der ängstlichen Blicke Margots noch eins draufzulegen versucht.

»Dann kommt lieber nicht am 2. November hierher. Der Legende nach erwachen am Allerseelentag nämlich die sterblichen Überreste eines kleinen Mädchens zum Leben, die hier links vom Altar aufbewahrt werden, und ziehen alle anderen Skelette in einer Art Totentanz hinter sich her. Die Geräusche hört man bis über die Mauern hinweg, so laut sind sie!«

»Professor, Sie machen mir Angst!«

»Ach was! Wenn du Trost brauchst, meine Arme sind immer offen für dich!«

»Dafür sind wir nicht hergekommen«, falle ich harsch ein.

Verprügeln kann ich den Fettsack nicht, denn ich selbst habe darauf bestanden, dass er uns begleitet. Wir haben ihn nach einer Vorlesung vor dem Hörsaal abgefangen. Natürlich hätte ich auch alleine zu ihm gehen können, doch ich wusste, dass Ferraro ohne triftigen Grund niemals mitgekommen wäre. Ethische Fragen, Wissensdurst oder Entdeckerlust sind ihm längst fremd geworden. Er hat sich voll und ganz den irdischen Freuden verschrieben. Und Margots lange Beine, die unter dem Minirock schön zur Geltung kommen, trafen voll ins Schwarze.

»Erzählen Sie uns etwas über diese Kirche, Professor.«

»Wie ihr wisst – wenn ihr schon darauf bestanden habt, dass ich mitkomme –, wurde das Gebäude im fünfzehnten Jahrhundert für die Versammlungen der Bruderschaft der Disziplinierten genutzt, die sich dem Totenkult und der Vergebung der Sünden mittels Selbstgeißelung und Martyrium des Fleisches widmeten. Das alles geschah in der Krypta unter unseren Füßen.«

»Dann lag ich also richtig mit meiner Vermutung: Sie wollten mich an dem Ort umbringen, wo sie sich versammeln?«

»Hinter jeder ihrer Handlungen steckt eine Allegorie. Wie auch darin, Sommese zu Füßen der halbwollenen Sau zu ermorden, das muss für sie eine symbolische Bedeutung haben.«

»Die spinnen ja.«

»Überhaupt nicht. Jede ihrer Aktionen ist erwogen und durchdacht. Darf ich nun in meiner Erklärung fortfahren? Das Fräulein schien ein gewisses Interesse zu haben.«

»Bitte.«

»Also, heute ist die Kirche berühmt für diese Kapelle hier, in der wir uns befinden, wenngleich ich gestehe, dass sie wirklich makaber ist: mit ihren Wänden aus Knochen, die zu Mustern und Ornamenten gelegt wurden.«

»Woher kommen die Knochen?«

»Von den umliegenden Friedhöfen, die im Laufe der Jahrhunderte aufgelöst wurden.«

Wir betrachten die makabren Trophäen an den Wänden der kleinen Kirche. Dieser Ort wirkt aus der Zeit gefallen, ganz anders als das geschäftige Mailand mit seinen Modevierteln, die nur ein paar Hundert Meter Luftlinie entfernt sind.

»Was wissen Sie über die Krypta?«

Der Professor bedeutet uns, ihm zu folgen, und gemeinsam verlassen wir die Kapelle.

»Da, seht ihr diese Falltür mit der lateinischen Inschrift im Zentrum der Kirche? Gut, von dort aus geht es in die Krypta. Zehn Stufen.«

Als wir näher treten, fällt mir sofort das Symbol auf. Auch Margot und der Professor haben es gesehen.

»Plötzlich ist es überall.«

»Scheint so.«

»Was kommt nach den zehn Stufen?«, frage ich ihn. »Das offene Tor zur Hölle?«

»Nein. Aber auch kein schöner Anblick. Damals diente es zur Aufbewahrung der Leichname der Mitbrüder, die in ein besseres Leben gegangen waren, bis ihr Fleisch sich zersetzt hatte, ein im damaligen Süditalien sehr verbreitetes System.«

Margot entfernt sich angewidert ein paar Schritte. Auch ich bin nicht scharf drauf, mehr über das unschöne Ritual zu erfahren, und ich wechsle das Thema.

»Alles sehr interessant, Professor. Aber wir sollten uns jetzt lieber ein Versteck suchen, hier wird bald abgeschlossen.«

Meine Begleiter sehen mich erstaunt an.

»Was hast du vor?«

»Ich will in die Krypta, ist doch klar, oder?«

»Du spinnst!«

»Kann sein, aber wollen Sie denn nicht auch herausfinden, ob die Disziplinierten sich noch hier unten versammeln?«

In Ferraro kämpfen Feigheit und Neugierde um die Vorherrschaft.

»Wo willst du dich denn verstecken? Hier ist kein Platz.«

»Doch, da drin.«

Ich zeige auf den hölzernen Beichtstuhl.

»Du meinst doch nicht etwa ...«

»Los. Wenn wir uns ein bisschen quetschen, passen wir alle drei hinein.«

»Hoffentlich kommt kein altes Mütterchen zum Beichten«, seufzt der Professor. »Fräulein, Sie dürfen es sich in meinen Armen bequem machen.«

Margot wirft ihm einen giftigen Blick zu.

»Ich denke gar nicht dran.«

»Wir bleiben alle drei stehen«, flüstere ich. »Und jetzt Ruhe, der Sakristan ist im Anmarsch.«

»He, Hände weg, Professor!«

Ich schiebe mich zwischen die beiden und seufze. Jetzt heißt es warten.

...

Zurück im Büro, befestigte er als Erstes eine Kopie von dem Gruppenfoto mit Müller und seinen Freunden an dem Metallregal, zu den Fotos von den Mordopfern der Gottesanbeterin.

Unter die Gesichter der jungen Männer hat er ihre Namen geschrieben, die Fabbris Witwe ihm genannt hatte.

Als Ispettore Lonigro hereinkommt, ist sein Vorgesetzter immer noch in den Anblick dieses Fotos vertieft.

»Wann sagen Sie es dem Polizeipräsidenten?«

Die Zigarre wandert langsam von einem in den anderen Mundwinkel.

»Weiß ich noch nicht. Hast du was Neues?«

»Vielleicht habe ich eine Verbindung gefunden.«

Sebastiani bedeutet dem Kollegen, Platz zu nehmen.

»Was genau?«

»Eine Verbindung zwischen der Gottesanbeterin und Visconti.«

»Du meinst, außer dass er ihr Anwalt ist?«

»Genau. Das hat er nämlich ausgenutzt. Ich komme gerade aus dem Rechtsarchiv, wo ich mir über den alten Akten fast eine Staublunge geholt habe: Visconti ist auch der Anwalt von Pasquale Esposito, dem Neapolitaner, dem das Haus auf dem Piazzale Gabrio Rosa gehört.«

»Und du verdächtigst Visconti, dass er die Schlüssel zu Espositos Haus hat und sie der Méndez zur Verfügung gestellt hat?«

»Ich würde denken, das reicht für einen Durchsuchungsbefehl, oder?«

»Nein. Auch das ist nur eine Hypothese, wir können nicht beweisen, dass Visconti der Méndez irgendwelche Schlüssel gegeben hat. Vielleicht kannten sie und Esposito sich und er überlässt ihr manchmal das Haus im Gegenzug für irgendwelche Gefälligkeiten, nennen wir es mal so, wenn sie Freigang hat.«

Lonigro seufzt.

»Was sollen wir tun?«

»Jetzt? Nichts, Ispettore, es ist spät, fast schon acht. Der Tag war lang genug. Geh nach Hause zu Frau und Kindern. Du hast zwei, oder?«

»Ja, zwei echte Plagen.«

Sebastiani lächelt.

»Geh schon, wir überlegen morgen weiter, wie wir die Welt retten können.«

...

Genau so habe ich mir die Unterwelt vorgestellt.

»Riecht nicht gerade gut hier!«

»Was dachtest du denn, Enrico: Rosenduft? Wir befinden uns in einer Krypta, wo früher einmal Kadaver verflüssigt wurden.«

Wir haben nur das Licht der Kerzen, die wir vor unserem Abstieg aus der Kirche mitgenommen haben. Um mein schlechtes Gewissen zu beruhigen, habe ich ein paar Euro pro Kerze eingeworfen.

Dann haben der Professor und ich die Falltür geöffnet, und los ging unser Ausflug in den Untergrund.

Margot hält sich die Hand vor den Mund.

»Unfassbarer Ort.«

»Stellt euch vor, dass dies zumindest in Norditalien eines der wenigen Exemplare einer Sitzrinne ist, oder – wenn ihr den lateinischen Begriff bevorzugt – eines *Putridariums*.«

»Aber müsste der Gestank denn nicht längst verflogen sein?« Ferraro nickt kurz und nähert sich dann mit äußerster Vorsicht den gemauerten Wänden.

»Seht ihr das?«

»Sieht aus wie Bänke ...«

»So ähnlich«, bestätigt der Professor. »Diese Krypta weist ein paar Eigenheiten auf. Allen voran die vier in den Stein gehauenen Throne, die den Auserwählten vorbehalten waren. Dann rundum an den Wänden eine Reihe von gut einundzwanzig Nischen mit gemauerten Sitzen, in deren Mitte jeweils ein Loch ist.«

»Doch nicht etwa um ...«

»Nein, Radeschi, wo denkst du hin? Das war ein Putridarium! Der Leichnam des Toten wurde in sitzender Position hineingeschoben, damit die bei der Zersetzung entstehenden Flüssigkeiten direkt ins Innere des Loches abfließen konnten, das mit einem Abfluss verbunden war.«

»Bääh!«

»Faszinierend. Und was passierte, wenn dieser entzückende Prozess beendet war?«

»Tja, wenn die Zersetzung nur noch die Knochen übrig gelassen hatte, wurde das verbleibende Skelett in das Beinhaus gebracht, wo wir eben waren, während der Schädel als Symbol für die Individualität des Verstorbenen auf einer dafür vorgesehenen Konsole postiert wurde.«

Margot ist ganz blass und geht kurz in die Hocke, um Luft zu holen.

»Ich will wieder nach oben«, sagt sie und tritt zur Treppe.

»Natürlich, wir kommen gleich.« Ferraro sieht sich aufmerksam in dem kleinen Raum um. Sein Blick bleibt an Kleinigkeiten hängen, er fährt mit der Hand über den Stein. Ich glaube nicht, dass er vorher schon einmal hier unten war.

»Glauben Sie, dass die Mitbrüder sich immer noch hier treffen?«

»Nicht in diesem schrecklichen Gestank.«

»Der kommt aus der Spalte da hinten.«

Auf der anderen Raumseite öffnet sich eine Art Schlitz in der Mauer, nicht breiter als dreißig Zentimeter, in den sich ein durchschnittlich großer Mann hineinzwängen könnte. Der Professor jedoch würde mit seinem Schmerbauch ganz sicher stecken bleiben.

Als wir näher rangehen, wird der Gestank fast unerträglich.

»Was ist da drin?«, frage ich.

»Ich weiß es nicht genau. In den Schriften der Disziplinierten wird manchmal auf eine zweite geheime Krypta angespielt, die Borromäus persönlich hat erbauen lassen und deren Existenz niemals überprüft wurde.«

»Dann überprüfe ich das jetzt.«

Ohne zu zögern, schiebe ich mich in die Spalte. Dabei halte ich mir Mund und Nase mit einem Taschentuch zu, denn die Luft ist kaum einzuatmen. Unter den Füßen spüre ich Putzbröckchen, offenbar wurde die Mauer erst vor kurzem geöffnet. Die zweite Kammer muss für sehr lange Zeit verschlossen gewesen sein.

Das flackernde Kerzenlicht fällt auf eine sehr ähnliche Szenerie wie nebenan, es scheint eine Art Zwillingskrypta zu sein. Auch hier nichts zu sehen, bis auf etwas Ungewohntes in der am weitesten entfernten Nische.

»Red schon, was ist da?«, ruft der Professor.

Mit bedecktem Mund und fast tränenden Augen bekomme ich keine Antwort zustande. Der Gestank ist fürchterlich, und jetzt weiß ich auch, warum: Vor mir sehe ich einen Kadaver im Verwesungsprozess!

Ich ziehe den von Molinari geerbten Fotoapparat hervor und schieße ein Dutzend Bilder, um sie mir später in Ruhe anzuschauen. Hier vernebelt mir der widerwärtige Gestank das Gehirn.

Immer wieder erleuchtet der Blitz das Horrorspektakel, eine Leiche wie aus Wachs, die sich ihm wahrsten Sinne des Wortes auflöst ...

Schnell kehre ich um und ziehe den Professor mit mir zur Treppe.

»Was hast du gesehen?«, fragt er.

Endlich kann ich wieder atmen. Ich winke Margot, uns zu folgen, und gehe in die Sakristei, in der ich bei meinem Rundgang, den ich gemacht habe, nachdem der Sakristan uns eingeschlossen hatte, eine kleine Tür oberhalb einer Seitentreppe gesehen hatte. Durch sie gelangen wir im Gänsemarsch ins Freie und landen auf einer Gasse auf der Rückseite der Kirche.

Als wir weit genug entfernt sind, fängt der Professor wieder an.

»Jetzt red schon: Was hast du gesehen?«

»Sie hatten recht. Das ist eine geheime Krypta.«

»Wie ist sie?«

»Genau wie die erste. Nur dass diese noch von den Disziplinierten genutzt wird.«

»Du meinst, dieser Gestank ...«

»Ja, da unten befindet sich ein verwesender Kadaver. Das Putridarium ist noch in Gebrauch.«

26

Das Mädchen rekelt sich zwischen den Laken. Ihre Kleider liegen auf dem Boden, die Haare sind über das Kissen gebreitet. Träge schlägt sie die Augen auf und zieht eine Schnute.

»Wer ist das um diese Uhrzeit?«

Sebastiani schaut auf die Nummer auf seinem Handydisplay: Radeschi. Dann sieht er auf seine Armbanduhr, die er auch im Bett anlässt: neun Uhr am Samstag morgen.

»Schlaf. Das ist die Arbeit«, sagt er zu dem Mädchen und verlässt zum Telefonieren das Zimmer.

Um ehrlich zu sein, kommt es ihm nicht ungelegen, dass sie jetzt wach ist, die Gemeinsamkeit *danach* mag er nicht besonders.

Er versucht sich an den Namen seiner Geliebten zu erinnern. Lory vielleicht. Was wohl für Loretta steht, falls dieser Name heutzutage überhaupt noch einen Sinn ergibt. Ihren Beruf aber hat er nicht vergessen: Sie ist Stewardess und fliegt bald weiter. Zumindest hofft er das.

Am Abend zuvor war es ihm noch verlockend vorgekommen, sie zu sich einzuladen. Nach dem Essen und allerlei höflichem Geplänkel. Zwanzig Minuten lang hatte sie sich als Volltreffer erwiesen. Aber jetzt, wo sie immer noch da lag – acht Stunden später –, mit verschmiertem Make-up und gerunzelter Stirn, hätte er sich etwas anderes gewünscht.

»Was willst du, Radeschi?«

»Guten Morgen, Bulle.«

»Heute ist Samstag, und ich bin nicht im Dienst, wenn es also nicht ...«

»Die Disziplinierten sind immer noch aktiv. Ich habe Beweise.«

»Halt mal, was für Beweise?«

»Ich habe dir die Fotos per E-Mail geschickt. Ich weiß, dass du nicht gerne E-Mails bekommst, aber dieses Mal musste es sein. Und um dich zu warnen: Es ist kein schöner Anblick ...«

»Kannst du mir bitte erklären, was hier läuft?«

»Die Knochenkirche San Bernardino. Die zwischen der Piazza Santo Stefano und der Via Verziere. Weißt du?«

»Und?«

»Unter ihr gibt es eine geheime Krypta, die unsere Sekte bis heute benutzt. Und weißt du was? Du solltest dir einen Gerichtsbescheid besorgen, um die ganzen Knochen in der Kapelle zu beschlagnahmen und sie ins Labor zu schicken. Ihre mittelalterliche Betätigung, die Toten verschwinden zu lassen, wurde nie eingestellt. Und ich vermute sogar, dass die Knochen der Toten immer noch an den Wänden aufgehängt werden!«

»Bist du völlig übergeschnappt? Ich soll die Reste in dem Beinhaus der Kirche San Bernardino beschlagnahmen und untersuchen lassen? Diesen Wahnsinn macht niemand mit!«

»Dann findet ihr nie heraus, ob sich dort die Überreste der Mitbrüder befinden, die unbequem wurden. Weißt du, wie viele Menschen jedes Jahr spurlos verschwinden?«

»Lass mich bitte mit deinen Statistiken in Ruhe!«

»Kein Problem. Aber schau dir erst mal die Fotos an, die ich dir geschickt habe. Dann wirst du schon sehen.«

»Sag mir, was ich wissen muss!«

»In der zweiten Krypta, die durch eine halb eingerissene Mauer zu erreichen ist, liegt eine Leiche. Nicht in Bestzustand. Wenn ihr euch nicht beeilt, kann ich nicht sagen, was ihr noch findet.«

»Und woher weißt du das alles?«

»Das verrate ich dir lieber nicht. Hör zu: In dieser Krypta befindet sich ein Toter, da, wo die Bruderschaft der Disziplinierten sich seit Urzeiten trifft. Was brauchst du noch mehr?«

Sebastiani geht ins Zimmer zurück und wirft das Telefon aufs Bett, steckt sich die erste Zigarre des Tages zwischen die Lippen und schlüpft in seine Unterhose.

»Du musst jetzt gehen«, verkündet er knapp.

Lory schlägt ihre Bambiaugen auf.

»Was?«

»Steh auf und zieh dich an.«

Der Tonfall des Polizisten lässt keinen Widerspruch zu, und sein Blick ist so ernst, dass das Mädchen beschließt, ihm lieber keine Szene zu machen.

Zwanzig Minuten später betritt der Vice Questore sein Büro. Die Zigarre hat er fast heruntergekaut und das Mädchen nonchalant am ersten Taxistand abgesetzt. Er ist sich nicht sicher, ob er sie wiedersehen wird, denn wie heißt es so schön in den Zeitschriften: »Das Schicksal hielt für sie keine gemeinsame Zukunft bereit, denn der Funke zwischen ihnen war nicht übergesprungen.«

Als Erstes kontrolliert der Bulle seine E-Mails. Obwohl er das System hasst, muss er sich damit arrangieren. Mal sehen, ob

Radeschi ihm nur Müll geschickt hat oder ob er tatsächlich jemanden für einen Durchsuchungsbefehl bemühen muss.

»Guten Morgen, was tun Sie denn hier am Samstag?«

Sebastiani schaut auf und sieht das runde, ausgeruhte Gesicht des Polizeipräsidenten Lamberto Duca vor sich.

»Das könnte ich Sie auch fragen, Dottore.«

»Oh, ich habe meine Brille vergessen. Gestern ist mir meine andere kaputtgegangen, da will ich nicht das ganze Wochenende halb blind herumlaufen …«

Plötzlich verstummt er, denn sein Blick ist an dem Foto hängen geblieben, das die sechs jungen Männer zeigt.

»Woher haben Sie das?«, fragt er streng.

»Von Müllers Frau, Pardon, Müllers Witwe.«

»Und die Namen hier haben Sie dazugeschrieben?«

»Ja, nach dem Besuch bei einer anderen Witwe, Signora Fabbris. Sie sagte mir, Sie und Ihre Frau seien gut mit ihr befreundet.«

Ein dunkler Schatten legt sich auf Ducas Miene, dann lässt sich der Mann auf einen Stuhl fallen. Sebastiani kommt er schlagartig um Jahre gealtert vor.

»Wir kennen uns schon ewig. Die anderen auch. Auf dem Gymnasium waren wir alle in einer Klasse am Parini.«

Sebastiani nickt verstehend. Gerne hätte er eine Erklärung, will seinen Vorgesetzten aber nicht drängen. Wie immer, wenn er unruhig ist, wandert seine Zigarre im Mund hin und her.

»Wann wollten Sie mir das sagen?«, fragt der Questore.

»Wahrscheinlich Montag. Ich wollte Sie nicht am Wochenende stören, aber wie die Dinge sich nun entwickeln …«

»Haben Sie etwas entdeckt, das ich wissen sollte?«

Die zwei Männer sehen sich fest in die Augen.

»Ja, aber erzählen Sie mir doch zuerst noch, in welchem Verhältnis Sie zu den Leuten auf dem Foto standen. Ich weiß noch, als Branca und Fabbris tot waren, wollten Sie nicht, dass eine Autopsie gemacht wird. Eine legitime Entscheidung, natürlich, aber unorthodox. Als dann Sommese starb, haben Sie sogar aus Buenos Aires angerufen, um auf dem neusten Stand zu sein. Was mir ungewöhnlich vorkam. Erst, nachdem ich dieses Bild gesehen hatte, wurde mir klar, dass es jemanden gab, der wie Sie von allen drei Ermittlungen wusste und sie in Abstimmung mit Ihnen in eine Richtung gelenkt hat.«

»Wollen Sie mir irgendetwas unterstellen, Sebastiani?«

Die Stimme des Polizeichefs klingt plötzlich zornig.

»Nein, Dottore. Ich versuche nur, die Abläufe zu rekonstruieren.«

»Na gut«, seufzt Duca. »Aber sagen Sie mir eins: Haben Sie den Verdacht, dass Branca und Fabbris keines natürlichen Todes gestorben sind, sondern ermordet wurden?«

»Ja.«

Die Stimme des Questore wird nun wieder fahl und emotionslos.

»Ich habe Sie gebeten, den Fall zu den Akten zu legen, um den zwei Witwen die Unannehmlichkeiten einer Obduktion zu ersparen. Nichts deutete darauf hin, dass es sich um Mord handeln könnte.«

»In beiden Fällen haben Sie sich mit einem der Männer auf dem Foto beraten, stimmt's?«

Der Polizeipräsident sieht erstaunt auf.

»Woher wissen Sie das?«

»Dazu komme ich gleich. Sagen Sie mir noch eins: War es

auch dieser besagte Mann, der Sie über den Tod Avvocato Sommeses informiert hat, als Sie am anderen Ende der Welt waren?«

»Was aber nicht heißt ... Moment mal: Sie verdächtigen den stellvertretenden Staatsanwalt Antonio Testori?«

Sebastianis Zigarre sinkt ein kleines Stückchen tiefer.

»Endlich haben Sie es verstanden ...«

Der Polizeipräsident ist blass, sein Blick irrt ziellos durch den Raum. Er denkt nach, versucht die Puzzleteilchen zusammenzusetzen.

»Wenn ich so darüber nachdenke, auch nach den beiden Unglücksfällen von Branca und dann Fabbris war immer Testori der Erste, der mich anrief: Lass uns unsere alten Freunde schnell und würdevoll unter die Erde bringen, hat er gesagt. Wie bei Sommese und auch ...«

»Auch als das Flugzeug in den Pirellone gestürzt ist, hat er sie als Erster angerufen, nicht wahr?«

Der Polizeipräsident schaut auf seine Schuhspitzen. Ihm gefällt nicht, was er hier hört.

»Ich finde, es ist an der Zeit, mit Testori zu reden. Nur dass ich ...«

»Dass Sie nicht alleine zu ihm können, Sebastiani, meinen Sie das?«

»Ja.«

»Dann werde ich Sie begleiten. Ein informelles Treffen.«

»Mehr will ich nicht.«

»Morgen gehen wir zu ihm. Sonntagvormittag. Ich weiß, dass Antonio nach der Messe immer eine Stunde im Gerichtsgebäude verbringt, um zu arbeiten.«

»Wo geht er zur Messe?«

»In der Kirche San Bernardino alle Ossa. Die liegt wenige Schritte vom Gericht entfernt.«

»Und nicht nur deshalb geht er dorthin …«

»Wie bitte?«

»Über diese Kirche und eine alte Bruderschaft wollte ich mit Ihnen reden.«

Duca hebt eine Augenbraue und schüttelt den Kopf.

»Ich brauche einen Durchsuchungsbefehl, um mich in der Krypta umzusehen: Gerade heute Morgen hat mir eine vertrauenswürdige Quelle mitgeteilt, dass sich dort unten eine Leiche befindet.«

»Eine zuverlässige Quelle?«

»Total zuverlässig. Er hat mir sogar ein paar Fotos per E-Mail geschickt. Schauen Sie selbst.«

…

Sebastiani hat keine Zeit verloren.

Als ich die Kirche San Bernardino erreiche, ist der Kirchhof schon von einer Meute Schaulustiger gefüllt. Auf dem Platz stehen Streifenwagen und drei Transporter der Spurensicherung. Aus der nahe gelegenen Galleria und dem Dom sind viele Menschen herbeigeströmt, um dem ungewöhnlichen Spektakel beizuwohnen. Mal ein ganz anderer Samstagnachmittag für die Mailänder.

Fehlt nur noch der Hubschrauber, dann wäre der amerikanische Spielfilm perfekt.

Ich dränge mich durch die Menge bis zu dem rot-weißen Absperrband, wo mal wieder Mascaranti auf mich wartet.

»Verzieh dich«, knurrt er.

»Nicht immer die alte Leier, bitte. Ich will nur kurz mit dem Vice Questore sprechen.«

»Das geht jetzt nicht. Verschwinde.«

Um seinen Worten Wirkung zu verleihen, macht er drohend einen Schritt nach vorn, sodass ich unwillkürlich zurückweiche. Er grinst hinterhältig.

»Schon gut, dann rufe ich ihn eben an und sage ihm, dass ich da bin.«

»Mach das. Und bis dahin halte Abstand.«

Um uns herum stehen ein Dutzend Journalisten und verfolgen neugierig das Kräfteaufgebot. Auch ein Trüppchen von *Telecity Milano* ist da, und Guarneri winkt mir zu und will schon näher kommen. Ich trete zur Seite, um nicht mit ihm reden zu müssen. Wir stehen jetzt nun mal auf verschiedenen Seiten, außerdem will ich nicht wieder derjenige sein, der die Mund-zu-Mund-Beatmung macht, falls er erneut umkippt.

Calzolari wird zufrieden sein, wenn er hört, dass wir die Exklusivfotos von der Leiche haben. Zuvor muss ich mich bei Sebastiani aber noch über die Identität des Toten vergewissern, zu der ich schon eine klare Idee habe.

Ich wähle seine Nummer.

»Hallo, Loris, ich stehe hier draußen …«

Zu mehr komme ich nicht, weil das Motorola ausgeht. Akku leer.

Ich fluche und hoffe, dass der Bulle mich trotzdem verstanden hat.

Sebastiani enttäuscht mich nicht. Fünf Minuten später taucht er in dem Kirchenportal auf und kommt auf mich zu.

»Ich habe versucht, dich zurückzurufen.«

»Mein Telefon ist tot.«

Zur Antwort zittert die Zigarre fast unmerklich.

»Habt ihr ihn gefunden?«

»Das war ja nicht schwer: Die Krypta stinkt wie die Kanalisation in Kalkutta.«

»Wenn nicht schlimmer.«

Damit genug der Höflichkeiten. Das sehe ich an der schnellen Drehung seiner Zigarre.

»Was willst du?«

»Wer ist der Tote: Ich wette der verschwundene Ingenieur, der meine Seite lahmgelegt hat.«

»Das darfst du nicht schreiben.«

»Einverstanden. Ist er es?«

»Ja, Roberto Damiani. Wir haben ihn anhand des Eherings an seinem Finger identifiziert.«

»Los, Loris, erzähl noch mehr. Wir arbeiten zusammen am Fall der Disziplinierten. Ich werde alles für mich behalten, bis du mir sagst, dass ich es veröffentlichen darf.«

»Auch die Fotos, die du mir geschickt hast?«

»Die auch.«

»Lass uns woanders hingehen.«

Er lässt mich unter dem Absperrband durchschlüpfen, unter den irritierten Blicken von Mascaranti und den neidischen der Reporter.

Wir ziehen uns hinter einen Transporter der Spurensicherung zurück, wo uns niemand beobachten kann.

Mit unterdrückter Stimme beginnt Sebastiani zu erzählen.

»Gaetano von der Spusi sagt, dass sie den armen Kerl mit Hilfe einer chemischen Substanz auflösen wollten, deren Name mir entfallen ist. Die die Verwesung beschleunigt. In ein paar Wochen wären nur noch die Knochen übrig geblieben, und die hätten sie vielleicht tatsächlich auf Nimmerwiedersehen zu den anderen getan.«

»Klar, die natürliche Verwesung wie anno dazumal hätte viel zu lange gedauert.«

»Modernisierung nennt man das.«

»Und sonst?«

»Ich glaube, dass wir der Sache langsam auf die Spur kommen: Dadurch, dass sie in ihrer Krypta eine Leiche verwesen lassen, können sie sich nicht mehr dort treffen. Sie wird wegen des Gestanks lange nicht zugänglich sein.«

»Und was schließt du daraus?«

Die Zigarre eilt in den rechten Mundwinkel.

»Irgendetwas wird passieren.«

»Du meinst den Impfstoff gegen die Schwarze Pest…«

»Vor allem meine ich das unbekannte Virus.«

Er kramt in seiner Jacke und zieht das Foto der sechs jungen Männer hervor.

»Erinnerst du dich daran?«

»Klar.«

»Ich weiß jetzt, wer sie sind. Die zwei hier sind Guglielmo Branca und Denis Fabbris, der Herzchirurg und der Banker, die offiziell eines natürlichen Todes gestorben sind. Das glaubten wir zumindest bis gestern.«

»Und warum jetzt nicht mehr?«

»Bei der Obduktion des Ingenieurs haben wir einen tiefen Einstich am Hals entdeckt. Zu tief, um von einem Insektenstich herzurühren.«

»Dann haben Sie ihm etwas ins Blut gespritzt, um ihn umzubringen?«

»Genau. Und ich bin mir sicher, dass sie mit den anderen zwei genauso verfahren haben. Aber ohne Autopsie …«

» … gibt es keine Beweise. Verstehe. Wer sind die anderen drei?«

Sebastiani fühlt sich plötzlich merklich unwohl.

»Komm schon, Loris.«

»Einer ist der Polizeipräsident, Lamberti Duca.«

»Was?«

»Du hast ganz richtig gehört.«

»Meinst du …«

»Nein, ich habe heute Morgen mit ihm gesprochen. Er hat gesagt, dass die sechs zusammen auf der Schule waren. Klassenkameraden, kurz gesagt.«

»Und Disziplinierte.«

»Nicht der Polizeipräsident.«

Ich betrachte ihn skeptisch, sage aber nichts.

»Und die letzten zwei?«

»Einer ist Cavalier Riccardo Bressan, der von dem Pharmaunternehmen. Der andere ist der stellvertretende Staatsanwalt Antonio Testori.«

»Nicht schlecht.«

»Ja.«

»Und einer von denen könnte der Kopf unserer Bruderschaft sein?«

»Morgen treffe ich Testori.«

»Hast du ihn im Visier?«

Der Polizeibeamte zuckt mit den Achseln.

»Wir werden sehen.«

Ich nicke.

»Dann geh ich mal. Nur eins noch: Werden wirklich alle Knochenreste aus der Kirche untersucht? Ich meine, von den Wänden, den Türen. Die sind praktisch überall ... Das sind doch Hunderte, vielleicht Tausende von Menschen ...«

Als Antwort bekomme ich nur eine schnelle Drehung der Zigarre, die ich nicht zu deuten vermag.

...

»Wo warst du so lange? Du hast die Höhepunkte der vorletzten Etappe verpasst!«

Seit etwa einem Monat ist der Fernseher in unserem Wohnzimmer auf die Berichterstattung des Giro d'Italia programmiert.

Auf mich persönlich haben Fahrradrennen eher eine einschläfernde Wirkung. Anders auf Fabio, der sie mit einzigartiger Aufmerksamkeit verfolgt. Ich hingegen habe im Geschichtsstudium sogar mal ein Seminar zum Thema *Italien des Giro d'Italia* belegt, das unter anderem davon handelte, dass während der großen Rivalität zwischen Coppi und Bartali Eltern ihre Neugeborenen vermehrt die Vornamen der beiden Spitzenfahrer gaben, Gino und Fausto. Mit exzellent bestandener Prüfung war meine Leidenschaft für diesen Sport dann aber auch erschöpft.

»Ich hatte einen Lokaltermin«, verkünde ich.

»Du redest wie ein Panzerknacker, weißt du das eigentlich?«

»Wie ein Bulle, wenn überhaupt.«

»Wie du meinst. Und was hast du ausspioniert?«

»Ein Pharmaunternehmen.«

»Möchtest du eine Palette Xanax klauen, um runterzukommen?«

»Also schön, Fabio. In ganz einfachen Worten, damit auch ein Fachidiot wie du es versteht ...«

»Ihr seid zu gütig, Majestät.«

»Du weißt doch noch, dass sie vor ein paar Tagen versucht haben, mich umzubringen?«

»Wie könnte ich das vergessen? Ich habe noch lebhaft vor Augen, wie du mit rausgestrecktem Arsch auf dem Sofa liegst ... Ach nein, jetzt verwechsle ich das mit der Sache, als du angeschossen wurdest!«

»Schon gut, hör auf. Ein Geländewagen hat mich absichtlich angefahren.«

»Langsam langweilt mich das.«

»Jedenfalls habe ich gelogen, als ich sagte, dass ich nur noch die Automarke weiß. Ich erinnere mich auch an einen Teil des Nummernschildes ...«

»Und da die Datenbank für Motorisierung bestimmt nicht zu den modernsten gehört, ist es für einen Hacker wie dich ein Leichtes ...«

»Jetzt überraschst du mich wirklich, Fabio.«

»Vergiss nicht, dass ich dich auf die dunkle Seite der Macht geführt habe. Bevor du mich kanntest, hieltest du den Computer doch für eine Art Mikrowelle.«

»Dein Verdienst, dass ich den Wagen gefunden habe, der mich überfahren hat.«

»Wem gehört er?«

»Den Disziplinierten.«

»Enrico!«

»Offiziell ist er auf die erwähnte Pharmafirma eingetragen, die Bressan.«

»Und deshalb hast du den Lokaltermin gemacht?«

»Zum Teil. In Wahrheit gibt es eine Reihe von Indizien in der ganzen Sache, die mich zu ihr führen.«

»Eigentlich habe ich keine Lust, muss dich aber doch fragen: Welche wären das?«

»Erstens: die chemische Formel aus Müllers entschlüsselter Datei. Wenn es sich wirklich um einen Impfstoff handelt, wer könnte ihn herstellen außer ein Pharmaunternehmen? Zweitens: Der arme Ingenieur, der Minotaurus, der das Symbol löschen wollte, wurde mit einer Injektion umgebracht: Sie haben ihm irgendetwas Tödliches in die Blutbahn gespritzt.«

»Wer sagt das?«

»Ich habe heute mit Sebastiani geredet.«

»Verrennt ihr euch da nicht in irgendwelchen Verschwörungsphantasien dieser Bruderschaft? Eine Internetseite zu hacken ist ja noch etwas anderes, als jemanden zu ermorden, weil wir beide seine Identität geknackt haben, findest du das nicht übertrieben?«

»Überhaupt nicht.«

»Komm schon, Enrico, nicht einmal die Loge ermordet ihre Adepten.«

»Woher weißt du das? Aber hör dir erst meine Liste zu Ende an. Drittens: Nachdem sie den Minotaurus getötet haben, haben sie ihn mit einem Verwesungsbeschleuniger aufgelöst. Also schon wieder Chemie. Und außerdem ...«

»Haben sie versucht, dich mit einem Firmenwagen umzubringen, ich weiß.«

»Du weißt aber noch nicht, dass einer der Männer von Müllers berühmtem Foto – also einer, der noch lustig und fidel ist – niemand anderes ist als Cavalier Bressan, der Boss der wichtigsten Pharmafirma Norditaliens. Wie klingt das?«

»Das klingt mir danach, dass du im Bild stehst und ich nicht Savoldelli im rosa Trikot sehen kann.«

»Bist du echt so faul? Willst du denn gar nicht die Wahrheit herausfinden?«

»Gerade nicht.«

»Aber wir könnten alle sterben! Wenn diese Wahnsinnigen wirklich ein Bakterium verbreiten und eine neue Seuche auslösen wollen, sind wir moralisch verpflichtet, sie zu stoppen.«

Fabio sieht mich mit großen Augen an.

»Moralisch verpflichtet? Seit wann scherst du dich um deinen Nächsten, die Menschheit, andere Leute?«

»Wir werden sterben, Fabio. Ich, du, Margot, Buk. Reicht dir das nicht, um deinen Hintern vom Sofa hochzukriegen?«

»Nein, heute schaue ich mir das Radrennen an.«

Nun halte ich es nicht mehr aus und ziehe den Stecker aus der Dose.

»Hey, was soll das denn jetzt?«

»Wir müssen uns bei Bressan einschleusen. Ihre Computer sind durch ein Heimnetzwerk miteinander verbunden, ohne Schaltstelle nach außen. Da kommen wir also nicht dran. Ich muss da aber trotzdem rein und herausfinden, ob es diesen tödlichen Virus wirklich gibt, der uns alle umbringen kann, oder ob das nur eine Wahnidee ist.«

»Um also deine krankhafte Neugier zu befriedigen, die höchstwahrscheinlich ein reines Phantasiegebilde ist, sollen wir einen Einbruch begehen?«

»Die wollten mich umbringen! Das reicht doch wohl, um bei ihnen zu Hause einzudringen und sie dranzukriegen, oder?«

»Ich breche nicht in Fort Knox ein.«

»Ach, komm schon, so schwer ist das gar nicht. Ich sagte doch, dass ich schon da war! Ich habe in die Halle geschaut und dort einen Wachmann hinter seinen Bildschirmen gesehen und das Drehkreuz, durch das man durchmuss. Dort arbeiten mehr als fünfhundert Leute. Die kann der Nachtwächter überhaupt nicht alle kennen.«

»Du meinst, es reicht, nett zu lächeln?«

»Zu lächeln und einen Ausweis zu zeigen.«

»Jetzt wird mir alles klar! Deshalb brauchst du meine Hilfe!«

»Hattest du nicht mal von diesem Apparat erzählt, den du mit deinen Superhirn-Freunden konstruierst?«

»Du meinst den Universal-Magnetstreifen-Detektor?«

»Genau: dieses Dings, das jeden Ausweis ersetzt. Du ziehst ihn rüber, und er probiert eine Million Kombinationen aus, damit sich das Drehkreuz dreht.«

»Er ist noch in der Testphase.«

»Ein Live-Test darf da nicht fehlen.«

»Und wenn er nicht funktioniert?«

»Ach, die Gorillas von diesem Betrieb haben doch schon versucht, mich umzubringen. Wenn es ganz schlecht läuft, bringen sie ihr Vorhaben zum Abschluss.«

»Sehr beruhigend. Du kannst einem zaudernden Herzen wirklich Mut machen.«

»Jetzt steh auf und mach dich fertig!«

»Ist es nicht verdächtig, dort am Abend reinzuwollen?«

»Machst du Witze? Die sind doch wie die verrückten Wissenschaftler aus diesem Film, weißt du noch? Sie haben dauernd Experimente am Laufen, sie kommen und gehen zu jeder Uhrzeit, um zu gucken, ob auf ihren Petrischalen neuer Schimmel entstanden ist.«

»Der Film, den du meinst, war einer von unseren kopierten Pornos. Und die Experimente gingen darum ...«

»Schon gut! Ich hab da was verwechselt. Jedenfalls brauchst

du nur eine von deinen absurden Jacken anzuziehen, um reinzukommen, und den Schlips leihe ich dir.«

»Du meinst, Paolo leiht ihn mir.«

Als wir herausgeputzt wie zwei Trauzeugen im Hausflur stehen, kommt gerade Margot nach Hause.

»Wo wollt ihr denn hin in diesem Aufzug?«

»Wir sind im Auftrag des Herrn unterwegs. Und des Heiligen Geistes. Wenn es später wird oder, äh, wir nicht zurückkommen, kümmere dich bitte um Buk.«

Bei diesen Worten streichele ich die Schnauze meines Hündchens, der mir die Hand ableckt.

Sie sieht uns an wie eine nachsichtige Mutter ihre draufgängerischen Söhne.

»Habt ihr irgendeine Dummheit vor, Jungs?«

»Eine Riesendummheit«, nickt Fabio.

»Ist sie unumgänglich?«

»Absolut unumgänglich«, nicke ich.

Sie seufzt, küsst mich auf die Lippen und flüstert: »Dann pass bloß auf dich auf. Denk dran, dass ich dieses Jahr schon einen Bruder verloren habe.«

»Mach dir keine Sorgen.«

Fabio öffnet kopfschüttelnd die Haustür.

»Das wird ein unvergesslicher Samstagabend.«

27

2. Juni 2002

Staatsanwalt Antonio Testori, weiße Haare und dunkle Augen, ist nicht erstaunt, als der Polizeipräsident von Mailand auf der Schwelle seines Büros steht. Er und Lamberto Duca sind seit Schulzeiten befreundet, und auch sonntags ist es nicht ungewöhnlich, dass sie beide arbeiten. Total verändert stellt sich die Lage allerdings dadurch dar, dass sein Vize Loris Sebastiani neben ihm steht.

Testori lächelt. In seinem Beruf als Jurist und später Richter war er sein Leben lang damit beschäftigt, einen Ausgleich zwischen verschiedenen Parteien herzustellen, ihn kann nichts schrecken.

»Ich dachte, ich wäre der Einzige, der sonntags arbeitet«, empfängt er die beiden. »Bitte, setzt euch doch. Bei dem schönen Wetter fahren die meisten Mailänder ja ans Meer …«

Sebastiani schweigt, während Duca sich auf ein paar Floskeln beschränkt.

Also kommt ihr Gastgeber zum eigentlichen Thema.

»Heute musste ich in Santo Stefano die heilige Messe besuchen, da die Kirche San Bernardino ja wegen eurer Ermittlungen gesperrt ist … Was genau ist denn passiert?«

»Das wissen Sie ganz gut, nehme ich an.«

Sebastiani senkt den Kopf zum Angriff, direkt aufs Ziel. Die Zigarre hängt ihm seitlich herab wie bei einem Cowboy vor dem entscheidenden Duell.

»Wie bitte?«

»Sagt Ihnen die Bruderschaft der Disziplinierten etwas?«

Testori schüttelt ärgerlich den Kopf.

»Sag mal, Lamberto, seid ihr hier, weil ihr mir etwas vorzuwerfen habt?«

Die Miene des Polizeipräsidenten ist undurchdringlich. Er zieht eine Reproduktion des Fotos von Müller aus der Jackentasche und schiebt es über den Schreibtisch.

»Sieh dir mal die Leute auf diesem Bild an, Antonio: Drei sind ermordet, und die anderen, tja, das sind wir und Bressan.«

»Ermordet? Davon weiß ich nichts. Was Müller betrifft, war es ein Unfall ...«

»Ich sehe, Sie sind vorbereitet, als hätten Sie mit solchen Fragen gerechnet«, meint Sebastiani herausfordernd.

»Noch einmal: Habt ihr mir irgendetwas vorzuwerfen?«

»Nein, Antonio, wir wollen nur ein bisschen mit dir reden, inoffiziell«, erklärt Duca. »Hast du etwas dagegen?«

Testori lächelt verschlagen. Er als stellvertretender Staatsanwalt, als Richter mit dreißigjähriger Berufserfahrung hat zu viel gesehen, um dem Gegner auch nur den kleinsten Vorteil zu lassen.

»Bitte, fragt nur.«

»Gut. Weißt du, im Gespräch mit Vice Questore Sebastiani ist mir aufgefallen, dass immer wenn einer unserer alten Schulkameraden verstarb, du mich als Erster angerufen hast, um mich zu bitten, den Fall möglichst schnell zu den Akten zu legen, während du dasselbe bei Gericht machen würdest. Das war so bei Brancas Herzinfarkt, wo ich mich noch gut an deine bittere Feststellung erinnere: ›Ein Kardiologe, der an einem Infarkt stirbt, wenn das kein zynischer Witz ist.‹ Und so war es bei Fabbris, der zwischen den Schenkeln einer Escort-Dame im Motel sein Leben ausgehaucht hat. Ich könnte sagen, die Leiche war noch warm, als du mich schon angerufen hast und sagtest, dass man ›am Ende für manches Laster bezahlen muss‹. Zuletzt dann der Transatlantik-Anruf, der mich in Buenos Aires erreichte und darüber informierte, dass Avvocato Sommese von einem Verrückten abgestochen wurde.«

»Wir waren mit den dreien befreundet, da ist es doch normal, dass ich dir schnell Bescheid geben wollte.«

»Gewiss, aber vor allem warst du mit ihnen befreundet. Als Mitglied der Bruderschaft der Disziplinierten.«

»Das ist purer Unfug! Ich weiß nicht einmal, was diese Bruderschaft sein soll, von der ihr da faselt.«

»Gut«, schaltet sich Sebastiani ein. »Dann spielen wir mit offenen Karten.«

»Ich bitte darum.«

»Sie haben Ende vergangenen Jahres kurz hintereinander zwei Geldabhebungen getätigt, genauer gesagt am Tag vor Sommeses Tod und am Tag des Mordes selbst. Zwei Mal zehn Millionen Lire in bar. Eine geeignete Summe, um Guido Bellantuono für den Mord an dem Anwalt zu bezahlen. Sie waren umsichtig genug, in den Umschlag mit der Bezahlung einen Hundert-Franken-Schein dazuzulegen mit dem Daumenabdruck von Müller, um ihn zu überführen. Eine zusätzliche Vorsichtsmaßnahme, weil nicht einmal ihr selbst die Geschichte glauben konntet, die Bellantuono uns aufgetischt hat ...«

»Herbeigeredete Zufälle.«

»Meinen Sie? So wie auch die Hypothese herbeigeredet ist, dass Avvocato Manfredi Visconti ein Mörder ist, den sie in all den Jahren für ihre Zwecke missbraucht haben?«

»Wie können Sie es wagen? Wissen Sie, mit wem Sie reden?«

»Das weiß er«, meint nun wieder Duca. »Er mag eine schroffe Art haben, der Vice Questore, aber eben auch einen untrüglichen Instinkt. Außerdem bin ich mir sicher, dass du wusstest, dass Sommese mich treffen wollte. Und vielleicht wurde er genau deswegen ermordet, damit er nicht mit mir spricht.«

»Du phantasierst, Duca!«

»Wollen Sie wissen, woher ich das mit Visconti weiß?«, fragt Sebastiani.

»Weiter.«

»Vor einigen Tagen hat mein Inspektor ein paar Erkundigungen über ihn eingeholt, in den Archiven des Wehrbezirksamts, und schau mal einer an, was für ein Zufall: Es gab eine fallengelassene Anzeige wegen Belästigung, und der letzte, der die Akte angefragt hatte, vor ganzen zwölf Jahren, waren ausgerechnet Sie.«

»Zufall.«

»Das sind langsam ein paar Zufälle zu viel ...«

»Zu viel? Ihr habt nichts in der Hand, nichts! Darf ich etwa nicht einen alten Schulfreund anrufen und ihn bitten, den Fall von verstorbenen Freunden im Blick zu behalten? Und ist es ein Verbrechen, vor dem Urlaub Bargeld abzuheben? Und ist es so verwunderlich, dass ein stellvertretender Staatsanwalt Informationen über einen Anwalt einholt, mit dem er es vor Gericht zu tun haben wird? Die Antwort auf alle drei Fragen lautet: Nein. Sehen Sie, meine Herren, es gibt für alles eine logische Erklärung. Sie haben nur Hirngespinste. Und was die Bruderschaft der Disziplinierten angeht, ist sie das wildeste Hirngespinst von allen.«

»Tatsächlich?«

»Tatsächlich, Duca.«

»Dann beweise es uns. Sicher macht es dir nichts aus, uns deinen Rücken zu zeigen. Wenn du keine Narben hast, heißt das, dass du dich nicht mit der Peitsche geißelst und nicht zu ihnen gehörst. Dann glauben wir dir gerne, entschuldigen uns und sind weg.«

»Den Rücken? Ich soll mich hier vor euch ausziehen? Ihr seid verrückt! Und über dich, Lamberto, muss ich mich doch schwer wundern ...«

»Wir sind hier unter Männern, wer wollte sich da schämen? Du musst nur Jackett und Hemd hochheben.«

»Niemals tue ich das! Und jetzt geht.«

»Das würde ich gerne tun, Antonio, aber das können wir nicht. Schau, ich habe hier ein vom Oberstaatsanwalt persönlich unterschriebenes Mandat, das dich auffordert, uns deinen Rücken zu zeigen. Auch ihn haben die allzu vielen Zufälle skeptisch gemacht. Dasselbe Mandat erlaubt uns, dein Büro und dein Haus zu durchsuchen: ich habe keine Lust, dort eine Tunika aus grober Wolle, eine Kapuze mit zwei Augenschlitzen und eine Peitsche im Kleiderschrank zu finden ...«

Das Folgende geschieht alles auf einmal. Testori springt hoch und hält plötzlich eine Maschinenpistole in den Händen, die schon vorher auf seinem Schoß gelegen haben muss. Duca erstarrt, ganz anders Sebastiani, der seinerseits die Dienstwaffe zückt und auf das Gesicht des Staatsanwalts richtet.

»Das ist eine Pattsituation, Sebastiani.«

Die Zigarre des Vice Questore rollt in den rechten Mundwinkel.

»Ich würde eher sagen, das ist ein klares Schuldeingeständnis Ihrerseits.«

Die Augen des Staatsanwalts verengen sich zu Schlitzen, und seine Stimme klingt höhnisch.

»Dann bin ich also schuldig, nun zufrieden? An diesem Punkt könnt ihr leider nichts mehr tun. Ihr habt es versucht, das gestehe ich euch zu, doch ihr seid gescheitert. Schon bald werdet ihr alle hinweggefegt.«

»Jetzt bist du es, der zu delirieren scheint, Antonio.«

»Ach, Lamberto. Du warst schon immer zu langsam. Deshalb bist du aus unserer Gruppe der Einzige, der nie für die Bruderschaft vorgeschlagen wurde. Zu überlegt, zu gesetzt …«

»Zu rechtschaffen.«

»Ah, die Rechtschaffenheit! Am Ende beriefen auch Branca und Fabbris sich auf die Rechtschaffenheit, weißt du das? Sie wollten uns daran hindern, unseren Plan auszuführen, an dem wir seit Jahren gearbeitet haben. Und warum? Aus Furcht, aus irgendeinem Gerechtigkeitssinn! Selbst der blöde Schweizer hat am Ende den Schwanz eingezogen!«

»Weshalb ihr den Flugzeugabsturz inszeniert habt.«

»Es sollte nicht so laufen. Schuld meines Mündels, Bruder Ottaviano. Übereifrig. Er hat übertrieben, um an das gewünschte Ziel zu kommen.«

»Du hast unsere Freunde ermorden lassen …«

»Mit dem Alter waren sie weich geworden! Verstanden nicht den Sinn unseres großartigen Plans.«

»Welchen Plan?«

Der Staatsanwalt bricht in Gelächter aus.

»Oh, das werdet ihr schon noch sehen, meine Lieben, schon sehr bald.«

»Sie meinen die Schwarze Pest?«, fragt Sebastiani, der die Pistole immer noch auf ihn gerichtet hält.

Der Mann scheint zu zögern.

»Was ist, habe ich Ihren Plan aufgedeckt?«

»Träumer! Unser Plan ist seit Jahrhunderten ein und derselbe. In den alten Büchern steht geschrieben: Eine neue Pest wird kommen und das Volk geißeln, und nur die Auserwählten werden überleben.«

»Die Auserwählten und die, die geimpft sind. Hab ich recht?«

Testori fletscht die Zähne.

»Sie, Sebastiani, sind doch nur ein dummer Ungläubiger! Sie halten sich für wissend, doch Sie wissen gar nichts. Sie haben nichts als ein paar Indizien. Bruchstücke der Wahrheit, die sie nun aufs Tablett werfen in der Hoffnung, dass ich anbeiße, aber das wird nicht geschehen, das schwöre ich. Nicht umsonst bin ich Meister der Bruderschaft geworden, wissen Sie?«

»Meister also? Dann sind Sie es, der die Fäden zieht ...«

»Ihr versteht es immer noch nicht ... unser Projekt läuft seit Jahren! Ja, seit Jahrhunderten! Die Menschen sind vom Glauben abgefallen, und damit sie zu ihm zurückfinden, müssen sie Angst haben, müssen sie leiden. Sterben. Viele Jahre haben wir damit verbracht, etwas zu finden, das sie unterwirft, und nun ist der Moment endlich gekommen.«

»Nur dass nicht alle den Weg bis zum Ende gehen wollten.«

»Genau. Wie Sommese. Er wollte nicht mehr, wollte uns anzeigen, unvorstellbar! Deshalb wollte er dich treffen, Duca. Plötzlich hatte er seine reine Seele entdeckt.«

»Und dann haben Sie ihn umbringen lassen: Aus der Polizeikartei habt ihr euch einen Unglückswurm herausgesucht und bestochen, damit er den Anwalt unter der Wollsau ersticht.«

»Die Entscheidung für den Kriminellen mit dem Messer war aus der Not geboren, ein vorbestraftes Opferlamm. Wir hatten große Eile in der Sache, konnten nicht wie in den anderen Fällen monatelang einen Plan ausarbeiten. Wir mussten improvisieren und uns auf einen Dummkopf verlassen ... Und die Symbole: Die sind wichtig. Sie schaffen Ordnung und stellen eine Mahnung dar für diejenigen, die sie zu deuten verstehen.«

»Für die Mitbrüder, richtig? Ein klarer Hinweis, was mit denen geschieht, die sich dem Willen der Disziplinierten entziehen wollen!«

»Das sind nur leere Worte. Wir kümmern uns nicht um Leute, die uns nicht verstehen. Bald werdet ihr sterben. Wir brauchen keine Dummköpfe auf dieser Welt.«

»Wie mein Freund, der Journalist Radeschi, den ihr genau vor eurer Kirche über den Haufen gefahren habt.«

»Wir hatten ihn gewarnt, aber er wollte es nicht verstehen.«

»So wie ihr euren Mitbruder, den Ingenieur, beseitigen musstet, der ihn daran hindern wollte, das Symbol im Netz zu verbreiten.«

Testori zittert.

»Nun genug geredet! Bald hat euer armseliges Leben ein Ende!«

Sebastiani beobachtet sein Gegenüber. Er erkennt in seinem Blick, dass er die Waffe nicht senken wird, nicht aufgeben wird. Es gibt nichts Übleres als einen Verrückten, der bereit ist, für seine abgedrehten Pläne zum Märtyrer zu werden.

Also beschließt er, seine Strategie zu ändern.

Unter Ducas fragendem Blick senkt er die Pistole.

»Sie haben recht. Für uns ist es zu Ende. Und wissen Sie, was das Lustige ist? Wir dachten, wir könnten euch stoppen, euch auf eurem eigenen Feld schlagen. Wir haben euer Gift gesucht. Zuerst im Grab des Heiligen Karl Borromäus und dann in einem heiligen Buch. Nur dass das Bakterium, das Pestbakterium, heute ungefährlich geworden ist. Ich habe mich nämlich informiert. Ich sagte mir, das ist nur eine alte Legende für leichtgläubige Menschen. Wer glaubt denn, mit einer jahrhundertealten Pestilenz Menschen auslöschen zu können? Das kann nicht funktionieren, das ist unmöglich. Es sei denn, man modernisiert auch das Bakterium. Passt es den neuen Zeiten an. Aber wie? Tja, mit Chemie, mit Forschung. Mit dem Geld und den technischen Möglichkeiten, die euer sechster Freund euch zur Verfügung gestellt hat, der einzige auf dem Foto, der noch lebt, Cavalier Bressan. Und da dachte ich: Seine Pharmafirma ist der Schlüssel zu dem ganzen. Er kann einen Virus entwickeln, der einen Großteil der Bevölkerung auslöscht, und parallel einen Impfstoff vorbereiten – und über Müller in der Schweiz patentieren lassen –, der diejenigen rettet, die es sich leisten können. Die einen hohen Preis bezahlen und gleichzeitig eure Sache finanzieren. Und vielleicht auch diejenigen, die ihr als gute Christen für würdig erachtet, keine Ahnung, den Papst, die Bischöfe, vielleicht eure geliebten Mitbrüder. So weit richtig?«

Die Hand, mit der der Richter die Waffe hält, zittert.

»Was werdet ihr tun, Meister? Euren Virus über die Luft verbreiten? Eine schreckliche Pandemie verbreiten, die vielleicht schon in Afrika getestet wurde. Ein maßgeschneidertes Ebola-Virus, das die Ungläubigen töten wird.«

»Schluss jetzt! Ihr versteht das nicht! Keiner versteht das! Es ist zu spät. Schade nur, dass ich nicht da sein werde, um den Triumph zu genießen.«

Eine jähe Bewegung. Unerwartet.

»Nein!«

Testori schiebt sich den Pistolenlauf in den Mund und drückt ab.

...

Immer den unpassendsten Moment zu finden ist eine wahre Kunst. Mehr noch, eine angeborene Fähigkeit, über die Radeschi mit Sicherheit verfügt.

Das denkt Sebastiani, als er zum vierten Mal seinen Anruf auf dem Handy wegdrückt. Vor ihm eine riesige Lache aus Blut und Hirnmasse, die an die Wand gespritzt ist, als der Kopf des stellvertretenden Staatsanwalts Testori geplatzt ist, alias Meister der Disziplinierten. Als er gesehen hat, dass er tot ist, hat er ihm das Hemd aufgeknöpft und sich den Rücken angesehen. Keine Zweifel: tiefe Wunden von Peitschenhieben.

Duca ist erschüttert und muss sich setzen, während das Büro sich mit Polizeibeamten füllt. Auch ein Notarzt ist da, der aber nichts mehr für den Mann tun kann.

Das Handy des Vice Questore steht keinen Moment still. Immer dieselbe Nummer, die des Reporters.

»Hör zu, Loris: Ich weiß, wann sie das Virus loslassen wollen.«

Sebastiani lehnt sich mit dem Rücken an die Wand. Er konzentriert sich ganz auf Radeschis Stimme mit dem runden Akzent der Poebene.

»Woher?«

»Das tut nichts zur Sache.«

»Hör mal zu, Kleiner, das tut sehr wohl was zur Sache: Der stellvertretende Staatsanwalt hat sich gerade direkt vor meinen Augen das Gehirn weggepustet, bloß um mir nichts sagen zu müssen.«

Am anderen Ende der Leitung herrscht kurz Stille.

»Bressan ist der Anführer.«

»Nein, Radeschi. Der Boss war Testori: Er hat gestanden, der Meister zu sein.«

»Dann haben wir vielleicht beide recht. Testori war der Meister, während Bressan in ihrer Hierarchie als der Höchste bezeichnet wird.«

Sebastiani hat weder Zeit noch Lust für solche Plaudereien. Ihn interessiert die Seuche.

»Sag mir, wann es losgehen soll.«

»Heute, hier in Mailand, aber ich weiß weder genau wo noch wann. In Bressans Kalender ist das Datum rot eingekreist mit einem einzigen Wort: *Pestis*.«

Die Zigarre im Mund des Bullen zerbröselt mit einem Bissen.

»Du weißt also nichts!«

»Mehr als du, Bulle. Außerdem machen wir hier keinen Wettkampf...«

Radeschi bricht ab.

»Was ist? Was ist los mir dir?«

»Vielleicht habe ich gerade kapiert, wo sie das Virus verbreiten wollen.«

»Raus damit.«

»Heute ist die ganze Stadt gesperrt. Alle auf den Beinen wegen des ...«

»Die letzte Etappe des Giro d'Italia! Klar doch! Die Rennstrecke verläuft quer durch Mailand mit dem Ziel Corso Sempione.

Wir haben tagelang mit der Verkehrspolizei am Streckenverlauf gearbeitet.«

»Wir müssen dahin.«

»Wohin?«

»Ans Ziel zum Arco della Pace, am Ende des Corso Sempione.«

»Um was zu tun?«

»Keine Ahnung. Aber wir müssen es versuchen. Wo bist du gerade?«

»Im Gerichtsgebäude.«

»Komm runter auf die Straße. In fünf Minuten bin ich mit der Vespa da. Und denk dir was aus, wie man einen bakteriologischen Angriff kolossalen Ausmaßes verhindern kann.«

...

Sebastiani geht vor dem Gerichtsgebäude auf und ab. Durch das Telefon gibt er seine Befehle durch. »Du musst Cavalier Bressan festnehmen, er ist der oberste Anführer der Bruderschaft. Sie nennen ihn den Höchsten. Das interessiert mich nicht, Vincenzo: Nimm alle Leute mit, die du brauchst. Das ist ein Notfall!«

Als er mich sieht, legt er kopfschüttelnd auf.

»Auf diese Schrottkiste steige ich nicht.«

»Sei nicht kindisch: Die ganze Stadt ist wegen des Radrennens gesperrt, die Vespa ist die einzige Chance, rechtzeitig da zu sein.«

Sebastiani schüttelt wieder den Kopf und steigt auf die *Giallo*.

»Hast du keinen Helm?«

»Nein.«

Er bedeutet einem Polizisten, ihm seine Kelle zu geben.

»Damit verschaffen wir uns freie Bahn. Und jetzt los. Mal sehen, ob dieses Kriegsrelikt funktioniert.«

»Halt dich gut fest.«

Nach ein paar hundert Metern finden wir uns in einem großen Pulk von Radfahrern wieder. Mit wildem Gehupe bahne ich mir den Weg durch das Feld, während Sebastiani alle mit winkender Kelle und den Rufen »Polizei! Polizei! Bitte vorbeilassen!«, verscheucht.

Als wir in eine ruhige Nebenstraße einbiegen, finde ich endlich den Mut, mit ihm zu reden.

»Ich habe dich angelogen.«

»Ganz was Neues.«

»Nein, ehrlich: Als ich sagte, ich könne mich an nichts anderes erinnern als das Modell des SUVs.«

»Und?«

»Ich habe mir einen Teil des Nummernschildes gemerkt und konnte so den Wagen ausfindig machen.«

»Komm zum Punkt, wir haben keine Zeit zu verlieren.«

»Das Auto gehört dem Pharmaunternehmen Bressan. Frag mich nicht, wie ich da drangekommen bin, aber der Wagen ist auf einen Typen namens Calogero Macrì angemeldet. Der gehört zu Bressans Bodyguards. Wenn ich du wäre, würde ich ihn wegen versuchten Mordes festnehmen.«

»Ich schreib es auf meine To-do-Liste. Aber jetzt sag mir bloß nicht, Enrico, dass du dich unerlaubterweise in den Firmensitz der Bressan eingeschlichen hast ...«

»Okay, ich sage nichts.«

»Und sag mir auch nicht – denn ich will es absolut nicht wissen –, dass du die Formel dieses verfluchten Virus gefunden hast, das in Kürze die gesamte Menschheit vom Angesicht der Erde tilgen wird.«

»Ich blick grad nicht mehr durch, Loris: Willst du es jetzt wissen oder nicht? Es handelt sich auch um gar keine Formel, sondern um eine Klassifikation, die eines Virus mit dem Namen Namtar.«

»Also hast du sie?«

»Ja, und du auch. Ich habe sie dir per E-Mail geschickt. Und Rochat auch.«

»Warum Rochat?«

»Mit dem Pestis-Bakterium hast du das doch auch gemacht. Du sagtest, er sei unser Experte ...«

»Er ist mein Freund, nicht unser Experte! Außerdem geht es hier um die nationale Sicherheit ... Ach, vergiss es, wir haben keine Zeit zu verlieren. Das hast du gut gemacht; er gehört zu einer antibakteriologischen Taskforce, sagte ich dir das?«

»Das habe ich vermutet.«

»Die Schweizer sind auf alle Katastrophen vorbereitet. Wusstest du, dass ihre Tunnel vermint sind, damit sie diese im Notfall sprengen und ihr Land von der Außenwelt abschneiden können?«

»Dann sollten sie es baldigst tun, denn wenn wir die Disziplinierten nicht stoppen können, wird das Virus noch vor heute Abend das Tessin erreicht haben!«

...

Die Giallo rast mit röhrendem Motor durch die Straßen.

In einem Anfall von Begeisterung brülle ich: »Wir müssen vor dem Sieger durchs Ziel gehen!«

Obwohl ich Sebastianis Gesicht nicht sehe, habe ich seine tadelnde Miene genau vor Augen. Was soll's: Vielleicht sind das hier die letzten Momente meines Lebens, da muss man sich nicht mehr allzu ernst nehmen.

»Fahr rechts ran.«

»Was?«

»Du musst anhalten, Radeschi.«

Ich gehorche ihm, lasse aber den Motor laufen.

»Was soll das? Wir müssen uns beeilen«

»Um was zu tun, du Genie?«

»Na ja, uns wird schon etwas einfallen, keine Ahnung ...«

Der Vice Questore hat das Telefon hervorgeholt und hält es sich ans Ohr.

»Dann fragen wir jemanden, der sich damit auskennt.«

»Pierre Rochat?«

»Jawohl. Ich rufe ihn an.«

»Du hast mir nie erzählt, woher ihr euch kennt.«

Sebastianis Zigarre rutscht in einen Mundwinkel.

»Wir haben mal bei einem binationalen Polizeieinsatz zusammengearbeitet, um einen italienischen Schmugglerring auszuheben, der in der Schweiz operierte. Ist Jahre her.«

»Und warum seid ihr Freunde geblieben?«

»Ich habe ihm das Leben gerettet, indem ich ihn zu Boden gestoßen und so vor einer Kugel bewahrt habe.«

»Ach so, daher der Gefallen, den er dir noch schuldete. So ähnlich, wie ich es mit dir gemacht habe, oder?«

Der Bulle starrt mich an, als wolle er mich in ein Häufchen Asche verwandeln. Zum Glück scheint im selben Moment Rochat ans Telefon zu gehen.

»Ihr spinnt, ihr Italiener«, setzt er an, was ich über Sebastianis Freisprechanlage mithören kann.

»Ich weiß, Pierre. Darüber könnten wir lange reden, wenn wir nicht gerade in einer absoluten Notlage wären. Hast du dir angeschaut, was Radeschi dir geschickt hat?«

»Das Virus mit unbekanntem Namen. In der Datei die komplette Klassifikation: Klasse, Ordnung, Familie ...«

»Gut. Was kannst du mir auf den ersten Blick darüber sagen?«

»Für Menschen tödlich.«

Um den heißen Brei herumzureden, ist nicht des Schweizers Sache.

»Wie tödlich? Ich meine, hier in Mailand endet heute der Giro d'Italia. Die Rennfahrer drehen zwölf Runden durch die Stadt und machen dann den Endspurt auf dem Corso Sempione. Was würde passieren, wenn sie das Virus genau dort vor Tausenden von Leuten in die Luft pusten würden?«

Auf der anderen Seite herrscht verlegenes Schweigen.

»Pierre?«

»Soll ich ehrlich sein?«

»Du musst.«

»Wenn dieses Virus Mailand infiziert, wird es dort nicht bleiben. Es wird auf Europa und die ganze Welt übergreifen ... Du musst dir das so vorstellen: Dort sind Journalisten, Radsportler, Teams, Betreuer, verschiedene Delegationen, Fans aus aller Herren Länder, die in ihre Heimat zurückkehren und das Virus verbreiten. Die Inkubationszeit beträgt vierundzwanzig Stunden, also ein plausibles Szenarium. Vorsichtig geschätzt würde nur ein Drittel der Weltbevölkerung überleben, und natürlich diejenigen, die geimpft sind.«

»Eine Katastrophe unvorstellbaren Ausmaßes.«

»Positiv wäre, dass auch Terroristen, Diktatoren, Fehlgeleitete und Ungläubige dran glauben müssten!«

»Schon klar, Pierre.«

»Die Schwarze Pest in Zeiten der Globalisierung wird fürchterlich, wenn wir die Wahnsinnigen nicht daran hindern, das Virus zu verbreiten.«

»Wo könnte es passieren?«

»Sie werden es in eine gasförmige Zusammensetzung gemischt haben. Also müsstet ihr nach einer Art Gasflasche oder Ballons suchen ...«

»Und wenn wir die Verbreitung nicht verhindern können?«, fragt Sebastiani.

»Wenn die Klassifikation, die ihr geschickt habt, korrekt ist«, erklärt Rochat, »verbreitet sich das Virus über die Luft, sodass es im Freien überall hingelangen kann.«

»Dann gibt es keine Hoffnung. Los, Pierre, gib uns irgendwas ...«

»Vielleicht gibt es eine Chance, aber es wäre gewagt. Hier in der Schweiz arbeiten wir nicht mit Hypothesen, die ein hohes Risiko zu scheitern mit sich bringen ...«

»Wir aber schon! Red weiter!«

»Tja, wisst ihr, es gibt ein paar Viren, die ... Nein, keine Chance.«

»Die?«

»Wasser, Loris. Sie verbreiten sich durch die Luft, sterben aber im Kontakt mit Wasser ab. Aber das ist nur eine Hypothese.«

»Prozentuale Wahrscheinlichkeit?«

»Was?«

»Wie wahrscheinlich ist es, dass es funktioniert?«

»Tja, ich würde sagen, dreißig Prozent. Vielleicht weniger.«

Sebastiani legt grußlos auf.

»Und?«, frage ich.

»Tja, wenn wir im untergegangenen Atlantis leben würden, könnten wir wohl überleben.«

»Was sollen wir tun?«

»Wir versuchen es. Und wenn es stimmt, sind wir gerettet.«

»Und wenn nicht?«

»Ach, darüber brauchen wir nicht nachzudenken, Kleiner, denn dann haben wir keine Probleme mehr. Und jetzt gib Vollgas mit der Schrottlaube!«

...

Ich stelle die Vespa nahe der Arena Civica ab, von dort aus gehen wir zu Fuß weiter und bahnen uns mit der Kelle und Sebastianis Dienstmarke unseren Weg bis zum Zieleinlauf am Ende des Prachtboulevards Corso Sempione.

Gut fünf Minuten dauert es, bis wir die Menschenmenge aus Tausenden Zuschauern erreicht haben.

»Das wird ein Massaker, wenn wir sie nicht aufhalten«, raunt Sebastiani mir zu.

»Ja, aber wo sollen wir anfangen?«

»Keine Ahnung.«

Wir stehen inmitten von Menschen, die nach oben auf den großen Bildschirm blicken, wo das Rennen live übertragen wird.

»Was hältst du von dem da?«

Ich drehe mich in die von Sebastiani angezeigte Richtung. Eine riesige Dose mit einem Energydrink schwebt in der Luft. Vielleicht prall gefüllt mit Viren. Wir gehen näher, finden aber niemanden, der zu dem Ballon gehört, der zudem durch ein Geländer von den Zuschauern abgetrennt ist.

»Was meinst du?«

»Das ist nicht das, was wir suchen. Irgendjemand müsste das

Gas darin ablassen, und ich kann keinen entdecken. Wir müssen weitersuchen.«

Wir drängen uns durch die Menge voran und nähern uns langsam dem Ziel. Plötzlich entdeckt Sebastiani etwas am Straßenrand.

»Vielleicht haben wir es.«

Ich folge seinem Blick und sehe eine große Gasflasche, die neben einem Mann mit tief in die Augen gezogener Baseballkappe steht.

»Das könnte es sein«, bestätige ich.

»Wir nähern uns getrennt, damit der Typ sich nicht erschreckt und die Nerven verliert, okay?«

Ich nicke.

»Du gehst da entlang, ich komme von hinten.«

Der Mann blickt sich um, scheinbar unentschlossen. In der Hand hält er etwas, das ich im Gedränge nicht erkennen kann. Ich gehe ein paar Schritte näher, Loris ist nirgends zu sehen. Ich werde schneller, helfe mir mit den Ellbogen, denn plötzlich ist die Kappe verschwunden. Nur die Gasflasche steht noch da, der Mann ist weg.

»Scheiße, er hat sie geöffnet und ist geflohen!«

Ich renne los, stoße die Leute weg und ernte böse Blicke und Geschimpfe. Doch das ist mir egal. Wenn der Wahnsinnige das Gas ausströmen lässt, sind wir in ein paar Stunden alle beim Schöpfer.

Dann kommt Bewegung in die Menge, ein paar Leute schreien.

»Was macht der da? Ist er verrückt geworden?«

»Hören Sie auf!«

Endlich öffnet sich das Blickfeld und ich sehe, wie Sebastiani auf dem Typen mit der Baseballkappe kniet. Er hat ihm den Arm auf den Rücken gedreht, sodass er sich nicht rühren kann. Bei ihm stehen zwei Kinder mit Luftballons in der Hand und weinen herzerweichend.

Ein Vater packt Sebastiani an der Schulter.

»Lassen Sie den Mann los!«

Loris steht auf und zeigt seinen Dienstausweis: »Polizei!«

Keiner achtet auf ihn.

»Was wollen Sie denn von dem jungen Mann?«, mischt sich eine Frau ein. »Er bläst doch nur Luftballons für die Kinder auf!«

Deshalb also konnte ich ihn nicht mehr sehen: Er hat sich gebückt und die Luftballons für die Kinder mit Helium gefüllt. Ich trete zu Sebastiani und fasse ihn am Arm.

»Es war nur ein Missverständnis. Entschuldigen Sie. Der junge Mann hat große Ähnlichkeiten mit jemandem, den wir suchen.«

Loris brummelt eine Entschuldigung. Der Typ mit der Kappe sieht uns mit großen Augen an. Er ist um die zwanzig und sieht aus, als stürbe er gleich vor Angst: Jedenfalls ist er keiner der Disziplinierten.

Wir entfernen uns, begleitet von Rufen und Protesten der Umstehenden, und gehen wieder in Richtung Zieleinlauf.

»Peinlicher Auftritt!«, knurrt der Bulle.

»Wir mussten es versuchen. Jedenfalls ist noch nichts verloren. Wir müssen nur die nächste Gasflasche finden. Oder Luftballons. Oder einen Schwebeballon oder die Hindenburg ... Warte, Loris, schau mal da.«

»Hast du ein Luftschiff gesehen?«

»Nein, aber das da!«

Ich zeige auf ein aufgeblasenes Ding über dem Ziel. Eine Art Triumphbogen.

»Bist du dir sicher?«

»Das ist im Umkreis das Einzige, wo Gas drin ist, oder? Und exakt an dem Ort, wo bei der Ankunft der Radprofis am meisten los sein wird. Es reicht ein Loch oder ein Handgriff am Ventil, dann dringt das Gas nach außen auf das Publikum. Von da an läuft die Ansteckung.«

»Lass uns rangehen.«

»Warte, jetzt bin ich hundertprozentig sicher, das ist der Behälter mit dem Virus!«

Ich deute auf einen Mann.

»Schau nur, wer da ist, schön im Trainingsanzug wie ein x-beliebiger Fan hinter dem Aufblasding.«

»Das ist doch Avvocato Visconti! Er soll das Attentat ausführen!«

»Genau, wahrscheinlich ist er selbst geimpft und will nun den Virus verbreiten. Irgendetwas hält er in der Hand, ich kann es von hier aus nicht erkennen.«

»Könnte ein Schraubenzieher oder eine Nadel sein. Oder ein einfaches Taschenmesser, um das Ventil zu beschädigen.«

»Dann wissen wir jetzt also, wo und wann. Müssen wir nur noch herauskriegen, wie wir ihn stoppen können. Wenn der uns sieht, schlägt er sofort zu und das war's dann.«

»Wir müssen zu einer List greifen. Und schnell einen See finden, den wir über die Leute ausgießen können.«

»Keinen See, aber vielleicht einen Tropensturm.«
»Was?«

»Ich habe eine Idee, aber dafür brauche ich deinen Dienstausweis und deine ganze Überzeugungskraft, Loris.«

»Was hast du vor?«

...

Die Menschenmenge trampelt und schreit. Wogt hin und her. Die Lautsprecher haben das Publikum aufgeweckt.

»*Die letzten spannenden Minuten des Giro. Mario Cipollini hat sich im Endspurt an die Spitze gesetzt ...*«

»Fünfhundert Meter bis zum Ziel.«

»Alle bereit?«

»Vierhundert.«

»Jetzt!«

Wie Moses vor dem Roten Meer gibt Sebastiani ein Zeichen und die Männer vor dem Vorratstank der Feuerwehr treten auseinander und geben den Blick frei. Jetzt sieht uns auch Visconti, doch es ist schon zu spät.

Der Wasserstrahl trifft ihn mit voller Wucht auf die Brust und spült ihn hinweg wie ein Ästchen, ohne dass er noch irgendwie reagieren kann.

Die erschrockene Menge schreit noch lauter und versteht nicht, was vor sich geht.

Eine Sekunde, bevor die Radrennfahrer ins Ziel einfahren, erstirbt der Wasserstrahl.

Die Stimme des Kommentators dröhnt jubelnd durch die Lautsprecher: »*Als Erster geht Mario Cipollini durchs Ziel und sichert sich so den Etappensieg. Sechs Siege in einem Jahr, das ist sensationell und nur einer weniger als bei der Rekordlegende Alfredo Binda!*

Doch der Gewinner des diesjährigen Giro heißt Paolo Savoldelli! Was für eine Tour! ...«

Einige Feuerwehrmänner haben die Schläuche an den Hydranten am Straßenrand angeschlossen und spritzen Wasser auf die Zuschauer wie bei einer Sintflut.

»Achtet nicht auf Proteste«, befiehlt Sebastiani. »Wir retten ihnen das Leben, da dürfen sie ruhig nass werden! Und dank des städtischen Wassernetzes sind unsere Vorräte unerschöpflich. Also nicht nachlassen!«

Zwei Polizeibeamte haben inzwischen Visconti überwältigt und führen ihn in Handschellen ab.

Kopfschüttelnd tritt der leitende Feuerwehrmann zu Sebastiani.

»War das wirklich nötig?«

»Oh, Sie haben keine Ahnung, wie nötig. Schütten Sie nur weiter Wasser auf die Ventile dort, und hören Sie bloß nicht auf, bevor eure Experten da sind. Wie haben Sie sie genannt?«

»Die NBCR-Einheit, für nukleare, bakteriologische, chemische und radiologische Krisenfälle.«

»Genau die. Haben wir uns verstanden?«

»*Sissignore*. Und Sie übernehmen die Verantwortung für das ganze Chaos hier, richtig?«

»Ja, keine Sorge.«

Die Zigarre meines Freundes dreht sich wie ein Kreisel, als er sich an mich wendet.

»Super Idee mit den Hydranten.«

»In dem Artikel, den ich für den *Corriere* schreibe, wird stehen, dass die Polizei darauf gekommen ist.«

»Glaubst du, es hat funktioniert?«

»Das hoffe ich. Der Ballon ist jedenfalls noch intakt. Was die Verbreitung des Virus betrifft, können wir erst morgen sicher sein.«

Seine Zigarre hält plötzlich inne.

»Und wenn nicht?«

»Dann haben wir immerhin alles versucht, Loris. Und für

mich war es das wert, und sei es nur, weil ich einmal im Leben auf der Vespa neben den Radrennfahrern herfahren durfte. Du hast ja keine Ahnung, seit wann das mein sehnlichster Wunsch ist.«

Sebastiani liest eine SMS auf seinem Handy. An seiner düsteren Miene erkenne ich, dass es noch nicht vorbei ist.

»Der Sieg ist noch nicht unser«, stößt er schließlich aus, während er das Telefon in die Jackentasche gleiten lässt. »Gerade schreibt mir Lonigro, der den Auftrag hatte, Bressan zu verhaften, oder wenn dir der Bruderschaftsname lieber ist, den Höchsten ...«

»Ist er entwischt?«

»Sagen wir mal, er ist auf der Flucht: Er lässt sich gerade seinen Jet bereitmachen. Laut Flugplan hat der Flieger Antananarivo zum Ziel, die Hauptstadt von Madagaskar, und wie du weißt ...«

»Gibt es mit diesem Land kein Auslieferungsabkommen!«

»Genau. Ich wette, er wollte vor dem Fernseher seinen Triumph mitverfolgen, und als er mitbekam, was passiert ist, hat er sich zur Flucht entschieden. Mascaranti ist schon mit einem Streifenwagen hier. Hoffentlich schaffen wir es rechtzeitig bis Linate.«

...

Der Inspektor fährt wie ein Irrer, doch Sebastiani achtet nicht darauf. Er kaut auf seiner Zigarre herum und starrt auf die Straße. Ich klammere mich auf dem Rücksitz fest, wo sonst nur die festgenommenen Verbrecher sitzen. Offen gestanden kein angenehmes Gefühl.

Das Martinshorn jault, während wir im rasenden Tempo durch den Viale Forlanini fahren, an dessen Ende der Flughafen Linate liegt.

»Schaffen wir es noch?«, frage ich.

Loris schüttelt den Kopf.

»Lonigro hat den strikten Befehl, Bressans Flugzeug zu stoppen. Ich bin mir sicher, dass er das schafft, und wenn er sich in seinem Wagen quer auf die Startbahn stellt.«

Als wir endlich am Flughafen ankommen, steht dort schon ein Dutzend Polizeiwagen, alle mit Blaulicht und Martinshörnern. Wie in einem amerikanischen Film à la *Blues Brothers*. Wir fahren direkt auf die zweite Startbahn, die mit ihren sechshundert Metern Länge für Privatflieger reserviert ist.

Hier erwartet uns Lonigro mit ein paar Polizisten.

Als ich aussteige, sehe ich am Rand der Piste den SUV, den sie angehalten haben – denselben Wagen, der mich ins Jenseits befördern wollte! Der Fahrer hat Handschellen um, der gute Macrì, der auch bei mir am Steuer saß! Zwei Beamte halten ihn fest, während sein Boss, der Cavalier Bressan, auf der Gangway seines Fliegers steht, einer zehnsitzigen Falcon. Mein Tag wird minütlich besser: Innerhalb von nur einer Stunde haben wir die Welt gerettet und den Typ festgesetzt, der mich überfahren wollte.

Vielleicht aber erfasse ich nicht zur Gänze die Szenerie, der wir gerade beiwohnen. Denn der Gefahr der Vernichtung sind wir offenbar keineswegs entronnen.

Durch eine Glasscheibe sehe ich den Piloten. Sein Gesicht ist weiß wie ein Leinentuch und wirkt angespannt.

Der Höchste mit perfekt gepflegtem, weißem Bart und besessenem Blick hinter dem leichten Brillengestell, wird von gut einem Dutzend Gewehren und Pistolen in Schach gehalten, wie Rambo am Anfang des Films.

»Wir befinden uns in einer Pattsituation«, verkündet Lonigro.

»Was Sie nicht sagen, Ispettore ...«

Sebastianis Zigarre vollführt eine komplette Runde.

»Warum ist er noch nicht verhaftet?«

»Schauen Sie mal, was er da in der Hand hält.«

Zwischen Daumen und Zeigefinger hält Bressan ein mit einem roten Korken verschlossenes Reagenzglas.

»Ist das …?«

Sebastiani schüttelt ungläubig den Kopf.

»Exakt. Der Virus.«

Der Höchste lächelt triumphierend.

Sebastiani bedeutet den Umstehenden, still zu sein und die Martinshörner auszuschalten. Er will hören, was der Cavaliere zu sagen hat.

Eine irreale Stille senkt sich über die Startbahn.

»Ihr lasst uns abfliegen und euch wird nichts geschehen«, verkündet Bressan. »Ihr habt sechzig Sekunden, euch zu entscheiden. Danach werde ich dieses Glas öffnen, dann heißt es auf Nimmerwiedersehen mit euch und allen Umstehenden. Vielleicht genügt es nicht, um eine Epidemie auszulösen, aber ich versichere euch, dass alle hier definitiv erkranken werden.«

Ein Raunen geht durch die Männer hinter uns, die sich verunsichert und ungläubig anschauen.

»Meint er das ernst?«, raunt Lonigro.

Die Zigarre des Vice Questore rührt sich nicht.

»Fünfzig Sekunden!«

»Wenn wir ihm keine Starterlaubnis erteilen, geht das hier schief«, fährt der Ispettore fort. »In diesem Moment halten sich rund tausend Personen am Flughafen auf, und wenn er das Virus freilässt, steckt er sie alle damit an.«

»Und wer garantiert uns, dass in dem Reagenzglas wirklich das Virus ist?«

»Vierzig Sekunden!«

Lonigro schüttelt den Kopf.

»Und wenn er blufft?«

»Und wenn er die Wahrheit sagt? Wir riskieren unser Leben!«

Die Polizisten fangen an, untereinander zu tuscheln. Sie spüren die Anspannung und fürchten sich.

»Lassen Sie ihn fliegen!«

»Er soll abheben!«

Sebastianis Zigarre wandert ganz langsam von einem Mundwinkel in den anderen.

»Dreißig Sekunden. Also, wie lautet eure Entscheidung? Ich bin geimpft, mir geschieht nichts. Nur ihr ...«

Herausfordernd sieht Bressan uns an. Er hat das Ass im Ärmel.

Loris macht mir ein Zeichen, ihm zu folgen. Bedächtig nähern wir uns dem Flugzeug.

»Was macht ihr da? Bleibt zurück.«

Ich werfe meinem Freund einen Seitenblick zu, doch er geht mit undurchdringlicher Miene weiter.

»Stehen bleiben, hab ich gesagt!«

Wir sind nur noch wenige Meter von der Gangway entfernt. Loris hebt die Hand und bleibt stehen. Ich tue es ihm gleich.

»Zwanzig Sekunden. Also, lasst ihr mich fliegen?«

»Lauf auf ihn zu«, raunt Sebastiani mir zu.

»Was?«

Hinter uns entsteht Bewegung, viele Polizeibeamte rennen davon, andere werfen sich auf den Boden, um sich zu schützen.

»Zehn Sekunden.«

»Beweg deinen Hintern und wirf dich auf ihn!«, knurrt mein Bullenfreund.

Ich verstehe nichts, aber zu verlieren habe ich auch nichts

mehr. Wenn ich hier stehen bleibe, werde ich infiziert, also kann ich genau so gut auf ihn hören. So schnell ich kann, sprinte ich auf die Gangway. Der Cavaliere starrt mich mit aufgerissenen Augen an. Das hat er nicht erwartet. Er dachte, wir geben nach. Und das dachte ich auch.

»Bleib stehen! Zurück, du Wahnsinniger!«, schreit er mir entgegen und wedelt bedrohlich mit dem Glas.

Ich achte nicht auf ihn, bin schon auf der untersten Stufe.

»Wenn ich das aufmache, verteilt sich alles in die Luft, und ihr steckt euch an. Ich bin geimpft, mir kann ...«

Die Kugel trifft ihn mitten in die Stirn. Ein rundes, blutrotes Loch.

Ich springe. Das Reagenzglas wirbelt durch die Luft, Bressan stürzt die Stufen hinab. Ich weiche ihm aus, lasse keinen Moment das Gefäß mit dem Virus aus den Augen. Zwei endlose Sekunden. Die längsten meines Lebens.

Mir bleibt keine andere Wahl.

Ich strecke mich und ... kurz bevor das Reagenzglas in tausend Scherben zerspringt, kann ich danach greifen. Halte es fest in der Faust, ganz.

Ich liege in Embryostellung auf dem Boden. Schockiert, verängstigt. Und fürchte, dass ich mir vor Angst in die Hose gemacht habe. Ich weiß nicht, wie lange ich da liege. Eine Minute, zwei, zehn. Bis glänzende Lederschuhe in mein Blickfeld treten. Sebastiani.

»Als Fänger könntest du es echt zu was bringen, Radeschi.«

Ich schaue schwach zu ihm auf.

In seiner rechten Hand hält er noch die Beretta umkrampft. Dieses Mal hat er nicht gezögert, anders als bei der Gottesanbeterin.

»Ich weiß, Loris, aber ich habe Baseball immer schon gehasst. Aber du würdest einen wirklich guten Heckenschützen abgeben.«

...

»Seit zwei Tagen lebe ich mit einem Geist zusammen! Du sitzt ja nur noch in deinem Zimmer am Computer und schreibst Artikel. Ein Zombie!«

Ich drehe mich zu Margot um. Sie lächelt mich an. Wir sitzen mit baumelnden Beinen auf der Eisenbrücke, die über den Naviglio Pavese führt. Heute ist einer der Tage, an denen er Wasser führt. Die Luft ist lau, und meine Freundin riecht gut.

»Entschuldige. Ich musste lediglich die Auslöschung der Menschheit verhindern, und das sogar zwei Mal! Um dann ausführlichst darüber in der Zeitung schreiben!«

»Blödmann!«

Buk ist neben mir eingenickt. Seine Schnauze liegt auf meinem Oberschenkel, und ich kraule ihn hinter den Ohren. Seit seiner Adoption hat er schon einige Kilos zugelegt. Das wird ein Riesenhund.

»Aber mal im Ernst. Das waren verrückte Tage, aber jetzt ist es vorbei.«

Ich zeige ihr die erste Seite des *Corriere*, auf die ich mächtig stolz bin.

Die Schlagzeile lautet: »Anschlagskomplott der Knochenbruderschaft verhindert«. Die Überschrift stammt von Calzolari, aber in diesem Fall finde ich sie sehr treffend. Neben dem Hauptartikel steht das von mir höchstpersönlich verfasste lange Interview, in dem Professor Ferraro die Geschichte der Disziplinierten erzählt. Die Schwarze Pest taucht nur ansatzweise auf, um die Öffentlichkeit nicht zu beunruhigen und eine Panik zu vermeiden. Was die Disziplinierten genau wollten: Angst, Schrecken und Chaos verbreiten. Mal abgesehen von der Pandemie, versteht sich.

»Was ist los, Enrico? Schaffst du es nicht, mir länger als dreißig Sekunden deine Aufmerksamkeit zu schenken?«

»Entschuldige. Heute will ich alles beiseiteschieben, versprochen. Wir denken nur an uns zwei. Schau, ich schalte sogar mein Handy aus.«

»Nein, nein, das ist zu einfach.«

»Wieso?«

»Ich will alles wissen. Nicht das, was in der Zeitung steht. Du hast selbst gesagt, dass in Zeitungen niemals die Wahrheit geschrieben wird, sondern nur eine gesellschaftlich annehmbare Version der Wahrheit.«

»Habe ich das wirklich gesagt?«

»Des Öfteren.«

»Was möchtest du wissen?«

»Fang beim Meister an, diesem Staatsanwalt, der sich in seinem Büro umgebracht hat …«

»Testori hat eine Menge Geheimnisse mit ins Grab genommen, auch wenn in einem Winkel seines Kellers eine Art Register aufgetaucht ist, ein Schwarzbuch der Sekte mit dem kompletten Verzeichnis aller Geheimbündler. Allesamt in Handschellen abgeführt: die verbleibenden sechs aus dem Rat plus etwa dreißig Adepten. Wohlhabende Menschen aus der Oberschicht. Über jeden Verdacht erhaben. Wie der Höchste selbst, also Cavalier Bressan. Er und Testori waren die Köpfe der Bruderschaft und auch die einzigen, die die wahre Identität der Mitbrüder kannten. Die anderen haben gegenseitig nie ihre Gesichter gesehen. Auch nicht bei ihren Initiationsorgien, die sie feierten.«

»Orgien?«

»Ja, sie dienten hauptsächlich dazu, neue Anhänger zu werben. In dieser Hinsicht lief die Aufnahme Manfredi Viscontis ab wie aus dem Lehrbuch. Testori hatte entdeckt, dass der Anwalt im Wehrdienst von Mattia Schiavon vergewaltigt worden war, der seinerseits später unter nie geklärten Umständen ermordet wurde. Der Richter ahnte das Potenzial von Visconti, also den Umstand, dass man aus ihm einen treuen und zu allem bereiten Mitbruder machen könnte. Deshalb ließ er ihn seine Perversionen mit der Méndez ausleben, der berühmten Gottesanbeterin von Corvetto.«

»Nie geklärt?«

»Jetzt ist der Fall gelöst. Visconti hat, um seine Position zu entlasten, den Mord an Schiavon gestanden. Er hatte ihn aus Rache nach Monaten der Demütigung und der sexuellen Gewalttätigkeiten in der Truppe umgebracht. Er hat ihn auf einer Studentenfete von einer attraktiven Prostituierten abschleppen lassen, missbraucht und ermordet.«

Margot senkt den Blick, blass im Gesicht.

»Und so einen Mann wollte der Meister bei sich haben?«

»Testori war jemand, der sich mit der menschlichen Seele auskannte, mit dem Bösen. Er wusste, wenn er Visconti kontrollieren wollte, musste er ihm erlauben, junge Männer zu vergewaltigen und zu töten, die Schiavon ähnelten. Seine lange, endlose Rache. Das war die Kehrseite der Medaille. Gleichzeitig übertrug er ihm die schmutzigen Aufgaben, wie etwa Sommeses Mörder zu bezahlen oder jemanden zu bestechen, Müllers Flugzeug zu manipulieren, immer alles unter seinem wachsamen Auge. Er selbst machte sich die Hände nicht dreckig.«

»Wie war er an ihn herangekommen?«

»Aus dem, was wir bisher rekonstruiert haben, liegt das mindestens zehn Jahre zurück. Testori hatte beobachtet, mit welcher Skrupellosigkeit dieser junge Anwalt im Gerichtssaal auftrat, und beschloss ihn anzuwerben. Also ließ er ihm einen Umschlag mit dem Heiligenbildchen des Borromäus zukommen, auf dem eine Adresse und ein Passwort standen: *Pestis*. Visconti konnte nicht widerstehen und fand sich bei einer Art Bachanal à la *Eyes wide shut* wieder, im wollenen Büßergewand und mit zwei Augenschlitzen in der Kapuze. ›Die Zeiten ändern sich, nicht aber die Bruderschaften‹, muss der Meister ihm wohl bei ihrer ersten Begegnung gesagt haben. ›Doch die Disziplinierten sind anders. Sie haben sich weiterentwickelt: Die Geißel bleibt, doch uns erwartet die Rettung und der gerechte Ausgleich.‹ Da dachte Manfredi Visconti nicht zweimal nach und verwandelte sich in Bruder Ottaviano. Darüber wird er jetzt im Gefängnis nachdenken können.«

»Und der, den sie den Höchsten nannten?«

»Ein weitsichtiger Mann, der Cavaliere: Um ein Haar wäre er uns mit seinem Privatjet vor der Nase entflohen. Er wollte nach Madagaskar, von wo er nicht ausgeliefert worden wäre. Sein Pharmaunternehmen hat dort unten einen Firmensitz, wo sie unseren Vermutungen nach das Virus und den Impfstoff an der örtlichen Bevölkerung getestet haben.«

»Das ist ja schrecklich!«

»Allerdings. Sie haben etwas Ebolaähnliches entwickelt, nur um aus dem Impfstoff Profit zu schlagen. Selbst der Name war perfide: *Namtar*, was so viel bedeutet wie ›tötet schnell‹, der Dämon aus der Antike, der mit der Pest verbunden wird. Zum Glück wurde bei eingehender Durchsuchung der Firma sowohl das Virus als auch die Formel für den Impfstoff gefunden, der nun vorsorglich produziert wird, obwohl niemand sich mit *Namtar* angesteckt hat. Visconti war nicht schnell genug, und Bressan mit seiner Ampulle ebenso wenig ...«

Ich verstumme, und wir starren schweigend auf das gekräuselte Wasser des Naviglio.

Ich lege Margot meinen Arm um die Schultern und küsse sie auf den Hals. »Mailand ist wunderschön, wenn uns niemand mehr mit einem tödlichen Virus infizieren will, hab ich recht?«

»Oh ja.«

»Ich möchte dich meinen Eltern vorstellen. Am nächsten Wochenende geht's in die Poebene. Kalorienreiches Essen, Mücken, Feuchtigkeit ...«

»Klingt großartig.«

»Irgendwie ist es das auch. Dann stelle ich dir noch Don Lino vor, meinen geistigen Führer ...«

»Ich wusste nicht, dass du religiös bist.«

»Ich auch nicht. Aber ich habe es ihm versprochen.«

Margot streichelt mir über die Wange.

»Bist du dir sicher, dass du mich willst? Du erinnerst dich, dass ich in ein paar Tagen wieder nach London zurückmuss?«

»Ganz sicher. Meine Mutter muss denken, dass du meine Freundin bist und ich ein Typ, der mit beiden Füßen fest auf dem Boden steht.«

»Du brauchst mich also als Komplizin für deine Ränke?«

»Genau.«

»Du wirst mir fehlen, Enrico.«

»Du mir auch. Und Buk wird dich erst recht vermissen.«

Sie lächelt.

»Dir ist schon klar, dass das nicht die beste Antwort für einen solchen Moment war?«

»Ja. Das passiert mir immer.«

Nachbemerkung des Autors

Mailand, 11. November 2015 bis 9. April 2016

Man kehrt immer wieder an den Ort des Verbrechens zurück. Und da nach so langer Zeit so viele Menschen – Leser, Freunde, ich selbst – einen Roman mit dem Protagonisten Enrico Radeschi vermisst haben, blieb mir nichts anderes übrig, als ihn zu schreiben. Doch es gibt noch einen zweiten Grund, einen Jahrestag: Genau zehn Jahre sind vergangen seit dem ersten Radeschi-Roman. Und für die Freunde der Kabbala: Ihr haltet mein zehntes Buch in den Händen. Zweimal zehn also, ein doppelter Jahrestag, das musste gefeiert werden.

Sein letztes Abenteuer (zumindest in Romanform, denn Erzählungen sind in den letzten Jahren mehrere erschienen), erlebte der Hacker-Journalist im Jahre 2009, seitdem herrschte Schweigen. Radeschi ist erwachsen geworden, hat sich verändert, ist alt geworden. Und hat Italien verlassen. Wird er zurückkehren? Ich denke ja, aber bevor ich von seiner Rückkehr erzähle, wollte ich mich an den Wurzeln seiner Person versuchen. Schließlich muss eine Geschichte von Anfang an erzählt werden, nicht wahr? Also habe ich mir den jungen Enrico vorgestellt: Bevor er zum Hacker wurde, wie er nach Mailand kam, in der Hoffnung, Journalist zu werden. Und ich habe es ihn selbst erzählen lassen.

Ich habe ihn in eine gar nicht mal allzu ferne Vergangenheit katapultiert, als Mailand und Italien noch anders waren. Die ganze Welt war anders: Es gab Telefonzellen und Leute, die sich fluchend mit Straßenkarten herumschlugen, weil Google-Maps noch nicht erfunden war; um eine Zugfahrkarte zu kaufen, musste man sich an der Schlange vor dem Fahrkartenhäuschen anstellen, anstatt eine App oder den PC zu benutzen; in den Fotoapparat legte man Filme und lichtete garantiert nicht alles ab, was einem in die Quere kam. Von *Star Wars* gab es erst drei Teile, nämlich IV, V und VI, und man ging zur Videothek, um sie sich auszuleihen (die *Blockbuster* hieß und nicht *Netflix*), wo man sich mit Videokassetten, Popcorn, Pizza und Eis eindeckte. Im Fernsehen flimmerten große Show-Formate über den Bildschirm, die später Kult wurden, darunter *Sarabanda* und die *Maurizio Costanzo Show*, außerdem Musikvideos auf MTV (*YouTube* kam erst 2005); die Leute schauten sich alles an, denn die MP3 steckte noch in den Kinderschuhen, und wenn man den Song unbedingt haben wollte, lud man ihn sich auf Napster herunter. Der erste iPod kam im Oktober 2001 auf den Markt, und bis dahin ging man mit dem Walkman vor die Haustür.

Google war auf dem Vormarsch, doch noch hieß die Suchmaschine schlechthin *Altavista*; *Twitter* und *Facebook* waren in weiter Ferne, die Internetverbindungen unendlich langsam, Smartphones noch nicht auf dem Markt, vom iPhone ganz zu schweigen, denn das erreichte Italien erst im Juli 2008.

In der U-Bahn hatten Handys keinen Empfang, und die Menschen lasen noch Bücher auf Papier, denn auch das E-Book musste erst noch erfunden werden. Webseiten im Internet sahen aus wie ein Worddokument: schlicht und spartanisch luden sie erst nach einer halben Ewigkeit. Einen Blog zu schreiben war den Pionieren vorbehalten: *Wordpress* oder *Blogspot* oder *Tumblr* Fehlanzeige. Das

Größte im Leben war *Splinder*, das nach ein paar Jahren dichtmachte, aber für die Zeit revolutionär war: Es machte das Netz für alle verfügbar, nutzbar für jeden, der etwas schreiben wollte. Vielleicht auch zu viel.

Nun gut, so viele Jahre zurückzugehen, um Radeschis Geschichte zu erzählen, war eine Herausforderung und aufregend.

Solltet ihr diese Nachbemerkung vor dem Roman lesen (was ja viele tun), hört jetzt lieber auf, denn nun offenbare ich ein paar Hintergründe zu seinem Inhalt und möchte euch nicht die Freude an der Lektüre verderben. Ich habe euch gewarnt.

Vielleicht fragt ihr euch, was an diesem Roman real und was Fiktion ist. Andernfalls könnt ihr diesen Abschnitt auch überspringen und gleich die letzten Zeilen mit den Danksagungen lesen.

Die Gottesanbeterin ist ein alter Tick von mir. In fast allen Romanen spiele ich irgendwie auf sie an, ohne ihre Geschichte jemals ganz zu erzählen. Und ich sage euch noch eins: Anfangs sollte dieser Roman allein von der Gottesanbeterin handeln, und der Arbeitstitel war eine ganze Zeit lang *Die Gottesanbeterin von Corvetto*. Bis dann die Disziplinierten sich mächtig in den Vordergrund schoben und schließlich die Oberhand gewannen ...

Ihr müsst wissen, dass es die Disziplinierten tatsächlich gab und der heilige Karl Borromäus zur ihren Mitgliedern zählte. Die Kirche San Bernardino alle Ossa sieht genauso aus wie im Buch beschrieben (ein unglaublicher Ort, den man gesehen haben muss!), ebenso wie die Krypta und die Sitzrinne, in der die Leichen aufgelöst wurden, wobei die Zwillings-Krypta erfunden ist. Das Buch des heiligen Karl Borromäus gibt es wirklich und auch den Scurolo mit der Urne, in der seine Überreste liegen. Auch die

Daten zur Schwarzen Pest sind real und auch die Anzahl von Menschen, die jährlich in Italien verschwinden. Genauso wie Namen und Fakten des Giro d'Italia real sind.

Auch die Piazza dei Mercanti sollte man einmal besuchen und die halbwollene Sau finden, die ein Symbol der Stadt ist, und das merkwürdige Phänomen des Echos von der einen Seite des Bogengangs zur anderen ausprobieren. Ihr werdet staunen! Und dann noch die rosa Flamingos, die tatsächlich in einem Park von Mailand leben.

Frei erfunden habe ich hingegen, dass die Sekte der Disziplinierten heute noch existiert. Das Flugzeugunglück am Pirellone beruht auf einem realen Vorfall, den ich so umgeschrieben habe, dass er nichts mehr mit dem zu tun hat, was wirklich passiert ist.

Alle erwähnten Lokale – außer der Pizzeria Flamingo, die es aber irgendwie trotzdem gibt und von dem einen oder anderen sicher wiedererkannt werden kann – sind real und einen Besuch wert.

Das Atlantique, wo man zum Brunchen hinging und aus roten Nescafé-Tassen trank, hat inzwischen geschlossen, und der Flugzeugrumpf über dem Eingang wurde demontiert. Aber es hat ihn gegeben!

Die *Giallo* ist eine Vespa 50, die ich seit etwa zwanzig Jahren besitze, die in Mailand aber schwer zu nutzen ist.

Und zum Schluss dürft ihr euch entspannen: Radeschis und Fabios Unternehmungen auf dem Computer sind alle möglich, zumindest in der Theorie, aber ich bin nicht in der Lage, sie durchzuführen.

Und so erlaubt mir schließlich, einigen Leuten zu danken, ohne die es diesen Roman niemals gegeben hätte.

Vor allem danke ich meiner Frau Eleonora, dafür, dass sie

immer da ist, alles liest, mich anspornt, mir hilft, mich erträgt und vor allem unterstützt. Dann Luca und Jacopo De Michelis für ihr Vertrauen, Chiara Tiveron und Fabio Ferlin für die Unterstützung und ihre Professionalität, meinem Agenten Piergiorgio Nicolazzini, der meine Romane in die ganze Welt fliegen lässt. Mein Dank geht auch an die hundert leidenschaftlichen Leser, die den Roman in den Fahnen gesehen haben, ihn gehätschelt und als Erste geprüft haben: Eure Ratschläge, eure Ideen und eure Begeisterung waren Gold wert!

Und schließlich danke ich natürlich euch Lesern, die für einen Schriftsteller das Wichtigste sind.